危險的繼承

Inheritance

The Evolutionary Origins of the Modern World

Harvey Whitehouse

哈維・懷特豪斯●譯　韓翔中●譯

獻給梅利迪（Merridee）、丹尼（Danny）、莎莉（Sally）、
黛莉拉（Delilah）和派翠西亞（Patricia）。

目次

導言　人類的非自然歷史　007

第一部　演化而成的人性

第一章　模仿文化　030
第二章　野生宗教　059
第三章　社會黏合力　101

第二部　延伸擴充的人性

第四章　從眾性之強化　140
第五章　宗教性與超自然權威之崛起　178
第六章　部落性與戰爭之演化　224

第三部　重新構想的人性

第七章　從眾性與氣候　260
第八章　宗教性的商品化　301
第九章　部落性在今日　334

結語　超級大部落的興起　373
致謝　396
注釋　431

導言　人類的非自然歷史

作為一個人類學家，我已經很習慣人家用一副我很奇怪，或者我很愚蠢，或者我又奇怪又愚蠢的眼神看我了。

那時我人正在太平洋上的一座熱帶島嶼，接下來兩年那裡就是我的家。這是我第一次進行實地田野調查，當地人正要去墓廟祭拜祖先，我就這樣跟在他們身邊。那時的我還是劍橋大學的博士生，但劍橋大學位於千里之外的英格蘭，而我人卻來到這裡，讓自己完全置身於一處幾乎沒人研究過的巴布亞紐幾內亞（Papua New Guinea）土著文化當中。這是一個深藏於雨林之中的部落，部落居民說的語言從來沒有人以文字記錄過，他們沒有電力也沒有自來水，外面世界的人幾乎從沒聽說過他們的存在。我勤奮地參與他們每天的生活，在人們從事活動的時候採訪他們，把聽說的一切寫在筆記本上。

這座墓廟跟村落其他房舍外觀類似，屋頂都是茅草，使用當地人拿刀斧在周圍叢林採集來的材料搭建而成；然而，墓廟卻擁有非常獨特的宗教功能。我是個認真又誠懇的學生，我認為有必要從各種角度探討這種供養祖先的觀念。「祖靈能夠直接穿越墓廟竹編牆面這樣的物質嗎？」「祖靈真的能實際上把供品吃掉嗎？」「供品真的能夠取悅祖靈嗎？」

每問一個問題，我那些土著朋友們臉上就會多出一層困惑。開始進行實地調查幾個月後，人們似乎已經習慣我沒完沒了的幼稚問題了。整體來說，他們對我表現出極大的寬容，有無限的耐心幫助我解開誤會。然而，我最新一輪的詢問，似乎創下了荒謬的新紀錄。祖靈「當然」可以穿過牆壁啊；祖靈「當然」不會實際把供奉的食品吞下去啊，真的吃掉也太離譜了吧；祖靈享用供品「當然」很高興啊，不然我們幹嘛要拜祂們呢？

針對最後一個問題的回答，比其他回應更引發了我的興趣。我脫口叫道：「啊哈！所以祖靈雖然沒有身體，卻還是擁有思想囉？」我的訪談對象訝異地望著我，祖靈「當然」有心靈、有思想啊。或許他們出於禮貌而沒說出口的話是：我們真的是犯了傻，怎麼會邀請這個白痴一起參加咱們最神聖的儀式呢？

我所接受的人類學訓練，教導並鼓勵我放下自認為自己知道的一切，盡可能以最開放的態度來從事實地觀察，放下源自我自身文化背景的成見、預設和先入為主的觀點——此乃「民族中心主義」（ethnocentrism）的原罪。但真相是，即便在我詢問他們有關祖先問題的當下，我其實早就知道他們會給出什麼答案了。怎麼會這樣呢？因為我的東道主們說得沒錯，這些都是顯而易見的答案啊。事實上，對於任何地方的任何人來說，這都是顯而易見的。在地球上的任何人類社會詢問有關亡者的問題，你會發現人們給的回答都是大同小異。普天之下所有人都很熟悉靈魂沒有形體卻依然擁有心靈的思想，因此，靈魂依然能以情感回應、能記住、能理解我們所說的話。另一個同樣舉世皆有的想法是，人的精神與肉體可以分離，人的靈魂在死後依然存在。想想英國鄉間鬼屋裡頭的鬼祟，想想非裔巴西文化中的附體鬼神，或者想想中國人敬拜的祖先吧。

這些觀念之所以放諸四海皆有，是因為它們深植於人類本性，並隨著人類新世代的出現重新冒出頭來。[1] 這些自然出現的信念，是人類這個物種最為獨特的特徵之一。透過觀察黑猩猩、倭黑猩猩、大猩猩的行為可以斷定，與人類關係最近的靈長類親戚，並不會想像有個亡者靈魂的世界存在，靈魂會要求被供養、被安撫，並可以成為祈求幫助的對象。在人類社會中，這些觀念卻是遍地開花。在不同的文化群體中，這些信念的具體特徵是以多到無窮盡的方式表達出來，同時，這些信念的基本要素又在人類歷史進程中一再浮現。

換句話說，人類一代傳給下一代的事物——也就是我們的文化傳統——有非常多樣的呈現型態。但是講到底，這一切都深植於人類演化形成的心理（evolved psychology）。文化上演化形成的傳統（culturally evolved tradition）與生物學上演化形成的直覺（biologically evolved intuition）之結合，構成了人類這個物種的集體遺產，透過歷代列祖列宗傳承給了我們。這本書要談的，就是這樣的遺緒與承繼，以及糟蹋這些遺產的危險，還有人類在未來該如何更明智地運用這些遺產。

人性與非自然歷史

人類共同遺產中的三大基石，是可以在所有人類社會中反覆觀察到的三大自然成見或傾向（natural bias）。第一個是從眾性或從眾主義（conformism）：我們熱衷於模仿他人，學習成長過程所處的群體擁有的儀式與習俗——只要那是我們周遭的人們在做的事情——其中也包括在特定建築物擺上食物供品。第二個是宗教性（religiosity）：我們自然而然傾向去獲取及傳播與神明、靈魂與祖先有關的思想。第三個是部落性或部落主義（tribalism）：我們對於群體或團體往往抱持激切的忠誠，無論表達方式是奢華的慶典，或是冒著生命危險上戰場。欲了解這個世界的歷史如何開展、為何如此開展，這三種成見實為關鍵。

不過，雖然我認為這些信念有其天生或自然的基礎，但這本書並不是一部粗陋簡化的演化心理學（evolutionary psychology）著作，認定人類行為終究是被基因注定。這本書要說的是，在數千年的文化演化（cultural evolution）之中，人類的自然成見是如何獲得利用、控制、拓展與擴充，使人類得以克服或突破自然本性的限制，在規模愈來愈龐大的社會中協調合作。文化演化增強並且擴展了人類本性的固有傾向（predispositions）與易受影響性（susceptibilities）。生物演化歷程與文化演化歷程二者，共同累積並且造就出定義現代世界的豐富人類知識與科技。

駕馭人類自然傾向以突破自然傾向的限制，這件事在不同的時空是以不同的型態出現。但是，多樣性底下也存在著許多令人驚奇的型態。為了把握住演化歷程的深層結構，我們可以將人類世界設想成一座巨大的花園，花園裡頭有種類千奇百怪的植物，就像是遍布在世界各地豐富多樣的人類文化型態，其中有許多植物是如野生般肆意生長。我們可以將這些文化型態，視為根植於人類從眾、信仰、歸屬之自然成見的文化習俗。野生植物到處亂長，雖然有人以科學、宗教正統或其他權威源頭之名，努力剷除雜草或至少控制其生長，但野草依舊四處滋蔓。

不過，這座大花園中也有人為刻意栽種的植物，好比能結出異國水果的樹木，原本長有抵禦掠食者的尖刺，但已經透過選擇性育種而獲得馴化。這就是類本性的固有傾向與易受影響性，獲得控制與擴充——換句話說就是獲得培育（cultivated）——以造就出豐富多樣的文化體系（cultural system）。這樣的樹木，代表的就是世界歷史上最早的國家建構與組織化宗教（organized religion），這個階段首次出現專制統治者，經常有以活人獻祭取悅或安撫神明的事情。雖然這些果樹當中某些品種在許久之前已被砍伐殆盡，但是它們曾經廣泛遍布於大花園的諸多區域。而且，由於它們被砍伐後的樹樁仍然散布在花園中，數千年來它們曾經存在的事實依舊令人難忘。

最後，大花園當中種滿了方正排列種植的複製樹林（cloned tree），這些是定義今日人類生活的、高度不自然的社會體系，是數千年培育之下的產物。其中有些樹木的周圍，圍繞著野生植物以及各式各樣受到馴化的蔬菜和果樹，就像世界上有諸多地區，其民間宗教和崇拜祖先持續在教義受到最嚴格控管的宗教周圍繁榮存在著。不過，大花園的某些區域已變成整齊排列的人造針葉林，野生的生命完全不見蹤影，就像是高度世俗的政治與教育體制，將人類最狂野的宗教性表現掃除殆盡。這座花園中的生命，就像地球實際土地上的生命一樣，是持續隨著時間變化而變遷，好比種子隨風飄散傳播，而園丁採取的園藝策略不斷演變。

現在請發揮想像力，將這座大花園的格局，轉化為全世界文化體系的地理分布圖，文化體系在其中建立並且傳播。中東地區、印度西北部與巴基斯坦、中國青海省，便是大花園中各種生命都繁榮生長的區域：這些地方首先出現源於人類自然直覺，因而相對未馴化的信仰與習俗，接下來形成世上最早的複雜社會組織與宗教，最後出現屬於現代世界的高度發展型態。在世界上的其他區域，包括北美和南美洲在內，有些特徵是外來輸入的，比如經由歐洲殖民而引進。不過，即便是完整植物種類首次出現並且傳播的地區，從前的品種仍然能持續生存到今日，也就是野生植物和人造針葉林一齊生長。舉例來說，祖先崇拜（ancestor worship）在東亞地區依舊普遍存在，還有，我們到今天還是可以形容某些領導者是被神格化的存在，比如泰王或者教宗。這些較為古老的宗教組織一旦確立其模式，它們很少會從文化資源庫中消失殆盡。頗常見的情況是，它們暫時失去蹤影，卻透過革命、改革、動亂與其他看似興衰循環的事情重新浮出檯面。

想要處置當今世界人類所面臨的問題，理解這種人性與文化的交互作用實為關鍵。假如我們是很糟糕的園丁，對過往園藝家積累的知識視而不見，那麼我們最後可能造成土壤退化與糧食短缺——此說可以既是比喻也是字面意義。維繫人類生存的關鍵，不僅僅是要播下更多我們需要的種子而已，我們還必須認識這座花園的自然限制何在，並且選擇與其共存，而非與之對抗。

這種做法聽起來似乎不會有爭議，但是學術界的情況卻完全不是如此。遺憾的是，對絕大多數的社會科學來說，研究社會與文化體系可以不要考慮，甚至應該不要考量人類本性，是非常基本的學術立場。從表面上來看，這實在是奇怪的立場。除非是受到某種宗教基本教義派影響，否則今日大多數受過教育的人都會承認，人類大腦和其餘人類生理特徵都在自然選擇（natural selection）的過程經歷演化。然而，論及文化信念與習俗的締造與傳播時，卻有許多社會科學家相當滿足於人就是一張白板（blank slate）的假設。[2]這種態度等於是忽視，乃至否定來自認知科學與行為科學領域的諸多證據。[3]讓事態更加混淆之處在於，如今的流行趨勢是，遭到簡化的社會生物學（socio-biology）愈來愈連結上右翼立場，人類心靈白板說則與較為左傾或自由主義立場連結上——儘管完全相反的狀況其實也是非常可能的。[4]

可是，怎麼會有人願意將一切有關「人性（人類本性）」（human nature）的討論，拱手讓給那些思維最反動又最簡化的評論者呢？怎麼會有人願意堅持一套，打從出發點就否認或貶抑人性在人類文化與歷史中之作用的學理呢？這本書將會證明，無論我們喜歡與否，在人類生活所有層面當中，人性與文化都是彼此緊密交織的。[5]在本書後續的章節中，我將會描述人類自然而然的那些想法，如何以各色各樣的方式塑造以及限制人類文化。人類自然觀念的源頭通常很簡單：比如說，所有靈長類都能在生命初期對固體事物的性質形成直覺，也就是說，我們擁有某種「直覺物理學」（intuitive physics）。[6]可是，只有人類有辦法進行進一步的想像，設想有某種存在——如巫覡、鬼神、祖先等等——可以違背我們對物理世界的預期，穿越固體的牆壁或漂浮到半空中。

自然或本性的直覺以奇特且出乎意料的方式，影響著人類的社會體系。舉例而言，人類關於超自然存有的直覺與人類關於社會宰制力的直覺相關，這種關聯性在各種文化當中的表現方式都是一致的。我和同事們進行的實驗室實驗（lab experiment）證明，當嬰兒觀察到一個可以漂浮在半空中的存有者，好比鬼魂或者巫師，嬰兒的預期是，當擁有浮空能力者與缺乏此等能力者發生衝突時，具備浮空能力者將會勝出。[7]簡潔來說，人類自然而然就會尊崇擁有超自然能力的存有。這一點有助於解釋，為什麼小孩子那麼喜歡關於超級英雄（包括耶誕老公公和超人）的故事，還可以解釋為什麼人類社會往往敬拜有魔力的神奇生命與其人間化身。在歷史進程中，人類文化以這些想法為基礎，建立起更加細膩高深的觀念，將超自然的存有視為人所無法了解的超越性存在，那些觀念有時候甚至會與人的自然直覺違背，需要大量的學習與鑽研才有可能代代相傳，比如基督教的三位一體（Holy Trinity）和佛教的聖諦（Noble Truths）。

以上所述便能夠說明，我為什麼會認為這本書與其說是一部「自然歷史」（natural history），毋寧說是「非自然歷史」（unnatural history）。當然，人類心理經歷自然選擇的生物性演化，是人類遺傳很重要的一部分，也是構成今天我們之所以是我們的原因。可是，現代世界也是文化性演化的產物，此歷程中成功傳播的革新得以倖存、失敗者則被淘汰。人類本性固然塑造並限制著人類的非自然歷史，但非自然歷史並非由人性所決定。假如我們想要了解人類社會大花園如何變得愈來愈龐大且複雜，我們就必須同時理解人類本性的自然直覺與人類培育發展的社會規範與制度。這不是一場自然／本性與文化的對決，而是要去理解自然／本性與文化如何共同作用。

三十多年前我首次提出這個論點的時候，其實處境是滿危險的。那時候的學界認知是，人類學家應該要在某種密閉泡泡裡頭研究文化，與科學隔絕。企圖用人類演化心理解釋文化的形成與限制，會被批判為「化約主義式」（reductionist）或「科學主義式」（scientistic），彷彿化約論推理與科學方法是什麼罪惡一樣。當時還是學生的我，假如有膽量提出不同的看法，通常會得到「這不是人類學」的責備。如果把這句話單純當作對於這門學科的觀察，此話所言不虛。但是，這句話也暗示著會被逐出「部落」（tribe）的威脅。對於一個尚未取得終身教職的學者來說，這話聽起來簡直是要他在專業自盡與流亡之間二者擇一。

然而，我不久之後就意識到別有蹊徑可循。當我從巴布亞紐幾內亞的熱帶雨林歸來時，我學會了如何安全生活在一社群中卻未必要接受其信仰體系的技巧。正如我學會和雨林居民們相處，我開始在思索，我可不可以變成一個自己大學裡頭的參與觀察者（participant observer）：一面靜靜地觀察學術界的做法，一面自行發展一條如何思考人類行為的新思路。

關於社會的新科學

這條新思維的核心要義，其實就是要打破學術孤島的封閉性。社會科學家們就和所有的人類群體一樣，都有不低的部落性。等到我三十歲出頭成為一名大學講師時，我已經非常熟悉政治科學家、社會學家、人類學家等等學者在標記各自所屬「部落」時，所使用各有細微差別的標誌或徽章，我也相當清楚，他們歸屬或依附各部落的緊密程度。每年考試季，我都得將課堂學生成績送到校園中不同的系所。我發現在不同的系所，我遇到的是不同部落的人：在某個房間內，我遇到的是像嬉皮一樣的同事，他們大多是社會學家；在另一個房間，我遇到的是穿著細條紋西裝或女裙的人們，大多是法學家或律師；又一個房間，這裡的學者身上穿了不少環，他們是民族音樂學家（ethnomusicologist）；到了最後一個要去的房間，此處學者穿的是寬鬆燈芯絨褲，以及有手肘皮革縫片的衣服，這些人是歷史學家。這些人分別組成了擁有鮮明身分認同的部落，不僅如此，各個部落自成一格、自行其事，除了在考試季相互大聲數落學生成績之外，他們之間幾乎沒有什麼交集。

我注意到這些學者群體之間的差異，而這類差異是「孤島問題」（silo problem）的顯著症狀，也就是專業化群體彼此之間變得愈來愈隔絕的傾向。這個問題的重點不在於大家最後的裝扮不一樣，而是它會妨礙學術理論、方法與發現的分享和交流，對所有局內人其實都不好。舉例來說，我與實驗心理學家的交流時間愈多，我愈意識到人類學其實可以用來印證他們的研究課題，我也愈加意識到，實驗心理學的方法能夠用來處理人類學的課題。

舉個例子來說明好了，這是我在學術生涯早期花費大量時間鑽研的一個謎團。在巴布亞紐幾內亞從事實地調查的兩年時間裡，我觀察到當地人經常會把金錢放進特殊的杯子裡面，目的是祈求自己犯過的罪孽獲得赦免。人們會將這樣子累積起來的錢，絕大部分用於慈善目的。我想要知道的是，如此慷慨的行為是不是懺悔儀式促成的呢？許多不同的文化傳統當中，都有人們懺悔自身罪孽並獲得赦免的儀式，這其中當然包含天主教教會了。這樣的儀式，是不是真的會讓人對於需求幫助的他人更慷慨，幫助貧困的群體生存下去呢？麻煩在於，僅憑觀察人們過生活，或是詢問人們為什麼這樣做，並沒有辦法得到問題的解答。光是觀察是不夠的。畢竟呢，會去懺悔或做禮懺的人，也做過許多別的事情，那些事也可以用來解釋他們為什麼將錢財拿去做善事。也許，他們是為了取悅上帝或神明；也許，他們是對受苦之人懷抱同情;也許,這是在進行某種還願、自我明志,或兌現承諾。即便當事者樂意談論自己的動機,其實我們依然不可能確定,他所說的是否真正切實解釋了驅使他這麼做的原因。這也就是為何我們必須做實驗的原因。

自從我弄明白要如何取得研究經費之後,我就開始聘請受過實驗心理學實驗方法訓練的博士後研究員,來回答這類的人類學問題。獲得第一筆經費時,我聘了博士後瑞安·麥凱(Ryan McKay)。日後,麥凱也順利地在倫敦大學(University of London)一路升上正教授。在我們最早進行的一項研究中,麥凱招募了一群天主教徒受測者,請他們回憶自己過去犯下的某個「罪」(sin)以及懺悔這個罪的歷程,然後在實驗過程中提供讓他們捐獻金錢給教會的機會。其中有一半的受測者,是在被詢問掏錢捐獻「之前」,就想著懺悔與赦罪。另外一半的受測者,是在捐獻「之後」,才想到懺悔赦罪的事。我們的發現是,捐獻前就在想著懺悔的人與沒在想的人相比,前者解囊的程度較為慷慨。[8]我在巴布亞紐幾內亞研究過的懺悔儀式,某種程度啟發了這項實驗設計,而這項實驗是個簡單明瞭的例子,呈現實驗方法是如何處理人們行為背後原因這一類最棘手的問題。這個實驗足以說明,倘若我們有意深掘人類行為背後更深層的原因,為何應該將暗中觀察的民族誌(ethnography)與對照實驗二者結合起來。

在接下來的年歲裡，我和同事們屢次使用這套研究方法：從民族誌觀察（ethnographic observation）中汲取靈感，設計以解釋人類社會與文化體系多樣性為目標的實驗。在本書內容中，我會說明我與同事針對不同族群做過的實驗，諸如巴西的足球迷、利比亞的革命叛軍、喀麥隆（Cameroon）的農夫、印尼的宗教基本教義派、日本的武術流派、萬那杜（Vanuatu）的酋長邦，與此同時，我又在各座學術孤島之間來回穿梭，從不同的角度和觀點獲取解答問題所需要的方法。

開始運用實驗方法來回答令我感興趣的大哉問之後，我是經歷了很長一段時間，終於才意識到以田野調查（field research）為基礎的質性觀察（qualitative observation），還有另外一個相當有用的應用方式。質性觀察確實可以幫助我們產生前景看好的假說，我們接下來就可以透過實驗去驗證假說，從而獲得新的數據。但是，實地觀察本身也是具有科學意義的數據。利用這些數據去解釋事情，需要用上一些比較的方法。比如說懺悔儀式，你不能單憑一個樣本的例子，就聲稱懺悔儀式能讓信奉者變得更樂善好施。不過，假如你將擁有懺悔儀式的群體大樣本與沒有此等儀式的群體大樣本相比較，並證明前者確實比後者更樂善好施，這項主張便可以合理成立。另外一位我最早聘用的博士後研究員昆汀·阿特金森（Quentin Atkinson），便是受到這項見解的啟發，開始了他的研究。日後，阿特金森當上了奧克蘭大學（University of Auckland）的正教授。我和阿特金森建立起一個龐大的民族誌觀察資料庫，資料庫內容與儀式相關，共計有六百多種儀式，來自數十種不同文化，可以用於檢驗解釋人類社會中儀式起源與影響的各項理論。[9]這項工作的成果，對於我們往後對儀式力量的研究方向，造成了深遠的影響。[10]

我很快就意識到，能適用於民族誌觀察的方法，同樣也適用於歷史記錄。傳統的歷史學書寫方式，主要就是根據倖存的文獻史料與其他文物，盡可能詳細記錄過去人們生活的事件或特色。這樣的寫法，可以為古代發生的事情繪出豐富的面貌，並呈現這些事情對於當時人們而言有什麼意義。可是，就像是我們身處今日世界進行質性觀察時描述事物一樣，這麼做其實沒辦法對於我們在人類歷史中觀察到的模式，給予真正具有科學意義的解釋。我和同事們也意識到，我們必須對於各種制度和發明在世界各地出現的情況擁有充足的例證，才能夠確定事情發生的先後順序。然後，依據因果關係的邏輯，我們便可以開始對於世界歷史進程之中人類社會的各種變遷驅動力，描繪出一幅更加詳盡的景象。由此，我們步入了大數據的世界以及對過往人類文明進行統計分析的領域。

對於歷史與史前史進行量化，就像是將民族誌與實驗方法結合，都可能被視為邪門歪道，違背了社會科學與人文學科的正常規範。將人類歷史的特徵蒸餾成數以千計的小數據，即便是那些樂意採納較多流派的歷史學家和人類學家，都會覺得不舒服，甚至感到厭惡。與民族誌學家類似，歷史學家處理的是細節繁瑣的文獻典籍，還有成堆的注釋和注腳。史料經常卷帙浩繁，內容記載高度敘述性的歷史事件，還有事件發生時的社會文化背景。然而，我和同事們的目標是以非常不同的方法去組織已知的歷史，建立起社會組織、農業、科技、戰爭、宗教、儀式等特徵的龐大列表。收入列表中每一項特徵，我們都會試圖確定，它是否有出現於存在數千年世界歷史中的社會大樣本裡頭。得益於歷史學家、古典學家、考古學家、人類學家的研究成果，我們最終建立起一座龐大的數據庫，收納關於人類歷史當中可以統計分析的資訊，幫助我們可以識別出有哪些因素，驅使愈來愈複雜的社會體系興起——從最早的人類農業社會乃至於現代世界的大型國家與帝國。我們在後面就會看到，這段歷程造就出一些相當令人驚奇的發現。

隨著這項計畫的目標愈來愈宏大，它採納的方法、學科、研究取徑也愈來愈豐富。這本書裡頭提出的這些觀念花費了四十年時光才確立，使我與演化理論家、數據科學家、統計學家建立長久合作關係，同時也讓我更加深入歷史學者、人類學家、民族誌學家、心理學家的世界。這些觀念也促使我因此在貝爾法斯特女王大學（Queen's University Belfast）成立認知與文化研究所（Institute for Cognition and Culture），以及在牛津大學成立社會凝聚力研究中心（Centre for the Study of Social Cohesion）。這一路上，我曾經主導過各種田調，從事調查的區域極為多樣，亞洲、非洲、南美洲、澳大拉西亞（Australasia），還有我最初的研究地區美拉尼西亞（Melanesia）。我曾經深入參與世界上最重要考古遺址、大腦掃描機構、兒童心理實驗室的工作，也曾在邀請之下進入某些世界上最激烈衝突的心臟地帶以及極端主義團體核心。在這一切經歷當中，我始終企圖從這些學科最穩固可靠的學說，開闢出一條更能夠兼容並蓄的道路，也就是一門跨學科的關於社會的科學（science of the social）。[11] 對於人類集體的過去、現在、未來，進行這項新穎且有科學根據的研究，這便是促使我寫出這本書的原動力。

三大成見

在本書後續內容中，我將會介紹經歷千萬年演化而成的人類成見或傾向，這些傾向被我們的祖先擴而充之，並促進今日獨特人類世界之成形。首先，我會探索最基本的，也是最特殊的人性特徵：即便行為的目的模糊不清，我們都有要彼此模仿的傾向。我將會呈現，這種模仿他人的本能衝動，讓人類得以保存從前世代的發現，讓傳統與知識隨著時間推移而積累。我將人性的這項特徵稱之為從眾性或從眾主義。

從眾性向來是把福禍參半的雙面刃。從眾性可以解釋許多人類合作最不可思議的成就，也能解釋某些人類犯下最駭人聽聞的暴行。姑且無論好壞，從眾性儀式化行為的頻率急速增加，是人類大型社會首度崛起的關鍵因素。從眾性儀式化行為使共有的區域性文化得以凝聚，使新型態的政治統合得以成形，此外還讓人類變得比以往更加具有前瞻性思維。

遺憾之處在於，隨著極端化政治（polarizing politics）和缺乏永續性的過度消費日漸興盛，今日世界上許多區域的凝聚力與前瞻性思維正在日益衰微。然而，我將會證明，讓人類走上毀滅之路的從眾本能，其實也可以將人類給拖出來。

本書要考察的第二個主要人性成見是宗教性，而宗教性對人類歷史的重要性毫不亞於從眾性。宗教其實不是像很多無神論者以為的那樣，只是人類文化資源庫的一項額外附加選項。宗教更不是大量組織化宗教信徒堅持的那樣，是上帝給人類的贈禮。反之，我會提出論證的是，宗教性是人類大腦演化方式的必然副產品。數千年來，在促成新領導權型態與更複雜的社會體系方面，宗教扮演了關鍵的角色。人類在這段歷程中經歷的階段，包括祖先崇拜、世襲權威體系、神權王政，以及最終廣布於今日人類世界的主要道德化宗教（moralizing religion）。

不過，隨著組織化宗教的影響力日益衰退，如今新型態的宗教性正在悄然崛起，但人們對此少有警覺。廣告業、社交媒體、新聞集團，正在以創意程度愈來愈高的方法駕馭人們的自然宗教直覺，好比品牌擬人化（brand anthropomorphism）與行為改變法（behaviour modification）等技巧。由此，少數菁英正在透過人們的輕信而獲利，其獲利規模之大甚至高於史上所有的組織化宗教。更糟糕的是，這件事的代價大多是那些最沒有經濟能力的人在負擔。然而，與前同理，我將會再度呈現，對於被全球性資本主義濫加利用的人性特徵，我們也有能夠加以控制的方法，將其用於達成更能獲得眾人共識的成果，比如社群媒體平台與新聞媒體之改革。我們自然而然就擁有直覺的宗教性表現，我們無法消滅這個人性特徵，但我們至少可以加以管理或善導，限制它展現非理性與破壞性的部分，讓它為人類的興旺繁榮效勞。

最後，我們將會探討第三種人性成見，也就是部落性或部落主義。我要論證的是，雖然部落性釀成了史上某些最殘暴的行為，它也促成許多和平且創新的人類合作。此外，我還會討論群體紐帶或牽絆（group bonding）的心理根源及其對人類行為（有好有壞）的影響，並探索我們能從中學到什麼。以心理學研究為基礎，我們將會看出，人類的部落性如何在歷史進程中獲得控制與擴充。關於這個主題，我們的一些發現可能會使人惴惴不安，舉例而言，研究結果證明，縱觀世界歷史，促使文明崛起與傳播的最強大因素之一，便是戰爭。

與此同時，那些昔日曾經帶來利益的部落性衝動，如今卻對人類造成生存上的威脅。與歷史上的情況不同，戰爭不再為贏家帶來戰利，因為軍事科技的毀滅力量已遠遠超出古代。然而，與前同理，我還是要主張，現代人類面臨的諸多問題，解決之道反而會是更多，而不是更少部落主義。我將會呈現，如今被以最具傷害性之方式運用的人類部落性本能，如何能夠運用實際的做法使其轉而強化人類集體優點，而此事能夠實現的層面不止於地域社群、國家、國際外交，而是能發展出新型態的全球部落性身分認同（global tribal identity）。

簡而言之，拖累人類的那些人性特質，理論上其實可以經由控制來改善人類經濟、保護地球資源、擴充人類合作能力、有效抑制衝突，換句話說就是能夠為人類文明的實際繁榮創造新基礎。這也就是為何本書的每一部，都會在不同的脈絡重新依次探討從眾性、宗教性和部落性。本書有三部，所以會依次探究——使人類成為今日人類的——人性三大成見整整三遍，藉此，我們會看出人類行為有某些特質不受時空影響，並且發現如今我們擁有多少構思新道路的潛能。

人類可能毀滅地球的方式有很多種，好比氣候崩潰（climate breakdown）、饑荒、疾病、核子浩劫。人類是否能夠避開毀滅性的大難，取決於我們能不能用有智慧且能獲得共識的方法駕馭人類演化而來的心理：所謂有智慧，指的是以科學為根柢，所謂能獲得共識，指的是這些方法是否根據共同道德關懷、集體利益與廣泛諮詢而得。

假如我們有辦法做到這件事，這個世界的未來應該會比目前看來的可能性好上許多。這也就是為什麼，本書要傳達的訊息，終極而言是有希望的消息。針對人類本性與人類社會及文化體系演化領域的科學研究在近期達成的突破，可以加以運用來處置所有今日世界最迫切的難題。本書的目的不僅僅是要標示出危險所在，更重要的是畫出一條路線圖，通往和平合作與永續繁榮。此任務的挑戰性在於，要如何對人類的自然與文化遺產予以最佳的利用、不要揮霍浪費了。

第一部

Part 1

演化而成的人性

第一章 模仿文化

剛開始，這個四歲小女孩看起來有些猶豫。但是在看見旁邊女士露出表示同意的微笑之後，她忘記了害臊，充滿好奇心地伸手去拿取那樣物品。這是一項在德州大學奧斯汀分校（University of Texas at Austin）進行的實驗，這個小女孩只是眾多的實驗參與者之一。我和同事們設計出這項實驗，是要探索幼童如何以及為什麼去模仿別人的行為，即便這些行為沒有明顯的目的。兒童心理實驗室的一張桌上，擺著各式各樣色彩鮮豔的物品，有橘色的球體、藍色的立方體、紫色的旗子、彩色的洞洞板，其中最令人好奇的則是一個銀色的盒子。

我們設計的實驗是，先讓孩子觀看一段使用這些奇怪物品的短片，在這段影片中，所有物品整齊地一字排開擺在桌上，桌子後面坐著一位年輕女士。女士依次將物品拿起來，然後進行一套動作，可能是旋轉、可能是將物品彼此敲擊，有時動作還會重複，最後再將物品擺回原位。等到女士擺弄過所有物品並放置回原位之後，影片就結束了，接下來實驗者會將所有物品拿到孩子面前。現在最重大的問題是，小女孩下一步會怎麼做？她會繼續玩這些東西？還是她會失去興趣，問我們有沒有更好玩的玩具？還是說她會想要離開呢？事實是，以上皆非。小女孩接下來做的事情與參與這個實驗的大多數孩子一樣，她「模仿」了剛剛影片裡頭看起來沒有意義的行為。[1]

這種行為背後隱藏著一個關鍵的線索，可以解釋為什麼人類會擁有各式各樣的風俗習慣、典禮儀式、流行時尚。我們在童年的某個時刻都無可避免地接受了，身處於自己所在的特定群體之中，你與人打招呼的方式是握手或親臉頰，你得怎樣修剪頭髮，你使用特定的物品、乳液或穿著衣服來打點自己的身體，你要以特定方式進食等等。這一切很快就變得非常順理成章，我們從來不會加以質疑。但是，每個人在人生中都曾經有過那樣的時刻，也就是第一次觀察到身邊的人彼此握手，或者在脖子上掛著閃亮的飾品，讓我們感到困惑又好奇。雖然我們遲早都會意識到，我們打扮或打招呼的方式其實是特殊的，其他族群或團體中的人們有不同的做法，但是幾乎沒有人會提出這個顯而易見的問題：我們到底為什麼要做這樣的事情呢？

德州大學奧斯汀分校的實驗，是我們回答這個問題的第一次嘗試。此前數年間，心理學界已開始在研究人類模仿行為的科學，但卻有很多學者把注意力放在一個狹隘到出奇的答案。這些心理學家認為，年幼的孩子之所以會模仿那些看似目的不明的行為，那是因為他們相信年紀較長且較有智慧的人，不會傳授給他們沒有用處的習慣。這個說法的意思是，雖然成人的奇怪行為看似沒有意義，但我們會假定自己遲早有一天能夠明白這些行為的用處，並對自己曾經花費時間學習感到慶幸。假如那一天並沒有真的到來，那我們最後很可能忘記自己為什麼要模仿這項行為，而這個行為最終就會變成單純的習慣或習俗流傳下去。

作為一個人類學家，我抱持的看法不同。我人生的大半時光，都在研究人類社會的各種儀式，由此我發現的是，我們模仿同群體中其他人的行為，而我們幾乎沒有預期這些行為要有實際的、務實性的用處。這些行為的價值在於，它能讓我們與他人意識到，自己歸屬於怎樣的群體。時於牛津大學任職的我，發現大西洋彼岸的另一間大學有個由克里斯汀・勒加爾（Cristine Legare）領銜的心理學家團隊，他們與我有同樣的想法，而且願意與我合作探究這個觀點的真偽。

我們對這個小女孩進行的實驗，設計目的是要檢視人類為什麼從很小的年紀開始，就會模仿他人沒有明顯目的之行為。我們想要看看，在兩種些微不同的實驗條件下，會發生什麼事情。這項研究總共有五十七位四歲至五歲的兒童參與，其中一半的孩子觀看的影片是，物品最後會擺回原位（沒有「最終目標」〔end goal〕），另外一半的孩子看到的影片內容，不是全部物品擺回原位，而是有一件物品最終放進銀色盒子裡頭（對兒童來說這是個非常顯眼的最終目標）。在設計這項實驗時，我們本就曉得，學齡前兒童對於盒子非常感興趣，他們「喜歡」把東西放進盒子，還有把東西從盒子裡拿出來。經驗證明，如果盒子鮮豔閃亮，對兒童來說會有更強烈的吸引力，這項實驗的盒子就是這個樣子。透過實驗，我們有了驚人的發現。觀看那部物品最終全數放回原位——亦即毫無顯著的最終目標——影片的那組兒童，他們的模仿行為會比較準確，活動過程中的創新比較低，且其行為與影片內容差異之處比較少。

假如模仿行為的目的，就像許多心理學家假設的那樣，是要學習一項有實際用處的技能，那麼我們對這項實驗的預期結果應該是，具有明顯結果的行為（將一項物品放進盒子裡）應該會比看似無目的的行為（最終將所有物品擺回原位），更值得仔細模仿。畢竟，有實際用處的技能比較會對這個世界造成明顯的、物質性的影響。事實上，誠如我們後續會看到的，心理學家這項預測確實相當合理，但那指的是人類以外的其他物種。

從很小的年紀開始，人類的行為與上述預測是恰恰相反。如果人類模仿的行為本身缺乏物質性具體結果，模仿的情況卻會更加精確。怎麼會這個樣子呢？我認為，這表示人類是一種儀式性動物（ritual animal）。[2]我們本性上自然傾向要去吸收學習他人的行為，即便他人行為沒有明顯的目的。無論處在怎樣的時空條件下，人類都會進行專屬於其文化群體，但看似沒有必要性的行為。舉例來說，曾被人類學家或歷史學者記錄並描述過的所有人類族群或群體，都擁有如何標註人生重大轉折（好比出生、成婚、死亡等）、如何慶祝群體成就、如何紀念過往重大事件、如何對自然施展神奇影響力的整套規則。其中有些規則是個人獨自執行，有些則是在家庭中、在當地族群，甚至是成千上萬人的大型聚會中執行。

即便我們立刻將所有儀式消滅，下一代人還是會出生，人們還是會相愛同居，人生依然終有一死，所以到底為什麼要如此費心執行這些儀式呢？究竟是人類的什麼條件，導致我們去模仿看似無目的的行為，吸收學習自身所處群體中的風俗習慣呢？我們的研究顯示，這類模仿的原因是人想要因循從眾的動機——透過模仿周遭的人來確認自己處於群體當中安全無虞。

儀式性動物

各地特殊風俗習慣演化的方式近乎無窮，因此人類文化的多樣性也是令人嘆為觀止。我在二〇一七年受ＢＢＣ（英國廣播公司）邀請，為世界上第一部以人類儀式為主題的系列電視節目擔任首席顧問，我們合作拍攝出一系列紀錄片，企圖展現地球各地的人類行為多樣性。[3]其中一集拍攝的場景在北印度拉賈斯坦邦（Rajasthan）的某城鎮郊外，有位名叫布米（Bhumi）的年輕女子正坐在台上，台前有非常多人正在觀看這一幕。布米一頭濃密美麗的黑髮，與身上的白色長袍形成鮮明對比。台前民眾同情、驚訝、害怕、欽佩的情緒交集，看著布米的頭髮一根根被人用手使勁拔掉，直到她完全光頭。[4]布米決定棄絕世俗慾念，成為禁慾苦行的耆那教尼姑。扯掉頭髮是自我犧牲的表現，布米甘願放棄自己的青春美貌，以此對於更高價值的事物表達奉行之意。

我們稍加反省便會知道，這件事不是在拔除布米不想要的頭髮，或者要造成她痛苦的工具性行動。首先要問的是，為什麼這種自我犧牲的行動，會有如此特定且具體的規則呢？要破壞美貌或造成痛楚，世上顯然有多到無數種的方法存在。但是，即便是沒有獲得相關資訊的觀察者，都能明白這個做法肯定是當地特殊習俗，是身處這個「特定」苦行傳統之中的人，要出家成為尼姑所執行的「特定」方法。這些規則特殊性的一項線索，就是台上不是只有布米一個人，而是有好幾位年輕女性，她們穿著同類的服裝、有同樣的坐姿，並接受同樣的待遇。

布米經歷的磨難，只是《非凡儀式》（*Extraordinary Rituals*）系列節目包含的眾多儀式之一。這套紀錄片涵蓋了世界各地深具考驗性的儀式，種類五花八門，有義大利錫耶納

（Siena）的無鞍賽馬、有馬來西亞的身體穿環、有美國內華達州的新時代朝聖（New Age pilgrimage）、有中國的求偶儀禮、有印尼的與屍體共舞、有巴西卡亞波族（Kayapo）的分娩儀式等等。我們很容易就能夠領悟到，這些儀式的社會性意義有創造新生命、用暴力性衝突取悅群眾、給群體內部的競爭關係製造宣洩管道、作媒與婚姻、處置死者、歡迎群體新成員等等。當然，這些事情都是很普遍的人生經驗，但是我們處理那些經驗的方式，卻造就出千奇百怪的儀式。我們這檔BBC電視系列節目之所以讓許多觀眾感到很震撼，某種程度就是因為其中介紹的儀式對他們來說真是耳目一新，此正是呈現於節目名稱的「非凡／異常」（extraordinary）。然於此同時，所有儀式背後最基本的心理，又幾乎是舉世皆同。

這種人類心理的核心前提是，執行儀式的規則不會受正常因果關係原則所限制。我對這類行為的描述是其必然「因果關係不明」（causally opaque）：行為與意圖的結果之間沒有已知（甚至沒有可知）的因果關係。讓我們想想鎖門這個看似簡單的動作好了，假如你轉動鑰匙可以完成鎖門，也不知道為何，但你很可能就會認定，這隻鑰匙的形狀是專門設計來契合這個鎖芯，只有與這把鑰匙形狀一模一樣的鑰匙，才能夠讓鎖門插入門框，讓這扇門無法打開。可是，為什麼這把鑰匙可以打開這扇門而其他的鑰匙就不行，你對於箇中原理可能不甚了解。也就是說，你對於這扇門的鎖芯如何對應這把鑰匙的齒形，其實沒有充分的具體認識。雖然如此，你會假定鎖匠或者懂得開鎖術的人，肯定知道詳細的情況。這種類型的認定或假設，就是我所謂「工具性」（instrumental）推理的特點。這便意味著，無論某個行為的因果作用是否明白，我們都會理所當然地認定，總會有人可以充分解釋它。因此，任何會令人困惑的要素，其實都是有可能化解的。

可是，將這樣的假定套用在儀式行動上，就沒有辦法適用了。[5] 假如我們想像轉動鑰匙可以開鎖，但是卻沒有任何人有辦法解釋開鎖方法的因果關係，那麼開鎖就會變成一項魔法儀式。行動（轉動鑰匙）與其預期結果（門鎖打開）之間的因果關係無法闡明，也就是說，打開門鎖的必要條件是轉動鑰匙，但沒有人能夠解釋其中機械原理。這樣一來，我們就必須將開鎖的程序稱之為「魔法／法術」（magic）。無論你認為是鑰匙的齒形對應了鎖芯，或者你只是認為轉動鑰匙可以神奇地令鎖打開，轉動鑰匙的行為都是相同的。重要之處在於，我們如何理解這個過程。

並不是所有儀式都具有神奇的法力，有些儀式並不會出現由魔法造成的具體結果。舉例而言，天主教徒有在胸前劃十字的習慣，信徒在進入教堂時會做這個動作，但大多數信徒並不能說明自己為什麼要這樣做。他們就是這樣做了，因為所有人都是這樣做的。大家都這麼做，你就要這麼做。要進入教堂就得將教堂門鎖打開，但是絕對沒有人認為這件事的原理，與在胸前劃十字相同。假設你今天要進入一間上鎖的教堂，你是以相等的規律性與可預測性，去進行開鎖的動作以及胸前劃十字的動作。轉動鑰匙可以開鎖的原理也許隱藏於鎖鑰機制之中，但你會認定鎖鑰內部運作之謎一定可以解開。反觀胸前劃十字的不明性（opacity），則是無可釐清的。一旦認定某行為具有這種不可知的因果關係時，我們便知道自己是在進行具有儀式性質的思考。

儀式存在於心靈中

這番道理的其中一個結果，頗會令人感到不安，因為那就意味著，這世界上根本沒有客觀存在的儀式，也就是說根本不存在哪種特殊的行為，可以被恰當稱為「儀式」。儀式的概念純粹存在於個人心靈中，取決於你認定這個行動是不是受可知的因果關係所導引。如果你認定——無論你的認定有多麼隱微——某行動具有無從揭開的因果不明性，那麼至少對你而言，這個行動就是一項儀式。但是對別人而言，同樣的行動就未必是儀式了。

心理學家有時會用「希爾維亞的食譜」（Sylvia's recipe）故事，來說明人類彼此模仿卻未必了解自己為什麼要這麼做的情況，這個故事也有助於具體闡述上述道理。[6]希爾維亞熱愛烹飪，她最喜歡的食譜之一，是從小從母親那邊學來的烤肉。希爾維亞打小時候就看見母親總是將肉塊的尖端切除，再放進烤爐當中。希爾維亞長大以後，母親有次去她那裡住，希爾維亞就用一模一樣的方法，準備了這道從小學習的烤肉，沒想到母親看到她切肉的作法之後卻很訝異。原來，多年前希爾維亞的母親之所以要將肉塊的尖端切除，只是因為當時他們家的烤盤太小放不下而已。原來，這個行為的原因是屬於純粹的工具性質。

希爾維亞還是孩子的時候，也許就猜測切除肉塊尖端的行為背後肯定存在某種徹底的解釋，即便原因並不顯著。若是如此，希爾維亞採取的就是我所謂的「工具性立場」（instrumental stance）：假設該行為是為了達成某種務實的最終目標。但也有可能，希爾維亞只是認定切除肉塊尖端屬於傳統作法，並沒有可以弄得明白的理由。若是如此，希爾維亞採取者就是我所謂的「儀式性立場」（ritual stance）：假設該行為並不遵循可理解的因果關係。假若我們是以這種態度看待某種行為，然後有人跳出來點出這項行為背後的原始理由，戳破我們的幻想，那麼該行為馬上就會從儀式行為轉變成另一種技術行為。

當你採取儀式性立場的時候，會出現一些很奇特的事情。因為你假設這項行為是偶然的（arbitrary），於是就可能性來說，該行為能夠代表任何你喜歡的意義，或是任何你信任的人告訴你的意義。比如說，在某個狩獵採集文化中，切除肉塊尖端可能意味著，你想要將動物的靈魂釋放回野外，讓它進入其他能成為獵物的動物身體，這麼一來，你的家族未來便能成功獵到這隻動物。而在另一個文化中，切除肉塊尖端也許是希爾維亞母親所屬的那個族群「向來」採取的作法，那是他們傳統的一部分，也是區別他們與同地區其他族群的標誌。

關於哪些因素導致某行為在我們眼中看來像是儀式行為，解釋聽起來可能很複雜，但我們其實一直在運用這些原則，即便我們並無意識到此事。事實上，這也是希爾維亞的食譜故事我們一聽就能懂的部分原因。我們憑直覺便會知道，純粹工具性解釋（切除肉塊尖端使其符合烤盤大小）與純粹儀式性解釋（以切除肉塊尖端來表達自身文化認同）二者的差別。要體會為什麼說我們其實活在一個儀式的世界裡，為什麼說我們始終在採取「儀式性立場」看待自己目睹的行為，用上述這番解釋去看，就會變得明瞭許多。

有時候，要不要將某行為解釋為儀式，其實不是件清楚明確的事。以拉窗簾為例好了，假如人們被問起的話，大多數人應該會回答，拉起客廳的窗簾是一種純粹工具性的行為，比如城市居民在天黑之後拉起窗簾是為了隱私，防止路人窺視。或者，我們可能會說，我們在觀賞重要足球比賽的時候想要拉上窗簾，避免陽光照到電視螢幕造成反射。但是，往往我們將窗簾拉上，其實只是出於日常習慣，而不是要達成某個具體目標。假如有個屬於不同文化群體的家庭搬到你家隔壁，但他們晚上卻不拉上窗簾或白天不拉開，你可能會將那些做法歸因於牽涉窗簾用途及其社會性意涵的不同文化標準。或者設想一下，假使有人是將窗簾全部綁在一起，而不是分到兩邊使用綁帶固定的常見做法，我們便會立即意識到這樣做違背了窗簾裝飾的標準。但是，如果沒有這種明顯偏離常規的事情出現，那麼像是「拉窗簾」這類成為日常生活慣例的行為，我們就更不會警覺到它對我們而言，已經變得何等儀式化了。

由此，所謂發現儀式的存在，其實是指在進行採取儀式性立場的行動中發覺自己與他人：察覺我們什麼時候會不將因果關係標準應用於自身採取的行動上。然而，在某個族群或社群內部成長的效果之一，就是我們會自然而然地學到很多儀式行為，卻對此缺乏自覺。我還記得的經驗是，我第一次去紐約的某家廉價餐館，對於什麼是「薯餅」（hash brown，譯按：字面意義是切碎後煎至金棕色的東西），感到很納悶。我就是個英國人而已，但那位服務生盯著我瞧的態度好像我是個不正常的人，他答道：「薯餅就是薯餅。」這個東西就是這個東西啊，但這句話要成立的話，必須是你從小就知道薯餅是什麼。與此同理，我們的儀式性本性經常隱藏於眾目睽睽之下，避過了我們的注意力。

人類學家之所以常常選擇與其成長環境迥異的文化來研究，前述者便是一項理由。[7]為了發現我們正在尋找的儀式，我們需要去到該傳統對自己而言是新鮮見聞的群體之中進行探索，如此一來，會使我們感興趣的現象就會更鮮明地呈現，讓我們必須予以解釋。透過研讀書籍或觀看紀錄片來間接進行此事，難度相當大。欲發現儀式背後的共通特質，更有效的方法就是去遊歷許多不同的文化，並且即時觀察該文化，辦法是參與當地人的生活，於此過程中學習自己不熟悉的文化體系。人類學家經常這麼做，他們會長時間生活在某個文化群體中，使自己投入其中的生活。巴布亞紐幾內亞的雨林，是我人類學研究生涯的起點，我在那裡遇見自己非常不熟悉的習俗，由此強烈意識到儀式性立場與工具性立場的差異。與此同理，經歷長時間田調之後返回家鄉，也會發現自身所屬群體的儀式變得非常顯眼。

在新幾內亞的雨林族群生活了兩年之後，我終於還是得回到英國，並重新參與劍橋學院與家族過耶誕節的聚餐習俗，這些習俗此時在我眼中變得相當超現實。在學院高桌（high table）開始用餐之前，得先嚴肅地站著聆聽公式化的「感恩禱詞」（grace），讚揚沒有具體現身的聖父、聖子、聖靈，而禱詞用的語言現在幾乎沒有人會講，我們為什麼得這樣子做呢？要送人的禮物，得先用彩色包裝紙包起來，放置在一顆特別的樹下面，我們為何得這麼做呢？為什麼跟叔叔伯伯姑丈舅舅打招呼的方式是握手，跟姑姑嬸嬸阿姨舅媽打招呼卻是親吻呢？

我漸漸成為了一名專業的儀式「發現者」（spotter），就像是某些找尋鳥類或蝴蝶的自然學家一樣，[8] 我意識到自己四處在搜羅人類行為背後具有儀式性立場的證據。誠如許多鳥類學家與蝶蛾學家會愈來愈渴望解開研究對象的演化起源之謎，像我這樣的儀式發現者也是愈來愈專注於解釋，儀式性質的行為最初是如何演化出來的。

人類總是會從事儀式性質的行為，是一個演化上的謎團。觀察並模仿可帶來渴望之結果的行為，是許多物種都擅長的事情。[9]某些鳥類（比如特定種類的鴉科）的表現尤其出色，可以記住確切的動作順序以獲取食物獎勵。[10]但是，即便是與人類關係最親近的靈長類，也不會花時間去模仿沒有明顯實際效果的行為。[11]但是，人類卻總是在做這樣的事情，心理學家將此稱為「過度模仿」（overimitation），亦即模仿無助於達成某個最終目標的行為。[12]

過度模仿的起源

許多針對「過度模仿」的研究方法會使用機關盒，那是一個可以看到內部物品的裝置，裡面裝的物品對實驗對象有吸引力，但必須經過一定順序的操作，才可能開鎖或解開機關取得物品。[13]這類機關盒實驗可用來觀察兒童會模仿哪些類型的行為、哪些則不加模仿。過度模仿研究設計通常是讓一個成人操作複雜的動作程序開啟機關盒——動作也包含奇怪的手勢（比如揮手）與明顯多餘的動作（比如用羽毛輕點盒子）——然後再將同樣的任務交給兒童。觀察過示範動作之後，兒童通常既會模仿無用的行為，也會模仿具有合理工具性的行為。更奇怪的是，即便實驗者明白說明示範動作當中會有一些與實際上打開盒子無關的「糊塗」（silly）行為，而且還明白建議不需要照做此類行為，參與實驗的兒童依然會模仿那些非必要的動作。14

所以，該怎麼解釋人類這種過度模仿的傾向呢？一個可能的演化論解釋是，過度模仿傾向可以讓人類祖先根據信任，而不僅僅是以共通的推理與證據為基礎，將有用的發現有效地流傳下去。這會是非常具有革命性意義的演化適應（adaptation），舉例而言，試想這種傾向可以造成多少發現醫療方法的機會。有許多植物具有藥用療效，但是要發現哪些植物有益健康，那是艱辛又漫長的過程。個人以神農嘗百草的試誤法（trial and error），最多也就只能那樣。但是，如果你願意相信專家告訴你哪些植物最有藥效，你便可以省下大量時間。至為重要的是，過度模仿讓先前世代累積的發現可以流傳下去，不用每一代人從零開始摸索。過度模仿不僅有利於醫藥範疇，也適用於其他諸多文化學習的領域，愈來愈專業化的生產工具，乃至於建造居所與追蹤動物都包含其中。要讓這些技能組合得以繼續發展並且跨越世代傳遞，人類就需要具備基於信任而學習新技能的能力。

可是，你怎麼知道應該信任「誰」呢？一旦論及學習具備工具性作用的技術，上等策略就是優先模仿能力與技術較高的人，正常來說，那樣的人會有年紀較長、經驗豐富、紀錄良好、受人仰仗、信心充分、成績斐然等等條件。我們可能將這些特質連結上「權威／聲望」（prestigious）人士，並且會傾向或偏好模仿他們的行為，此現象通常被稱為「權威成見」（prestige bias）。[15]從演化觀點去看，心理學家透過機關盒實驗與受試兒童所看到的過度模仿行為，主要動機是想從權威專家那邊學到有用事物的欲望，權威專家通常是能夠被信任的成年人，我們相信他不會教導有害處或沒意義的事。更有趣的是，這份信任投注於行為的程度似乎更勝於言語。即便權威人士告訴我們，不要模仿他做的糊塗行為，我們似乎還是忍不住要照著模仿一番。此現象表示，此成見深植於人類心理之中，我們無法透過語言運用或明確推理加以推翻或克服。有些心理學者將權威成見稱為根據「先複製全部、後續再修正」（copy all, correct later）規則進行的學習演算法（learning algorithm）。[16]意思是說，在權威專家身邊學習的時候，把他所做的事情全部學起來確實是有道理的，這是基本的出發點，後續再逐步確定哪些行為其實沒用處，予以淘汰。

關於這套學習演算法有一種稍微更細膩的理論版本，那便是模仿所有看似「蓄意」（deliberate）——無論其糊塗與否——的行動，但不費心模仿那些明顯多餘、乍看便知不大可能幫助我們學到有用東西的行為，好比抓鼻子或氣喘吁吁。有實驗證據顯示，甚至連襁褓嬰兒都能夠意識到這樣的區別。舉一項研究為例，實驗者讓十四個月大的嬰兒觀看一段影片，其中示範者會用頭，而不是用手，將桌上的電燈開關打開。接下來將嬰兒分成兩組，體驗不同版本的示範影片，一段影片中示範者手臂被毯子裹住，難以使用雙手，另一段影片中示範者雙手是自由的。結果是，觀察到雙手自由之示範者影片的那組嬰兒，更有可能去模仿用頭打開電燈開關的奇怪方法。合理的推想是，當成人示範者的手臂被包起來，孩童會斷定他用頭按開關是因為別無選擇，因此這個行為不是積極主動的選擇，故缺乏模仿的價值。但假如是雙手自由的成人示範者用頭按開關，孩童會認為這是個「蓄意」行為，故具有模仿的價值。[17]

於是，過度模仿之演化的一項解釋是，它提供了有用技能從熟練專家傳給初學者的特殊有效方式。但是我一直在思考，過度模仿有沒有第二種解釋存在的可能，那就是我們模仿他人未必是要學習有用的技能，而是為了要成為群體的一分子。說到底，人們總還是會模仿缺乏工具性價值的行為，而這只是出於一種歸屬感的渴望。舉打領帶為例吧，打領帶需要熟練打結的手法，然後仔細地將領帶結調整到襯衫第一顆扣子處，小孩子要學會打領帶，可能需要花好幾個月時間才能熟練這種複雜且特殊的打結方式，甚至某些孩子（我很不幸地就是其中之一）得花好幾年功夫，才好不容易將這門技能鍛鍊到足以讓眼光挑剔的成人肯定。面對事實吧，打領帶根本就沒有工具性的理由，領帶那麼窄一條，不像圍巾一樣可以保暖，而且，既然襯衫最上面已經有顆扣子，領帶根本沒有固定領口的功能。領帶就是件沒用的裝飾品，但就是因為這樣，領帶的意義正在此處，在領帶的案例上，我們採取了儀式性立場。我們彼此模仿的目的不是為了從權威人士那邊習得技能，而是與群體中的其他人產生連繫。

這種情況其實不是權威成見，而是屬於完全不同的現象，心理學家稱之為「從眾成見」（conformism bias），而且，從眾成見似乎是最強大的人類行為驅動力量之一。不過，從眾成見也帶來了演化上的謎團，除了單純學習新技能之外，假如人類真的是因為因循從眾模仿彼此行為，那就會引發一個簡單的問題：這樣做的演化適應利益是什麼？從眾主義很容易阻礙技術性技能的學習，實際上這種事情太多了。假如我們模仿別人做的事情，只是因為想要融入的話，那我們最終就會模仿一切毫無工具性用處的行為。這種狀況往往會造就出某種時尚風潮，幾年之後我們驀然回首這一切時卻覺得難以置信（現在我看到從前一九八〇年代照片裡面的自己，將外套袖子捲起來、衣服領子掀起來的模樣，還是覺得滿尷尬的）。

美國哲學家艾力．賀佛爾（Erik Hoffer）的觀察是：「當人們能夠隨心所欲的時候，人們往往會彼此模仿。」[18]不過，關於此現象的演化論解釋至今仍不明確。基於學習新技能的模仿，很有可能比基於因循從眾的模仿，具有更多古老的源頭。或許人類最初成為模仿者，是為了幫助自己利用更新更好的工具，但後來這種狀況造成儀式性質更高的文化習俗出現。無論理由究竟是什麼，一旦人們不是為了學習有用的技能而模仿，而是開始以彼此連繫為目的模仿彼此的行為，如此不同文化群體的發展基礎就奠定了，族群便會根據自身獨特的風俗、信仰與習慣來自我定義。面對這般特殊展現自身的群體，假使你不想成為其中一分子，學習那些獨特生活方式其實沒有意義或用處，於是，儀式便成為新群體身分認同的基礎，開啟了「我們」和「他們」的新思維方式。

果真如此，則儀式就不僅僅是與學習新技能有關，而且是關於塑造身分認同與依附群體。更深入鑽研儀式觀念的企圖，將我引領到德州大學奧斯汀分校實驗室，去探索幼童的從眾性機制。

從眾性的機制

我於這一章之中持續論證的是，人類所以模仿他人有兩種非常不一樣的理由。一個理由是，我們想要獲得有用的技能，有用的技能可以幫助我們更有效地完成各式各樣的工作。對於此種工具性的模仿，我們會去尋找有能力的個人作為恰當的榜樣或模範：此時我們乃是受

「權威成見」所指引。模仿別人的另一主要理由是，我們想要變得與別人相似，如此我們便能融入群體。對於這種模仿，我們最感興趣的是觀察並遵循群體中其他人在做的事情，無論那些人是否為權威人士：此時我們則是受「從眾成見」指引。不過，究竟是哪種成見驅使著哪種模仿，我們又該如何分辨呢？

在某些情況下，要判斷模仿的驅動力是學習技能還是融入群體的渴望，會是比較容易的。比如說，假如某個行為具有非常吸引人的最終目標，會讓我們想要去模仿——而且示範者演示該技能的方式是一系列因果關係透明的步驟——那麼我們就會更可能採取受權威成見驅策的工具性立場。與我同年齡層的英國人大概都記得一檔叫做《藍彼得》（*Blue Peter*）的電視兒童節目，節目主持人經常示範如何用日常生活用品製作號稱有用處的東西，然後我們（兒童觀眾）就會試圖在家裡模仿，把家人弄得很心煩。尤其是我可憐的母親，她經常因為牛奶罐瓶蓋或洗衣精瓶蓋莫名消失而氣惱，因為那些玩意兒被拿去做成了多餘的筆筒或沒用的裝飾品。

然而，當行為示範者是值得信賴的榜樣時，情況就會變得比較模糊。上文討論過希爾維亞的食譜故事，這便是個很好的例子。希爾維亞的母親之所以切除肉塊的尖端，是因為遵循所屬的部落傳統習俗呢，還是單純為了符合烤盤的大小呢？還有，當希爾維亞模仿母親的作法時，驅動她的力量是屬於上述哪種解釋呢？這個例子看似不尋常，但其實在人學習如何成為群體成員的過程中，這類挑戰簡直是多到數不清。

我們很容易就遺忘，剛剛接觸並學習所屬文化群體的慣例這件事有多麼困難。我還依稀記得自己童年時的幾個例子，其中一個例子是我剛上幼兒園的第一個學期。每天放學時，小朋友都被要求將椅子搬到桌子上面放置。後來我才明白，這是為了方便清潔工在放學建築物淨空之後打掃教室。當我正開始習慣這個新慣例時，這件事情的最大特色，就是全班同學會同時這麼做，而且那是在逼近放學時間的某一刻，大家便突然之間開始動起來。由於大多數人都想要趕快融入，我們做得相當積極。有一天，我因為很急切想要遵守這項集體儀式，順手抽起一把椅子，豈知當下老師正要坐到那張椅子上。到今天我都還記得那位老師臉上痛苦的表情，但她的肉體疼痛肯定遠遠不如我的羞愧感之強，這種羞愧感持續了非常久，往後人生中我每次無意間犯下社交方面的失誤時，總會喚起這個記憶。這起事件引發的主要情緒，不是造成他人疼痛導致的同情或難過，甚至也不是因為傷害權威人物而擔心受罰的恐懼。比這些更讓我感到恐怖的是，我因為沒能完成每日最重要的一項儀式，而對於可能會被逐出部落產生強烈的懼怕。我對於受責備的擔心，已經被更強大的恐懼掩蓋過去，那便是受到同儕的嘲笑或排擠。

在這類情況下，模仿他人行為的動機似乎不是出自學習的渴望，而是從眾的渴望。若說我個人的經驗有何參考價值的話，那就是未能恰當執行儀式的可怕程度，遠遠高於未能學會工具性技能。這種恐懼在人年紀尚幼時便出現了，此後再也揮之不去。有此認知之下，我長期以來總在思考，歸本於恐懼受群體排擠心理而來的從眾成見，會不會是兒童過度模仿行為的最強原動力，甚至比學習新技能之需求更加強烈呢？

可是，我們該如何驗證這個假說呢？是這樣子的，假使從事儀式的關鍵動機是從眾之渴望，我們應該會預期，兒童身邊若存在強烈的社會性提示（social cue），暗示群體中其他人都在做某件事時，兒童去執行這件事的可能性會比較高。假如我們只有看到一個人會將細長帶子打結掛在襯衫領口，我們就很容易覺得這樣做很奇怪，而且不大可能模仿此行為。但是，如果學校裡的每個孩子都這樣做，那情況就會完全不一樣了。換句話說，看到眾多個體在進行某種一旦沒有很多人在做就會看起來像瘋子的行為，這個現象就會化作一種強烈的暗示，暗示我們應當要有樣學樣。

為了探究這個想法，我們設計了一系列的實驗。我們拍攝影片，讓表演者進行一套人們不熟悉的行為，他會使用一面洞洞板，板子的洞裡頭插著不同顏色的桿子，壓下任何一個桿子，就會導致相應顏色的釘子掉出來。[19]表演者會使用特殊的順序壓下桿子，但總共有四套表演版本，參與實驗的每一位兒童都會觀看其中一種（且只看一種）版本。每種情境都會仿效不同類型的社會性提示，皆與從眾性有關。

在其中一部影片中，有兩位成年示範者以完全同步的方式，操作一系列洞洞板壓桿子的奇怪動作順序，只做一遍。這會對觀看的兒童傳達非常清楚的訊息，那就是這套動作順序是兩位成人刻意以完全相同的順序進行動作，顯示這是一套受規則約束的動作。將同步這項要素納入其中，是因為同步行動是各文化中集體儀式非常普遍的特色，好比多人同時進行的跳舞、吟誦、合唱、行進、遊行、打鼓等。在另一部影片中，兒童觀看的是兩個示範者同步進行一套動作，但將這套動作做了兩遍，這樣等於是讓模仿的誘因「加倍」（double whammy）。在另一部效果稍微「較弱」的影片中，兒童看到的是兩個示範者先後進行動作，兩人動作並非同步。最後，在效果最弱的影片中，兒童看到的是只有一位示範者將一套動作重複兩遍，強調這是刻意的行為，但削弱執行這套動作是在遵循共同規則的印象。

參與實驗的兒童都會觀看其中一部影片，除此之外，每位兒童還會接收到兩種口頭提示的其中一套：一種版本屬於工具性、目標導向，另一種版本屬於習慣性、儀式性。為了造成工具性印象，實驗人員會喊道：「他把釘子弄出來了！仔細看喔。他把釘子弄出來了！」這種講法是將重點放在預期的結果，也就是讓洞裡的釘子掉出來。對比之下，為了造成儀式性印象，實驗人員喊的是：「他老是那樣子做！仔細看喔。他老是那樣子做！」這種講法的重點則在於從眾性，也就是表示事情向來應該這樣子做。經歷這段安排之後，每位兒童都會拿到一面洞洞板可以玩，但實驗人員不會明確指示兒童去模仿影片的行為。當然囉，大多數的兒童都模仿了他觀看的那部影片當中的動作。問題是，哪樣的情境條件會造成兒童出現最精準的模仿行為呢？

實驗結果非常引人入勝，結果顯示，接收到儀式性口頭提示的兒童，更有可能精確模仿影片示範者動作的情況，儀式性口頭提示是將重點放在循規從眾，而不是學習技能。接收到從眾性提示的兒童，也更有可能在事後將這套行為描述為社會性規定（比如「我必須像他們做的那樣做」）。對比之下，處於工具性情境（亦即將重點放在物質性結果）下的兒童，比較沒有將注意力放在示範動作的順序，他們也比較容易將自己的行為解釋成獨立選擇（比如「我想怎麼做就怎麼做」），而不是社會性義務。相比於強調技能的學習，強調社會性慣例似乎會讓兒童在模仿上更加嚴謹仔細。

假如融入與歸屬的欲望——也就是想要成為部落一分子——確實會使人更細心模仿他人行為，那麼我們便可以預期到，當兒童擔心被排除於群體之外的時候，兒童的儀式性模仿行為變得更加強烈。也就是說，我們愈渴望獲得歸屬，我們的行為就會變得愈具有儀式性，並且更用心謹守規矩。為了探究這些假說，我們進行了一系列的新實驗，這些實驗的設計宗旨，是要激發受試者對於群體當中自身地位產生不安全感，從而探討此等不安全感對於儀式性思維與行為的影響。

為求達成效果，我們得設計出一種能激發年幼兒童害怕被排擠、被淘汰之恐懼的方法，但也需要合乎倫理標準。很顯然，被排除在外的感覺本身就很令人難受。不過，這個主題其實常常出現在童話故事裡頭，例如被同類排擠的「醜小鴨」之歌。我們最早期的實驗是在探索，害怕被淘汰與放逐的恐懼，會如何影響人的模仿行為，我們選擇了一種非常簡單的方式，來讓兒童思考被排斥這件事情。我們向參與實驗的三至六歲兒童播放一段影片，影片中有好幾個幾何圖形緊密靠在一起形成一組，共同移動，然後畫面中有一個孤立的圖形，朝著這一群圖形靠攏，像是想要加入的樣子，但這一群圖形卻持續遠離這個孤立的圖形。[20]為了與沒有排擠主題的情境條件予以對照，第二組兒童觀看的影片是好幾個圖形靠攏形成一組，自由自在地移動。這兩組兒童看完影片之後，都會繼續觀看下一部影片，其中是成人示範者在擺弄一些物件，跟以前的實驗一樣，示範者會移動、敲擊、旋轉物件，接著，實驗人員會將這套物件交給兒童讓他們自己去玩。此外，也是和以前的實驗一樣，兒童觀看的示範影片也是分為儀式性情境（所有物品操作完畢後最終回到原位），或者是工具性情境（所有物品操作情況與前相同，唯一不同處是其中一件物品最終裝進一個盒子，提供一個明顯的最終目標）。

接下來實驗人員仔細衡量了，兒童自己在擺弄這些物品時，所進行的模仿行為精確程度。實驗結果再度證明了我們先前的發現：物件最終歸位原處，會讓這番行動更可能被視為一種儀式——沒有現實上的明確因果關係——觀看此影片的兒童操作物品的模仿行為會更嚴謹。可是，於此我們最感興趣的是，擔心被排擠的恐懼會不會影響兒童操作物品的方式。獲得事先暗示而對於被群體排斥產生焦慮感的兒童，如果他見到的操作行為比較像是儀式時，會不會表現出更高的模仿性呢？我們的實驗發現結果確實如此。我們利用孤立圖形受到圖形群體排斥的影片，對兒童進行事先暗示使其思考排擠問題，看到這部影片的兒童，有更高機率會去忠實模仿「無目的／無意義」（pointless）的儀式行為。換句話說，害怕社會排擠的恐懼感，會導致他們以執行儀式的精神去進行模仿。更有甚者，相比於其他情境條件，接受排擠威脅的事先暗示，然後進入儀式性情境的受試兒童，在事後被詢問起他們為什麼那樣做的時候，更有可能會以社會性規範的方式解釋自身行為（因為「我必須做他做過的」，或「這件事就是要那樣做」）。我們得出的結論是，人在面對排擠淘汰的威脅時，會採取儀式性模仿（ritualistic copying）作為迎合討好的方法。

雖然影片中幾何圖形的運動情況，可以造成事先暗示排擠恐懼的效果，但這顯然是一種非常溫和的做法。在往後的研究中，我們繼續探索更具體直接的排擠暗示法。舉例來說，我們設計出一項實驗，將五至六歲的兒童分配到「黃隊」，讓他們戴上黃色的帽子和臂章。[21]讓受試兒童向實驗人員描述他最喜歡的玩具、動物和食物之後，人員會告訴他們，黃隊其他隊員的喜好跟他一模一樣。接下來，受試兒童會玩一種叫做「賽博球」（cyberball）的電腦遊戲。[22]他們操作的人物角色是黃色的，遊戲中，他的角色會與其他虛擬的黃色角色或「綠隊」角色進行遊戲。有些兒童進行的遊戲情況起初是公平的，但稍後其他角色會突然之間不傳球，造就出具體而直接的受排擠感，這便是該實驗的事先排擠暗示。其他受試兒童的遊戲過程，則是可以全程公平傳球。再來，所有受試兒童都會觀看一段影片，其中示範者進行一連串儀式化行為，而且實驗人員會告知兒童，這些行為都是「黃隊」的慣例。實驗結果與我們預期的一樣，受試兒童經歷的情境若是黃隊角色不公平傳球給自己——此為直接的排擠恐懼感事先暗示——之後他對黃隊儀式行為的模仿最為忠實。假如兒童經歷的是綠隊角色不傳球給自己，則不會有上述效果。所以關鍵在於，被你所認同的群體排斥，才會產生這個作用。

以上所有研究都在指向儀式的重要性，儀式是人類與他人聯繫親近的獨特方式，用以確定自己「歸屬於」部落。一旦開始深入探究，兒童為何會對看似無目的或無意義的行為加以過度模仿，我們便愈來愈清楚兒童的過度模仿行為，不會只是為了從有知識的個人那邊學習新技能，並相信對方不會教導自己無用的事物。我們開始認識到，當兒童從事過度模仿的時候，有一股更強大的力量正在運作，那就是想要透過從眾隨俗來融入及依附的渴望。

當然了，從眾主義也有其黑暗的一面。史丹利・米爾格蘭（Stanley Milgram）進行的那場實驗，是心理學史上最著名的實驗之一，實驗人員會要求受試者對另一位受試者施加（當事者信以為真）痛苦程度愈來愈高的電擊，結果受試者竟然真的會服從指示而持續這麼做。[23]從此之後，人們便開始將「從眾性／從眾主義」一詞與盲目遵循命令聯想在一起。由此，我們很容易就會聯想到納粹軍官在殘忍指揮官命令之下執行殘殺暴行的事情。於是，我們將從眾性與盲目服從、喪失個人能動性（personal agency）、「我們只是在服從命令」的辯解——即俗話所謂「大機器裡的小齒輪」（cog in the machine）——連結起來。

可是，我和團隊所進行的實驗顯示，人類從眾性有其更加細膩深刻的解釋。我們得知人類有模仿儀式的衝動或渴望，以此為基礎，可以合理推知採集狩獵的人類祖先，應該也是熱衷於從眾隨俗、因循承制，由此學習並傳承其先祖的舞蹈、吟唱、諺語、習俗。隨著以採集狩獵覓食的族群在大地上遷徙，彼此吞併或內部分裂，地域性的特殊文化傳統由此逐漸形成並產生變異，留下極為多樣的繪畫風格、雕刻等藝術型態。還有，隨著最早的農民打造日漸精緻的墓穴，各地區喪葬禮俗的差異也日益顯著。

大約五、六千年之前，我在英國牛津（Oxford）住處以西的那片地區，人們會將死者安葬在地勢較高處，地點可以俯瞰周圍景觀，墓室以石塊堆砌，墓室上方會再覆蓋楔形的土墩。在我住處西南方的那片地區，人們較常見的作法是於墳塚上再以石頭覆蓋；更往西邊來到愛爾蘭，這裡的人們會建造圓形墓或橢圓形墓，後來又改為流行矩形墓。古代族群的人們，應該是將彼此視為特殊文化傳統的傳承者，他們不只擁有各地域特色的喪葬習俗，還有各式各樣裝飾身體、行為舉止、談話措辭、標示人生階段的方法。這些事情之所以會出現，從眾成見乃是必要條件，那便是指人出於依附融入的渴望（別無其他目的），有意願去模仿值得信任者展現出的行為。

此情暗示著，人類從眾傾向其實有比較不邪惡的解釋方式。雖然人們遵守命令有時是出於服從權威或恐懼處罰，但是更普遍（卻不時被忽略）的原因則是從眾性：想要獲得歸屬的單純渴望。某種程度來說，我們人人都是從眾主義者；從眾主義是人之所以為人的一項要素。誠如我會在後文解說者，若欲防範從眾主義最具破壞性的結果發生，並駕馭其最有益於人類發展的珍貴潛能，理解從眾性的本質實在至關重要。

第二章　野生宗教

我已經獨自在墓廟的一隅，坐了將近一小時的時間，注意聆聽有沒有祖先前來享用食物供品的徵兆。供奉的食物是由村莊中的婦女準備，然後由男人與男孩在莊嚴肅穆的氣氛中將供品擺放到桌上。他們告訴我要仔細聆聽祖先降臨的徵兆，尤其是我足夠聚精會神的話，可能會聽到鬼魂對話般的片段耳語。建造這座廟宇的人是「基翁」（Kivung）的成員，基翁是巴布亞紐幾內亞的一個大型組織，基翁成員會為祖靈的歸來做好準備。[1]

透過竹編牆的縫隙，我隱約瞥見裡面有一群衣不蔽體的身軀正在忙碌行動，但不是在進行整齊劃一的動作。婦女們對頑皮不守規矩的孩子低聲喝斥，有時甚至揚起手來作勢教訓，但卻迎來孩子淘氣的笑容與抗議聲。我想要知道亡靈的聲音聽起來是什麼感覺，還有，外頭人們正發出低沉而崇敬的誦聲，所以要怎麼區別亡者與生人的聲音呢？肯定有人朝著附近的火堆丟了一團枯葉，因為煙霧開始飄進墓廟中，令我的眼睛發疼。我也感到好奇的是，祖先在墓廟中顯靈會是什麼模樣。在我眨眼流淚之際，突然間，我發現視線邊緣出現一絲動靜，是祖先降臨了嗎？不是，只是一隻蜘蛛緩緩順著木頭柱子爬上屋梁而已。

其實我早該知道情況會是如此。那裡的人已經和我說過了，祖先是無形的。你也許能在事後發現他們曾經降臨的跡象，好比供奉的食物莫名其妙缺了一塊，但你不可能即時發現祖靈正在享用供品的現場。但遲早有一天，祖先會突然在村莊現身，有些人說這一天已經快要來了。為了確定我有聽懂，告訴我這些訊息的人會捏我的皮膚來表達強調的意思，我因為驚嚇而猛地發顫，這個表現令他們發笑。

他們告訴我，周遭的雨林原本是祖先創造出來的。祖先再臨之際，將會用高樓大廈取代樹林，和大家在報紙圖片上看到的美國城市摩天大樓一樣壯觀。這裡識字的只有年輕人，但就連年輕人閱讀文字也很吃力，因為接受教育的人大多是半途而廢，靠販賣現金作物賺到的那一點點錢，根本付不起學費。但報紙在這裡依然是珍貴的物品，因為報紙可以用來製作香菸；比起用蕉葉捲自家種的菸草，報紙更容易燃燒。不過，在用報紙捲菸點火來抽之前，抽菸的人會物盡其用，先把報紙上的圖片好好端詳一番，尤其是呈現城市生活景象者。此處人們想像中的人間天堂景象，就是萬丈高樓在一夜之間拔地而起的奇蹟，供應都市生活那超乎想像的豐饒與舒適。接下來，審判日終會來到，屆時惡人會被打入地獄，忠信之人從此過上無憂無慮、自由自在、遠離苦難的新生活，直到永遠。

與此同時，我耐心坐在自己的位置，仔細聆聽有沒有幽靈顯現的動靜。但我很快就開始思索著另一個謎團：為什麼世界各地的人都相信人死後並沒有消失，相信我們周遭漂浮著凡眼看不見的靈魂，相信有超自然的存有創造出我們所處的世界，相信超自然的存有可以被祈禱或供品所取悅呢？那時只是我剛開始探索宗教本質的階段，但即便在當時，我便依稀意識到，全人類共有的信念與做法其實存在共同的基石。但為什麼會這樣呢？

又經歷幾十年的時光，我愈來愈清楚領略到，宗教性思維與行為的基本要素，存在於世界上所有人類社會中，從小規模的原住民族群乃至於工業化的大都會和內城區皆無例外。比如說，世界各地的人們都設想，人的肉體與精神可以分開、大自然世界的特徵含有隱藏的本質與目的、人應該要取悅與安撫亡者的靈魂。世界各地的人們都有傾向要流傳神奇事蹟與特殊存在的故事，而那些故事違背了我們直覺上對這個世界運作方式的預期，關於各式各樣超自然存有或力量的信仰由此形成。世界各地的人們——甚至是還沒學會說話的嬰兒——在遇見能導引超越凡間力量之人的時候，都會出現敬畏與崇敬的感受。

這類信仰始終反覆出現，呈現「宗教性成見」屬於全人類且普遍存在。誠如我們在本書後面將會看到的，宗教性成見不只是形塑我們所謂的「信念」（faith）、「迷信」

（superstition）、「童話故事」（fairy tale），還影響了各式各樣現代的廣告宣傳、消費行為。不過，現在先讓我們專心將重點放在探討，為什麼人們的宗教性成見可以被視為人類本性的基本特徵。

傳教、鬼魂與祖先

當年我還是個年輕的博士研究生，在與拜寧馬里族（Mali Baining）[2]一起過生活的時期，是我最初思考人類信仰成見（bias to believe）的契機。基翁組織從一九六〇年代中葉開始傳播到雨林地區，宗旨是將各語群團結起來形成該區域的新政治勢力，拜寧馬里族便是加入基翁組織的諸多語群之一。[3]觀者很容易會認定，我在基翁組織內部碰到的所有觀念，都是源自歐洲的影響，尤其是天主教教士與教義問答師（catechist）的教導。這些傳教士從很久以前開始，就有針對拜寧人（the Baining）的巡視活動，其時代遠早於我抵達當地。傳教士在零落散布於東新不列顛（East New Britain）雨林中的村莊裡興建教堂、告訴當地人聖經故事、為人施洗、聽人懺悔。確實，基翁有許多觀念是受到來自異地的傳教士影響，尤其是那些涉及天堂地獄、罪與救贖的部分。但是作為一個前來與拜寧人共同生活的人類學家，我負責的部分工作是要盡量詳細記錄一個更為古老的文化體系，此文化體系在歐洲人與他們奇怪的信仰到來之前早已存在。為此，我花了大量的時間與耆老長者對話，他們還記得那個傳教士教導尚未廣為流傳、土著宗教信仰與習俗依然受人崇敬遵循的時代。

在祖先的時代，「成年」（adulthood）不只是個自然而然達到的過程，而是會要求男孩與女孩分別經歷非常精緻複雜且深具挑戰性的「入族」（initiation）歷程。步入成年的歷程包含要在森林中的聖地進行與外界隔離的長時間幽居，幽居的人會經歷嚴苛的磨難，磨難的內容是重大祕密，洩漏其內容的處罰甚至可以是處死。[4]人們相信，透過這些儀式，整個宇宙得以再生。這些儀式所以為必要，不僅是讓孩子成長並成熟，也在確保森林中動植物繁榮茂盛，這是人類生存、繁衍與興旺之所賴。

為了幫助我理解這套精密的信仰體系，當地人最終將我帶入雨林深處，讓我親身探索成為男子儀式（the male cult）的祕密。耆老教導我——作為我正式成為成年男性的入族儀式一環——我們周圍超自然世界涉及日常生活的層面。他們解釋，森林中充滿了無形的神靈，我們有可能勸服神靈協助各種人類活動，狩獵與醫療皆包含在內。[5]但是，可經由說服或勸誘而幫助人類的神靈，同時也是反覆無常、陰晴不定、猜疑易怒。人需要透過持續的犧牲奉獻，來綏靖、撫慰、取悅神靈。某一次，當我笨拙地使用砍刀披荊斬棘穿越叢林之際，當地人跟我說，我將林精樹靈的棲地誤認為野木叢，打擾了神靈的安寧。為此，他們讓我趕緊誦念好多種咒語，由此避免神罰並恢復與靈界的友好關係。

當地人將這類靈界的存在稱為「賽伽」（*sega*），意思是「森林的神靈」。雖然人類的凡眼見不到，但人們卻常在夢境中瞥見賽伽，尤其是靈媒「阿貢加拉嘎」（*agungaraga*）所做的夢。阿貢加拉嘎是特殊的人，他們不只是能夠在睡夢中與賽伽交流，還可以因此得知人們遭受厄運——諸如作物歉收或突發疾病——背後的隱密原因。阿貢加拉嘎的見識深受人們尊崇：他們會提供日常生活問題的實際解決之道，尤其是施術作法。人們在意識清醒時遇見賽伽的情況極為罕見，若有，這類經歷描述起來總是詭異，甚至有時是恐怖的。遇見賽伽總會伴隨著一些無可解釋的徵象，違背吾人熟悉的物理法則。比如，賽伽降臨的過程完全靜默無聲，人耳無法察覺，或者在你瞥見賽伽顯靈的剎那，祂又在你轉瞬之間憑空消失。

在西方人聽起來，這些觀念或許相當陌生。然而事實上，傳統拜寧信仰與世界上所有文化體系中的那些東西——從童話故事、歌曲乃至世界性宗教（world religion）最神聖的教義——其實相似程度高得驚人。無論你信仰的是基督教、伊斯蘭教、印度教、佛教、道教、瑣羅亞斯德教（Zoroastrianism，即祆教）或任何主流的組織化宗教（organized religion），你一定相當程度相信超自然力量、死後的生命、儀式的神祕力量、自然或宇宙的設計含有智慧。這些觀點根源於深層的直覺，並且不只是會表現在由僧侶、教士、祭司、古魯（guru，意為宗教導師）等宗教專門人士所維護的教義信仰體系之中，也會表現在比較非正規的宗教生活類型當中，好比精神主義（spiritualism）、新時代運動（New Age）信仰、薩滿信仰（shamanism）、神靈附身降乩（possession cult）等。6

有鑑於上述相似之處，我們若得知在拜寧人雨林區巡迴活動的天主教傳教士，實對於賽伽抱持反面評價，這或許會讓人感到很訝異。問題其實不是出在賽伽在天主教教會的宇宙觀架構中沒有位置可言，只能被斥為類似幻想童話如仙女或耶誕老人般的存在。恰好相反，歷來造訪村落的神父與教義問答師宣稱賽伽之存有真實不虛，但卻是邪惡的存在，是撒旦（Satan）遣來的使者。為什麼會這樣子呢？

這個問題的答案肯定十分複雜且具多重面向，但應當可以分成兩個主要的層面。首先，羅馬天主教這個宗教是套信仰與實踐的體系，信奉者理當將此體系視為完整無缺且不容例外。理想上，你不應該只做「某種程度」的天主教徒，好比只在禮拜日上教堂，然後在週間平日都是個泛靈論者。所以，神父們往往會將地方信仰整合入梵蒂岡教廷的信仰套組中，但其做法其實會讓人們愈來愈脫離對地方信仰的參與程度。其次，傳教士所肯定的超自然動力，也就是三位一體的聖父、聖子、聖靈，是具有道德性關懷的存有。傳教士所傳的那位上帝關心人類與人事，但賽伽則否。弔詭的是，要從天主教信仰套組中排除賽伽的最佳辦法，就是將賽伽吸納入天主教的道德化架構中；如此一來就可以堂而皇之地譴責賽伽，而無須將賽伽與羅馬教廷傳授的聖禮一併尊崇、祈請、膜拜。

對應於此，在當地原住民領導之下自一九六四年奠基的基翁運動，則積極鼓勵追隨者自豪地實踐傳統信仰與習俗，與賽伽維持和諧的關係，而不是將其視為撒旦般的存在並厭棄之。因此，每逢我無意之間冒犯了賽伽，人們就會鼓勵我去彌補造成的傷害。一般來說，造成冒瀆的原因是因為我侵犯或破壞了賽伽的領土或地盤。我從來不是因為行為失當冒犯當地社群的人，從而招致賽伽的怒火。當地人向我保證道，即便我去鄰居家偷東西、偷他的妻子，甚至謀殺他的兄弟（我當然是從來沒幹過這種事！），賽伽根本就不會介意。會激怒賽伽的事情是打攪祂們的生活，只要不去打攪祂們，我怎樣為所欲為祂們都不會理會。同理，即便你在社群之中的行為展現道德情操，這也完全無法感動賽伽去為你做點事，諸如幫助你打獵順利或疾病康復。反之，要驅使賽伽只能用直接給好處的方式，比如用犧牲或賄賂來供奉祂們，或者是念咒施法迫使祂們屈服於你的指揮。即便你那樣做，你也不可能確定是否奏效；你可能是念錯了咒語，或者日子不對。但是你可以確定的是，森林中的神靈只關心自身以及你為祂們做的事情，祂們才不在乎你是不是個善良的人。

傳教士所傳亞伯拉罕諸宗教中的上帝（Abrahamic God），為拜寧人雨林區引入徹底的新觀念正在於此。根據傳教士的教導，上帝在乎你對於社群中其他人的所作所為，上帝的降臨是會獎賞虔誠、懲罰罪惡，這對當地人帶來了啟示。更讓當地人震撼的觀念是，上帝會看穿你的靈魂與心思，惡念即便尚未付諸實行，心存惡念本身也會受上帝懲罰。這些觀念在經歷廣泛討論之後，竟成為基翁組織的根本思想。我們在本書後面的篇章將會看到，將超自然力量降懲一事加以道德化的信仰，其實在社會複雜化的演進過程中，出現的時間相當晚近。此現象的原因在於，人們對於超自然力量的感受，不會直覺上認知其為世間人倫道德的推動者。人們會自然而然將超自然力量想成如賽伽一般，是具有強大力量的存在，人最好拉攏祂們站在自己這邊。因此，在小規模的社會中，鬼魂、精靈、神明基本上都是自我中心，人類內部的行為只要不要妨礙到人安撫、賄賂、討好祂們的事情，祂們一概不理。

因此，基翁究竟是本土原住民信仰體系，抑或從基督教傳教士處借來的信仰呢？這個問題的答案為二者皆是。基翁採取了許多羅馬天主教傳教的原罪與救贖觀念，並將這種具有道德屬性的關懷歸諸地域性的祖靈。然而，基翁也同時在鼓勵人們堅持相信賽伽陰晴不定的傳統信仰，人必須與賽伽維繫和諧友善的關係。在有傳教士設立據點的殖民地區，這種將原住民信仰與基督教「混合搭配」（mix and match）的做法其實相當常見。

當年還是年輕博士生的我，對於信仰混搭的情況感到十分著迷。在我看來，天主教這樣一套全然來自異域的陌生神學，居然能如此輕易與土著信仰整合造就出基翁的世界觀。這個現象不禁讓我思考，這兩套宗教信念是否擁有某些「合乎人類本能直覺」（intuitive）的部分呢？基督教與原住民信仰的觀點是不是有哪些成分，會令人類出於本能深受吸引，包含了世界各地人們宗教思維與行為的共通要素，而且幾乎在任何群體中都能自發性地興盛且傳播呢？

野生宗教

宣稱某套信仰體系才能體現終極真理、其他信仰皆為錯誤的主張，特別會被無神論者指出其荒謬性。畢竟，人們會抱持這樣特定的主張，通常是因為當事者恰好在這個傳統裡頭長大成人（而不是有系統地比較各種宗教之後才發現哪個是正道）。基於此理由，如果我們能將某宗教與其他宗教有差異的要素全部撇除，那麼剩餘的共通宗教信念應該不會令人感到荒謬才是。假使吾人可以發現所有宗教的共同核心為何，那麼堅持這些核心信念，就等同於與所有相信（無論深淺）宗教的人達成一致共識。雖然這麼做未必就能保證這些信念確實為真，但至少可以減少那類基於個人成長背景而執意肯定某宗教勝於其他宗教的荒謬。

我接觸基翁的經驗，讓我走上尋找宗教共通特徵的道路。這些特徵可以統稱為「野生宗教」（wild religion），[7]因為它們包含了一套根植於普世人類思維傾向的信念。這類信念與組織化宗教更加精緻而特殊的教義不同，後者通常被稱為宗教的「教義性」（doctrinal）層面，要求明確的教導與訓練、查閱神聖經典、頻繁重述教條與敘事。[8]教義式宗教（doctrinal religion），是座人為修剪整齊的庭園，需要由專家規劃與打理。然而野生宗教則是相當自然地四處滋蔓，就像完全無須人為助力便能萌芽叢生的野草。此情或許便能解釋，構成野生宗教的普世性要素為何經常會被視為麻煩，或說至少是被宗教權威當局當作眼中釘。

然而，無論是教義式宗教抑或其他形式的宗教，野生宗教的素質其實都深植於其中。舉例而言，雖然組織化宗教如羅馬天主教教會持續在對抗關於巫術、附體、鬼魂、黑魔法等等「野生」觀念，但天主教會卻容許，甚至說是鼓勵這類野生觀念獲得授權認可的變化版本，成為日常信仰實踐的一部分，所以才會有流淚的雕像與有治癒能力的聖物。換句話說，雖然組織化宗教的核心教義可能相當非自然且難以學習，好比三位一體奧祕或者佛教聖諦，但一般俗人信徒或在家信眾卻被容許相當大的空間，可以從事包含更為「野生」、更符合本性直覺要素的「民俗」傳統與崇拜。

宣稱野生宗教是自然而然出現，並不等於主張人生來就擁有一套完整的宗教信念，這就像是說人類長腋毛是自然，並不表示我們一生下來腋下就毛茸茸的吧。相反地，這個觀念是在表示，嬰兒生來具備根深蒂固的傾向，只要他所處的環境提供足夠的相關材料與適當條件，他便會在童年成長過程中習得野生宗教信念。

歐洲人對巫婆的觀念，也是根植於演化形成的直覺之中。不過，透過恰當的文化制約（cultural conditioning），這些直覺是可能被壓抑下去的。假如你是在無神論立場的族群中成長，該族群體制性地壓抑人相信超自然存有的傾向，那麼你就很可能對於巫婆的存在持懷疑態度。因此，將野生宗教描述為「自然的／天生的」（natural）——即演化形成的人類成見之一——並不意味人甫誕生便相信野生宗教，也不意味野生宗教必然會在人類文化信念中有所表現。然而，這些直覺式信念的特殊之處在於，它們並不需要獲得明確的教導；直覺式信念會在正常環境下正常發展的人類大腦中自然而然出現。

為了了解此事如何進行，我們應該稍微思索一下人類大腦發展的方式。大腦不是一面生活經驗莫名其妙便刻印於其上的白板。有一種觀點認為，大腦就像一部高度專業化的計算設備，或更精確來說，是一整套設備。也就是說，就像蝙蝠擁有專門利用聲納確認自身於物理環境中所在位置的機制，人類也擁有專門的認知機能，用來解釋他人精神狀態、預測物體在空間中移動的軌跡、推理物種之間的根本差異。換句話說，我們不需要經由他人明確教導，便能知道人是有可能受騙的、有很多種不同的動物存在，我們相信這些事情，某種程度是因為人類大腦演化成有能力處理與我們及人類祖先所生活的這個世界相關之訊息。根據這種觀點，人類大腦有點像是一把萬用瑞士刀，擁有許多不同用途的小刀和工具（可以切割東西、可以開瓶、可以翹開卡在馬蹄上的石頭等）。

另一種觀點則認為，大腦更像是一件萬用工具，不是好幾種小工具組成的瑞士刀，更像是用途非常廣泛的一把刀。根據這種觀點，大腦能夠完成許多專門的任務，很高程度是因為持刀者擁有學習得來的特殊用刀技巧。舉一個顯著的例子，大腦沒有演化出專門處理閱讀與寫作的電路系統。識字讀寫能力更像是一種認知工具，每一代要閱讀寫作的人都必須學習才能獲得。當然，人類經歷自然選擇出現識字讀寫的時間相當晚近，而且你要識字的話，那必須是你在一個有文字且具備讀寫能力的族群中成長才行。問題在於，其他更有可能是透過演化形成之專門能力的這類工具（諸如一套普世的文法原則），有多高程度不是先天內在的，而是後天學習的結果。9

這兩種針對人類大腦如何運作的觀點都相當合理，而且具有彼此調和的潛力。兩種理論中，大腦都具有達成某些任務的內建潛能，但也可以靈活地對許多新情況——過去人類演化過程中難以想像的情況——加以應變。無論我們是要強調與生俱來的專門心靈工具，或是後天學習的認知工具，演化形成的人類心理肯定結合了這兩類能力，而且結合的方式會影響人類較易吸收與傳承的文化信念。

若說宗教性成見某些特徵在今天這個時代是普世皆有的，則宗教性成見的那些特徵在人類的過去也應該是普世皆然。雖然古代史前史信仰體系的內容細節已經不可能重建，但考古學提供了直接證據，證明至少有某些全人類皆有的宗教性特質確實存在。舉例來說，大量史前時代的墓葬中有陪葬品，此情強烈反映現代人種，或許還包括其他現代人種的近親如尼安德塔人（Neanderthal）等，始終擁有死後世界或來生來世的期望，還有，洞穴壁畫的創作可以證明，人們確實相信各種超自然力量的存在。此外，人類在孩童時期就會出現諸多宗教直覺的事實，不只顯示人類向來相信這些事物，未來也應該會繼續有這樣的傾向。由此，宗教至少有某些特質是自然而然出現的，心理學家且將這些自然特質描述為「直覺的／本能的」（intuitive）。

野生宗教的直覺基礎

我在巴布亞紐幾內亞生活了兩年，沉浸於基翁和賽伽的世界之中，回到劍橋大學國王學院（King’s College）之後，我發現自己變得很難重新融入。我的「部落」所擁有的規範與慣例，此時對我來講變得異常陌生，在另一個部落生活之後，這些東西在我眼中變得格外突顯。不過，在我初次見到帕斯卡．博耶（Pascal Boyer）時，我就感覺到他在這方面與我是同類。博耶是我所在學院的研究員，住在國王學院吉布斯樓（Gibbs Building）拱門上方一間令人豔羨的公寓裡，可以俯瞰大學「後園」（the backs）和遠處康河（River Cam）的景色。相較之下，當時的我還只是一個忙著寫博士論文的研究生，身上散發手捲菸的氣味，穿著皺巴巴的牛仔褲在圖書館晃來晃去。不過，我想我們兩人將彼此視為精神同志，是因為我們都是從遠方文化田野調查後返鄉，然後對於各地人類的相似性與差異性感到震驚。

我們在學院的晚宴上盛裝穿著學士服對坐著，對於波特酒只能朝著同一方向傳遞的規矩，彼此交換諷刺的無奈表情。我們分享彼此的觀察心得，比較學院教堂規矩做法與遙遠異域法術儀式之間的相似處。博耶曾經前往撒哈拉以南非洲地區，到喀麥隆的芳族（Fang）裡頭從事田調，與我研究的新幾內亞族群正好處在地球的兩端。但是我們兩人都同意，我們在那些與英國全然不同的村莊裡頭的生活經驗，雖然充斥著復仇女巫與貪心祖靈的信仰，但講到底，這與劍橋大學高桌學院旁學院成員間的鬥嘴與對傳統的尊敬，其實根源都是同樣的人類心理。

不久之後，博耶將我介紹給他的一些美國朋友，稍後我們這群人便開始在大西洋兩端定期見面，後來又有愈來愈多的聰明年輕學者加入這個小團體。[10]這個團體成員的觀念非常多樣，導致討論或辯論經常通宵達旦，但大家總是出於善意且懷有幽默感，也許更重要的是，這個團體擁有（至少）兩個明確原則作為前提共識。

第一個原則是，宗教可以以科學的方式解釋。第二個原則是，科學理論的解釋力度，比提出理論的人是何方神聖更重要。就我們多數人的專業學科領域來說，這兩項原則都算是相當激進。在當時，我們有很多宗教、人類學與其他人文學科的學術界同仁，對於科學方法抱持懷疑態度，甚至是公然表示敵意，他們戰戰慄慄地將科學方法稱為「化約主義／化約論」（reductionism）。那些學科領域中的學術主流領導者，往往將自己的理論當作財產看待並採取防衛態度。所以，能夠加入這樣一個更具有科學基礎與合作取向的團體，其意義不只是耳目一新而已，簡直是脫胎換骨了。我們這個團體最後為此學術研究新支派取了一個響亮的名稱：「認知宗教科學」（Cognitive Science of Religion，日後逐漸以簡稱ＣＳＲ為人所知）。目前學者對於人類認知架構（cognitive architecture）的認識正在迅速成長，「認知宗教科學」的宗旨便是以此認識為基礎，去試圖解釋世界各地宗教信念與行為的重複出現與變化。

為什麼在所有的人類社會當中，宗教性思維與行為的「野生」型態都會自然而然出現並流傳，宗教認知科學這個新領域很快就變成以解釋此事為主要目標。[11]過去幾十年間，實踐宗教認知科學路線的學者逐漸剖析出造成野生宗教出現的心理歷程。研究顯示，廣泛存在的宗教性思維與行為的諸多特徵，最佳的解釋是將其視為人類演化的「副產品」（by-product）。雖然大多數的野生宗教信念不是在人類演化歷程中選擇出來的，它們卻是其他更具適應性的心理特質之副作用，這些心理特質諸如人類的直覺心理學（intuitive psychology，比如我們會去預期他人將會採取的行為）、直覺生物學（intuitive biology，比如我們會對自然界生物加以分類）、會製作工具的大腦（這樣的大腦讓我們認為萬事萬物皆有一目的）、高度警戒環境中活動體（agency）的傾向（尤其是早期人類察覺掠食者的警戒系統）。這些直覺幫助人類祖先活下來並繁衍延續基因，但這些直覺也使得我們自然而然容易相信死後世界或來生來世、讓我們相信某些物品或地點是神聖的、導致我們相信大自然是有智慧的設計、勸服我們相信洞穴和森林中潛伏著無形且危險的魑魅魍魎。

舉例來說，反覆出現的野生宗教特徵之中，有幾項是人類對他人精神狀態的推理能力之副產品。實驗心理學家將這種能力稱為「讀心術」（mindreading）。[12]此處的讀心術不是指人類有能力進行遠距離的心電感應，而是指我們自然而然會試圖從他人角度出發去想事情，並且根據我們認為他人知道或不知道什麼，來推測他們的行為。這種推想能力即便是很粗糙的型態，也是幼兒不可能擁有的，如果你在幼兒面前將一個物品藏到某處，他會認為所有人也都知道那個東西放在哪裡。然而長到五歲左右，兒童通常能理解，假如某人沒有被告知或看見某物品藏在哪裡，某人就不會知道此物的存在或位置。有些五歲小孩會表現出令人捧腹的狡猾——姑不論好壞——他們新發現自己有扯謊的能力，並且從測試這項能力當中獲得極大的滿足感。他們所獲得的能力，被心理學家稱之為「心智理論」（theory of mind）。[13]

人類之所以擁有鬼魂神靈與來生來世的觀念，是受到推想他人精神狀態這項能力的深遠影響。關於此事的一個好例子，是所謂的「模擬限制假說」（simulation constraint hypothesis），此假說試圖解釋的是人對死後世界的信念，為何是人對於心靈的自然推想方式造成的副作用。模擬限制假說主張，鬼魂或靈魂的觀念，源出於人完全無法想像某些精神狀態的消滅是什麼樣子。我們可以想像人失去某些感官能力（如視覺和聽覺）的情況，只要用手摀住那個感覺器官（眼睛或耳朵）就行了。但要想像失去更高位階的認知能力，比如記憶、情感、推理，那就非常不容易辦到。一旦你試圖開始想像這些能力被消滅，你會瞬間意識到這有多難想像。因此，要設想這些認知能力在人死後繼續存在，對人來說其實比想像這些能力在死後消失更加自然或合乎本性。[14]

易言之，即便我們很清楚死者的肉體（包括眼睛和耳朵）已經喪失功能，甚至已經被火化或埋葬，我們會設想亡者靈魂依然能記得生前的事情，祂們不只有感情，還能夠形成判斷。這套理論與兒童一開始發展出這種假設的情況是一致的。舉例而言，即使是學齡前的兒童都相信，老鼠布偶就算被鱷魚布偶給吞下肚子去，老鼠布偶的高位階認知能力還是存在。[15]兒童也許認為這隻小老鼠以後就不需要再上廁所或吃早餐，但卻很肯定小老鼠即便已經失去了布偶身體，還是會記得自己的媽媽與朋友。

野生宗教的另一項直覺基礎，源自於人類推想疾病傳染的方式。早在科學家發現微生物的存在之前，人們就已經懂得要注意傳染的風險。這不僅僅是因為人們觀察到生病的症狀會因為接觸而傳播，而且是因為人們直覺推想這世界存在著人眼看不見的無形精粹（essence）。這項直覺具有很明顯的演化優勢：如果你自然而然就擔心接觸會傳遞汙染物而導致傳染，那麼你感染到族群中流行致命疾病的機率就會比較低。這或許就能夠解釋，所有人類族群為什麼都會有某些預防性的規矩存在，好比清潔整理或特別將某些物品分開放置。耐人尋味的是，那些也是會被強迫症患者極其誇大的預防性規矩。[16]儘管這種擔心可能會變得病態，但我們所有人對於衛生與感染的問題，其實都有某種程度類似強迫症的擔憂。[17]

然而，這種直覺還具有宗教性質的副作用。擔心被隱藏的無形精粹所汙染，這樣的恐懼不只普遍呈現在儀式中，也體現於人對於巫術和黑魔法的害怕。舉例而言，我在巴布亞紐幾內亞許多不同的文化群體中都發現這樣的觀念：在與不信任的對象互動時，小心別留下任何與自己有關的殘留物，比如衣物、頭髮、指甲屑等。殘留物裡頭內含你的精粹，即便你的人身已經遠離，敵人仍可以利用這些東西來向你降下邪惡的法術。我們的無形精粹會殘留在自己觸摸過的東西當中，這種觀念在許多文化中都有正式的名稱。例如，在許多大洋洲族群中，這叫作「瑪納」（*mana*）；在馬達加斯加島（Madagascar），這叫作「哈希納」（*hasina*）；奧吉布韋族（Objibway）把這稱為「曼尼圖」（*manitou*），易洛魁人（Iroquois）把這稱作「奧倫達」（*orenda*），如此這般。[18] 因此，長久以來，魔法感染（magical contagion）的觀念令歷代學者著迷，並由此出現許多不同的理論要解釋此事。[19]

與這個觀念相連結的，是人的正面或負面特質本具有感染性的觀念。舉例而論，假使某位人物受到敬重或崇拜，那麼觸摸或親吻他穿戴過的物品，或根據他的形象製造出來的物品，便有可能為我們帶來益處，比如健康或好運。不過相較之下，相反的觀念更為普及：人們對於社會地位卑下的人，尤其是因為道德敗壞、傷風敗俗、違法犯紀而遭到放逐或排擠的人，會如同避開瘟疫那般避之唯恐不及。在巴布亞紐幾內亞地區，深受痛恨的敵人的屍體通常會被人丟入河中沖走。在當今絕大多數國家裡，被判刑的犯人會被關押起來，守法公民便不用看到他們或與他們接觸。某人的罪行愈加極端，我們就愈想要徹底消滅與其相關的所有殘留痕跡。在英國，有連續殺人犯住過的房子，房價會嚴重貶值，甚至經常被拆除。若是極端的案例，比如強暴、虐待、謀殺年輕女孩的弗雷德和羅絲瑪麗・威斯特夫妻（Fred and Rosemary West），那些人的房子不只被拆除，連瓦礫都被碾成碎片，運到遠離聚落的垃圾掩埋場傾倒。世界各地的人類似乎都對於和惡人沾惹上關係的物品，會產生由衷的反感，甚至在心理實驗中，受試者不願意穿上殺人犯曾穿過的衣服，此等反感的強度由此可見。[20]在傳染病比較盛行的地區，人們對於被黑暗力量汙染的恐懼更為普遍，此現象進一步支持了假說：人相信邪惡精粹存在的成見，是人類對抗傳染演化而來的心理防禦機制的副產品。[21]

野生宗教尚有另外一項直覺基礎，那是一種普及全人類的成見，被稱為「氾濫目的論」（promiscuous teleology）。[22]所謂目的論推理，是指人們傾向將所有事物都認知為造物主的成績，從樹木到石頭，萬事萬物皆是造物者的設計所致。人類傾向將目的論推理毫無章法地套用到所有事物上，包括自然世界。氾濫運用目的論推理是人類心靈的另一項特徵，在早期發展階段便會出現。舉例來說，當你詢問石頭變得尖尖的是因為長期侵蝕導致，還是為了避免大象坐在上面的時候，學齡前的兒童傾向接受目的論解釋，也就是表示石頭形狀具備功能性設計的解釋。[23]人類以目的論推理思考的自然傾向，當然具有高度的適應性，因為這可以讓人類創造性地發展出工具，可以遠距離殺死野獸、割下毛皮、生火煮肉等事情的工具，工具讓人類可以完成光靠柔弱身軀不可能完成的無數任務。但是，目的論思維的一項副產品，便是傾向認知萬事萬物背後都有造物主之手的作用。由此，這種成見的存在有助於解釋創世神話為何屢屢出現於世界性宗教之中，諸如澳洲原住民的「夢時代」（Dreamtime）英雄與亞伯拉罕諸宗教中的「創世紀」（genesis）故事等等。為了試著解釋我們周遭的世界，人的自然傾向是想像某些神明或祖先造就周遭世界的模樣，並且編造並流傳此事如何發生的故事與傳說。

對我個人來說，最引人入勝的直覺信念，不是與死後世界、創世造物（creationism）、傳染感染有關的那些部分，而是人即便獨自一人都相信周遭中潛伏著什麼存有者的傾向。每當我們處於不熟悉或有潛在危險性的環境中，這種傾向只會越發強烈。人自然而然相信人死之後靈魂繼續存在，相信在山川樹木之中有威力強大的無形存有者潛伏出沒，有鑑於此，某些地方會令人感到莫名緊張就不足訝異了。想像一下天黑之後迷失於幽暗的森林或墓園中的感受，忽然間樹葉落下或鴟鴞呼號的聲響，不只是會讓我們嚇一跳，而且會讓我們產生有非人類的存有者潛伏於周圍的念頭。假如我們所屬的文化還提供善神惡靈的豐富神話資源，那麼這段經歷可能會令人膽戰心驚。夜半時分突如其來的聲響，我們自然而然就會聯想到食屍鬼、吸血鬼、巫婆和魔鬼。

心理學家賈斯汀．巴瑞特（Justin Barrett）認為，這些顯靈體（apparition）是人類大腦深處的「活動體超感官偵測裝置」（Hypersensitive Agency Detection Device，HADD）所生成。[24]擁有這種一觸即發的裝置有其用處，好比人類祖先被強大的夜行狩獵者包圍。寧願對於有飢餓獅子接近一事過度警戒，誤察之下逃入樹林而事後發現是虛驚一場，也不要因為太過散漫而被野獸吃掉。活動體超感官偵測裝置的概念，不僅能夠解釋人類為什麼懼怕黑暗，還特別能夠解釋人類將神祕事件視為特殊存在活動跡象的傾向。史前人類面對的最大威脅不是獅子，而是其他人類，此情或許也強化了人總容易將任意形狀看成人形的傾向。比如說，在幽暗的森林中聽到樹枝斷裂的聲音，人不只會將此過度偵測（overdetection）為有東西在活動，而且會特別過度偵測認為這是「類人類」（humanlike）的存有在活動，人的這項特質通常被稱之為「擬人化」（anthropomorphism）。此特質也許某種程度可以解釋，為何世界各地的人類都傾向認定有超自然力量潛伏於樹木、河流、岩石當中；將類人類的素質歸諸於我們的周遭環境，這件事具備強大的演化優勢。[25]

總言之，人類某些關於超自然世界的觀念，似乎是自然而然出現的，因為它們的淵源是人類演化而成的直覺，這些直覺包括我們認為周圍的世界如何形成，還有在夜晚死寂時聽見詭異聲響時該怎麼辦。不過，這並不是「野生」宗教信念的唯一一種型態。證據顯示，某些關於超自然的信念之所以能流傳，並不是因為它們合乎直覺，反而是直覺的相反面。這件事情屬於「最低程度反直覺信念」（minimally counter-intuitive belief）領域，相當複雜難解。

引人注意的反直覺與其社會作用

我父母親的公寓裡頭擠滿賓客，熱鬧異常。我父親的一位同事帶著剛從印度海德拉巴（Hyderabad）來到英國的新婚妻子來訪，共進週日午餐。那位同事的兒子桑傑（Sanjay）也跟著來了，爸媽允許我邀請在小學最好的兩個朋友來家裡，這樣我們就能和桑傑一起玩。我隱約覺得，桑傑似乎認為我家的社會地位不如他家，因為我們顯然貧窮許多。另一方面，我聽說桑傑的父親擔心我們會用英國人的標準去評判他，因為在他前妻過世之後，他再婚是接受了父母之命媒妁之言。我心裡納悶，桑傑是否還處在哀悼的心情中。父親的同事拍了拍手告訴我們，他在印度時跟叔叔學了一招漂浮術，讓氣氛變得輕鬆許多。

這個招數相當簡單。一個人坐在椅子上，其他人圍在他旁邊，將我們的手放在坐著的人頭上方。每個人的手不能彼此接觸，而是要保持一到兩英寸的距離，整齊地重疊起來，有點像降神會（seance）的感覺。接下來，保持肅靜，每個人再將食指放在坐著的人膝蓋與腋下彎曲處，然後眾人慢慢地抬起手指將坐著的人舉起來，他就會輕鬆地漂浮在椅子上方。

回想起來，我和小學朋友們體驗這項表演時，心裡既敬畏又懷疑。一方面，我們都同意坐著那個人的身體感覺非常輕盈，當然不是輕如鴻毛，但絕對沒有我們預期的那麼沉重。我們完全想像不到，自己的手指竟然強壯到可以舉起一整個人。我們嘗試比較，做或不做開場儀式，對於將人舉起來會有什麼差別。一個朋友堅稱，必須要正確依循施法順序，才能產生漂浮的效果。但我禁不住懷疑，我們嘗試沒進行開頭魔法就施展漂浮術的那一次，他出的力氣是不是真的一模一樣。即便我當時還是個小孩，但我的小小心靈總覺得這不是一場控制良好的實驗。我之所以跟著參加，是因為重點在於社會意義的共同興奮感，感覺我們成為了導引某種無法解釋的強大力量的媒介。

身體浮空或飛行的概念，在大量不同的文化當中都存在，這是為什麼呢？一個具有說服潛力的答案是，這種概念與人類對於這個世界運作方式的自然直覺直接牴觸，後者在此案例指的是人類成長初期發展出來的認知：沒有獲得支撐的物體，會朝著地面落下。因此，浮空概念會特別「引人注意」（catchy）。[26]人類具有對重力存在的假設認知，這件事在人年紀還很小的時候就可以偵測出來。發展心理學家已經證明，嬰兒看到在半空中放開某物品的景象，會預期物品掉落地面，嬰兒發現物品沒有支撐卻能在空間中向上漂浮或保持浮空時，會表現出驚訝。[27]關於重力如何運作的認知，似乎是內建於嬰兒的認知架構中。心理學家說，這是屬於「經驗驗證不足」（underspecified by experience）的假設性認知，也就是說，嬰兒欠缺關於這個世界的經驗，尚不足以根據觀察預測重力作用的結果。嬰兒似乎是本性使然之下，傾向預期物體會依照這種方式運動，並且感受漂浮的東西（比如氦氣球）違反直覺。

你可能會問，我們要怎樣得知嬰兒預期物體會怎麼運動呢？顯然我們不能用問的，因為小嬰兒還不會說話。不過，發展心理學家「能」做到的是，在精心控制條件的實驗環境中設計不同情境，看看嬰兒對於哪種狀況比較驚訝。在這些情境下，評量嬰兒驚訝的方式通常有兩種。第一種是衡量注視的時間：對於出乎意料之外的事物，嬰兒盯著看的時間會比較久，表示他們感到好奇。第二種是衡量吸吮動作：當嬰兒對於觀察到的事物感到驚訝並全神貫注的時候，會更用力吸吮嘴巴裡的東西。大量的實驗證明，一旦物體以物理上反直覺的方式運動（比如往上飄、突然憑空出現，或者像鬼魂般彼此穿越），嬰兒就會表達出驚訝的意思。[28]

人類在幼齡便發展出對於反直覺事物的關注或著迷，此事肯定可以解釋童話故事裡面為什麼充斥著這類事物。小孩子自然而然會被那樣的故事深深吸引，好比超人可以飛天遨遊，耶誕老公公可以穿越窄到常人不可能通過的煙囪。不過，反直覺信念對幼兒的吸引力，其實會一直延續到成人時期。此現象不只可以解釋為什麼童話故事可以流傳廣布，世世代代盛行且受人銘記與珍惜，此現象還可以解釋，超自然存有或力量為何能廣泛且持久存在於民間傳說中。[29]在人成年之後，那些反直覺信念依然違背直覺感受，但已經不再令人「驚訝」了。當我們習慣飛行物體（諸如飛機、滑翔機、鳥兒與氣球等等）的觀念之後，打破地心引力的事情雖然不再出乎我們的預料，卻依然違反直覺而會吸引我們的注意力。我們的隱性直覺會告訴我們，噴射機其實應該從天上摔下來才對，這也就是為什麼有許多人仍然覺得飛翔有如奇蹟，還有為什麼有些人始終不願搭飛機。

反直覺信念的吸引力某種程度可以解釋，宗教經典與神話系統（myth cycle）中為何充斥超自然的存在。世界上普遍被相信的超自然存有，諸如幽靈、鬼神、神明、祖靈等，其實跟飛機或熱氣球違反人類直覺的原理差不多。事實上，如果你想要創造一個簡單的幽靈概念，只要試著想像多年以前曾經有個人死在你的房子裡頭，祂現在偶爾會在夜半時分出現，或者突然現身在閣樓，或者任意透過窗戶飄進飄出。你編造出來的這個顯靈體，其實就跟人類差不多，差別只是祂可以瞬間移動與打破地心引力（還有從死亡狀態回到人世，但這點我們之後才會談）。要將一個正常人類的概念轉變成幽靈、鬼神、祖靈或神明，其實只需要加上一、兩種反直覺的性質就可以達成了。

論者指出，將全然合乎自然的存在者加以非常有限的反直覺改動（counter-intuitive tweak），以此為基礎其實就可以預見世界上諸多文化中，絕大多數的超自然存有。[30] 根據帕斯卡．博耶的說法，超自然存有概念的基礎通常有兩種類型的「改動」，而此改動是建立在人類演化形成的心理之上。[31] 第一種改動只是採納與特定領域相關的某些反直覺性質，並且特別指出這些反直覺性質無法適用於正常情況。以上一段所述者為例，簡單的幽靈概念能夠以描述某個人瞬間移動、飛行或穿牆的情境，來呈現此概念違背人對所有物理存在的預期。這類情境違背了人直覺認定的物理，尤其是人自然發展出的預期認知：所有物體在空間中都必須以連續路徑活動（不是憑空出現）、若無支撐則朝地面落下（不是浮空或飛翔）、與其他物體相撞會改變位置或破碎（不是穿過固體）。博耶將這樣的反直覺情境，稱為直覺知識之「缺口」（breach）。第二種「反直覺改動」，是將屬於某領域的性質加諸於另一領域。比如流淚雕像或流血雕像，就是將人對直覺生物學領域的預期轉移到工藝品領域上。

然而，關鍵之處在於，這些超自然現象其實只是「稍微」違反直覺而已。人可能真的會相信雕像流淚，但是人基本上不會相信某座雕像只會固定在星期三憑空出現。博耶將這樣程度輕微的反直覺，稱為「最低程度反直覺」（minimally counter-intuitive），如今學界已廣泛使用這個詞彙並簡稱為「MCI」。探討最低程度反直覺概念之成因與影響，現今已成為正式的學術領域，此領域大多數的研究重點是要探討：比起單純的直覺觀念，最低程度反直覺概念的跨文化盛行程度更高，原因是不是因為後者更加「引人注意」呢？[32]

此等引人注意的性質便可以解釋，為何這類宗教構想會在諸多相距遙遠的文化體系中持續被重新創造，從古代神話中的原始神祇到漫威（Marvel）漫畫中的超級英雄，從《新約聖經》的奇蹟故事到童話故事皆是如此。此處的核心概念在於，雖然我們在崇拜場所以嚴肅與敬意對待的超自然存有，與童話故事中所描繪的超自然存有，可能會引起人們非常不同的反應，但它們的源頭其實是相同的基本心理。主張耶誕老人知道誰是乖寶寶、誰是淘氣鬼，可能只是引起人們會心一笑，反觀在某些時代裡頭否認教皇無誤論（infallibility of the Pope）可能導致你被送上火刑台。但是，接受這兩種觀念所需要的心理狀態其實大同小異。[33]此等心理學有助於解釋這兩種思想在歷史上如何開始盛行，而無須介意兩者的社會性影響極大。

至西元二〇〇〇年代初，關於最低程度反直覺概念的研究進展相當迅速。研究者提出的問題愈來愈多，探討的不只是超自然信念在認知上的引人注意性，還有其社會性影響。這些信念對於人類合作是助力還是阻礙呢？它們對社會次序是支持還是削弱呢？最重要的是，人類是不是本性上就有向神明與其人間使者臣服的傾向，還有我們怎麼確認這件事情呢？

神明是主宰者

整體而言，宗教最為廣泛的社會性影響之一，姑不論好壞，就是宗教會告訴人們該做什麼事。全世界各式各樣的祖先、神明與超自然存有，不僅地位不亞於人，而且整體而言是被視為我們應當順服的存在。假如我們冒犯了祂們，我們必須有所彌補；如果我們期望祂們的原諒，我們就必須屈膝臣服；假如我們祈求祂們的幫助，我們就必須獻禮奉承。無論神祇的形象是施暴者還是施恩者，神明總是處於主宰，而不是僕役的地位。神為民主，神明役使人類，人類的角色就是取悅神明或乞神憐憫。

我和同事們一直在努力解釋此事為何如此。人類是否自然而然便相信，最低程度反直覺存有者（MCI being）如神明、鬼神、祖先，或者最低程度反直覺存有者的人間使者如先知、祭司、教士、古魯、彌賽亞（messiah，意為救世主）會要求人類順服，字面意義和象徵意義上都要人類對祂們卑躬屈膝呢？

這個問題的答案幾乎是肯定的。我們有證據可以證明，即便是稚幼的嬰孩，都會預期超自然存有具有社會宰制力。然而，要解釋我們如何達成這個結論，則需稍加論述解析。首先，我們觀察嬰兒對於權威的態度如何。尚不能言語的嬰兒，除了對於反直覺概念表現出喜愛的意思之外，還對於能呈現誰是「老大」的訊息，表現出極高的敏感度。舉例而言，嬰兒在觀賞卡通動畫時，會預期身材較高大、盟友比較多、處於地勢較高處（如站在高崗上）的角色，會在衝突中取得勝利。被嬰兒設定是老大的角色，如果在對峙局面中失利，他們會表現出訝異。這類預期是在人類大腦初期發展過程中自然出現，還會影響人類心靈成熟的歷程，適應我們成長所處的任何文化環境。比如說，我們當面見到電視明星本人的時候，經常會驚訝於明星本人怎麼那麼矮，因為我們的預期是較高地位者（與名氣和財富有關）會擁有較高大的身材與強悍的氣勢。

有一個關鍵的問題是，嬰兒會不會以同樣的方式，將權威歸諸超自然存有者呢？對此問題進行大量探討之後，我與日本九州大學的心理學家合作組成團隊，利用該大學針對語齡前嬰兒的專業設施進行研究。[34]研究團隊設計了一個實驗，目標是確定人類發展初期關於社會宰制力的直覺，是否與人對宗教性權威的思維有直接相關性。好比說，嬰兒是否預期能展現超自然力量的個體（如打破地心引力或憑空出現）會擁有社會宰制力量，而此情況是否與嬰兒對身材高大強壯角色的預期類似呢？假如答案是肯定的，此結論是否可以用來解釋為何歷來的人類社會裡頭，其中成員皆認定能施展超自然力量的領導者，如薩滿（shaman）、巫醫、祭司、教皇等，屬於更高等的社會地位。

為了揭開這些問題的真相，我們的研究團隊邀請父母親帶著嬰兒到實驗室裡面觀看一系列動畫影片，影片內容是兩個角色正爭奪一份獎品。影片中的每一幕，都會有其中一個角色以反直覺的方式在畫面中穿梭，以飛行或瞬間移動的方式朝著獎品前進。對比之下，影片中的另一個角色，則是以較合乎直覺的方式在畫面中移動，他的行動是沿著地面前進，且有由左至右的連續移動軌跡。由此，第一個角色呈現的是他擁有超自然力量，第二個角色則是完全缺乏此等力量。接下來的影片內容是兩個角色的對決，在超自然存有者（可以浮空或瞬間移動的角色）與自然存有者（缺乏前述兩種能力的角色）中間，放著一個綠色的方塊。你可能會覺得綠方塊看起來不大像是最棒的獎品，但是畫面中角色慢慢朝著綠方塊前進並發出渴望的咕噥聲，明白呈現他們都很想要獲得這項物品。不過贏家最終只有一個。我們想要知道的是，哪種結果會讓嬰兒感到最驚訝。結果如同預料，對決結束之後的結局，如果是自然存有者贏得獎品，嬰兒盯著畫面看的時間會比較久，這個現象呈現的是訝異。嬰兒顯然是在預期超自然角色會獲得這個小小的綠方塊，藉此展現出社會宰制力。當這項預期沒有成真的時候，嬰兒對此感到困惑。

這是學界歷來首次研究證明，即便是語齡前嬰兒，也會預期具備超自然力量的存在擁有社會宰制力。這項發現實在令人振奮，因為它呈現的是，我們在還沒熟悉自身所屬群體的宗教信念以前，便已經預期神明（或其人間使者與中介者）會是主宰者，而不是相反的情況。

宗教與道德

人類本性還有一個關鍵性的特質，以極為相似的方式在各文化中重複出現：此即人的道德觀（moral compass）。雖然道德觀與流淚雕像或取得方塊的超級英雄沒有什麼關聯，但至今仍有許多人會將道德觀和對更高力量的信仰連結在一起。若被詢問宗教最重要的社會性影響是什麼，很多人會回答，宗教勸人為善，宗教信仰能使人的行為變得更有道德。皮尤研究中心（Pew Research Center）在二〇〇七年進行的一項調查顯示，人們若被問起「你要有道德，需要相信神或上帝嗎？」在歐洲以外的地區，絕大多數的人給予了肯定答覆。[35]

但令人驚訝的是，科學家們對於這個問題依然主張分歧。[36]之所以如此的原因，某種程度是因為神明與道德體系的數量眾多，當人們談及宗教或道德的時候，所指的含義未必清晰明瞭。儘管如此，吾人應該還是可以追問，道德是否某種程度上內含於宗教性成見之中。我們關於死後世界、感染傳染、智慧設計的直覺觀念，甚至是我們的最低程度反直覺屬性，是否會根本上改變我們的道德行為呢？蘇格拉底（Socrates）曾經提出類似的問題，他曾追問究竟「善」（goodness）是因其本為善故受眾神所愛，抑或是因為受眾神所愛才成為善呢？[37]

今日關於這個問題的一些最佳解答，不是來自希臘哲學，而是來自科學研究的領域。由我的同事奧利弗・史考特・柯里（Oliver Scott Curry）主持的一項研究證明，人類道德源出於一個關鍵點：「合作」（cooperation）。更精確而言，關於合作的七項原則，在世界上任何地方都被判定為道德上的善，構成普世道德觀的基石。這七項原則分別是：幫助親屬、忠於群體、互惠互助、英勇不懼、服從上級、平均分配、尊重他人財產。[38]

這套新觀點的意義相當重大，因為在此之前，主張道德沒有普世標準、各個社會各有其獨特的道德觀似乎頗為合理，好比文化相對主義者總是這般宣稱。然而，正如我接下來會說明的，實情並非如此。更有甚者，作為道德觀念基礎的七項合作原則，不是專屬於人類而已，而是廣泛存在於許多社會性物種（social species）之中。[39] 道德直覺的演化是因為其對於物種生存與繁衍有利。社會性物種（如人類）的祖先出現有利於合作行為的基因突變，讓採取這些合作行為的生命獲得繁衍上的優勢，其結果是那些基因得以透過遺傳在後來的世代中存續並傳播開來。以照顧家庭成員或避免其受到傷害的原則為例，這項道德指令（moral imperative）很可能是透過「親屬選擇」（kin selection）的機制演化的，親屬選擇確保我們的行為方式能夠增加自身基因傳承的機率，因為我們會努力幫助和自己基因相近的親屬存活，並且繁衍下一代。另一方面，合作而非獨自行動之下能夠活得更好的社會性物種，可以讓忠於群體原則繼續演化。互惠互助（「你幫我我幫你」的概念）能夠造就出自私行為無法達到的成績。再來，服從上級也是一種求生之道，能以協調一致的方式分配支配者與被支配者的地位高低，無須雙方鬥個你死我活。

「道德即合作」（morality as cooperation）理論提出，這七項合作原則共同組成了世界各地道德思維的本質。[40]說到底，所有激發道德判斷的人類行動，皆能直接追溯到違背一項或多項合作原則的情況。至少，這套理論是這麼主張的。不過，我們要怎麼樣確定，這七項原則確實普遍存在、放諸四海皆準呢？

這個問題的答案就在一項關於世界各地人類道德推理的研究中，此誠為無前例可循的開創性研究。[41]我和同事們建立起一套包含六十個社會的樣本庫，裡頭的社會已經被人類學界深入研究過，因此可以提供這些文化群體主流道德規範的豐富資料。要合乎納入樣本庫的條件是，該社會作為學者研究對象，必須有一千兩百頁以上關於其文化體系的描述性資料。此外，該社會作為研究對象，必須有一位以上專業訓練出身的人類學家，對當地語文擁有足以從事研究的認識，並進行一年以上的沉浸式田野調查。社會樣本的挑選原則是要將多樣性最大化，並且將文化群體彼此仿效道德信念的可能性降到最低。這些社會來自世界上的六大區域：撒哈拉沙漠以南非洲、環地中海地區、歐亞大陸東部、太平洋島嶼區、北美洲、南美洲。[42]

此研究的目標是要深入探索描述這六十個社會的四百份文獻，調查牽涉七項合作原則的內容，並看看它們是否被斷定為道德上的善。我們在文獻中總共找到三千四百六十個涉及這些合作原則的段落。我們逐一就個案探討，想要知道段落論及的合作類型，是否使用了好的、善的、美德的、倫理的、道德的、正確的、應該的、必須的、盡責的、義不容辭的等等具有道德意義的詞彙去形容。一番工夫下來，我們總共為七種類型的合作行為找到九百六十二個可清楚觀察到的道德判斷，而在當中的九百六十一個例子（占總數的九九．九％）裡，合作行為都被斷定為道德上的善。唯一一項例外是在密克羅尼西亞（Micronesia）一座偏遠的島嶼上，島上的人認為公然盜竊（而不是偷偷摸摸）是道德上可嘉許的行為。不過，這個特殊案例之所以會如此，應該是因為這種類型的盜竊屬於伸張社會宰制力量的（英勇）表現。因此，雖然這個單一案例看似牴觸尊重他人財產之原則，但那是因為它是將另一合作原則（英勇原則）視為優先。所以整體結論是，七項合作原則被判定為道德之善一事確實「放諸四海皆準」。

不過，這件事難道一定要與宗教性有關嗎？畢竟沒有明顯的理由使人認定，人類必須信仰神明，才會相信這七項道德性原則。然而，由於世上有非常多人認為宗教信仰與為善之間必有連結，這個問題確實值得細細探究。

這個問題的答案有點複雜。普世道德總目（universal moral repertoire）之中有一項要素，似乎真的在直覺上與我們的宗教本能有關，此要素會將我們帶回人類成長發展初期對超自然存有者具有社會宰制力的預期。我在上一節說明了我們對嬰兒進行的研究，並證明即便嬰兒未能言語，他們已會預期擁有超自然力量與無超自然力量的存有者若發生權力競爭，前者將會獲勝。此情證明，人與神靈世界的關係，是由服從權威的「道德性」關懷作為基礎。神明與祖靈往往是我們的主上，而我們對祂們則有服從效勞的傾向：也就是說，是我們向祂們俯首、不是祂們向我們低頭。

那麼其他的道德領域又如何呢，那也與我們的宗教信仰與宗教行為有關聯嗎？我們的宗教直覺，比如與超自然力量及存有者、死後世界、大自然的智慧設計有關的部分，是否與我們研究發現放諸四海皆準的那七項道德原則有關係呢？

問題的答案是肯定的，但是它們相互關聯的方式比較沒那麼自然、沒那麼合乎直覺。也就是說，直覺宗教性（intuitive religiosity）大多數特徵與普世道德總目之間的關聯本身並非自然而然，這個關聯其實是宗教作為文化體系的演化產物，而宗教作為文化體系之演化，屬於人類文明非自然歷史的一部分。如此，直覺性道德（intuitive morality）與直覺性宗教（intuitive religion）之間的關聯，隨著人類歷史推進而出現劇烈的變化。舉例而言，誠如我們會在後續章節所見，照顧親屬這項人類自然的道德指令，在世界諸多宗教中發展成照顧祖先的責任，其做法是各式各樣展現孝道精神的行為。人應互惠互助的道德原則，也強烈表現在人該如何與神靈世界交流的原理之中，此觀念甚至在宗教歷史某階段走向黑暗的一面，那就是人祭人殉（human sacrifice）猖獗的時期。在更晚期的宗教史中，我們觀察到的新興現象是，人們相信神明要求全天下人遵循如律法般的誡命。雖然宗教和道德的根源都是人的本性，但是人對於宗教和道德的直覺則未必相關。有時候我們的道德推理會滲透到宗教信仰中，但有時候卻完全沒有這種現象出現，此事主要取決於你身處的文化傳統為何。

於是，我們對於「人要有道德是否需要宗教？」這個問題至少得出了初步的答案，而答案是「否」。我們的直覺宗教信念與諸多人們接受的「引人注意的」最低程度反直覺概念，未必與我們的道德直覺有關聯（服從超自然存有者應屬於特殊例外）。看來我們終於可以回答蘇格拉底提出的問題了：「善」不是因為受眾神所愛才成為善，反之，「善」所以為善無關乎眾神知曉或在乎與否。但不幸的是，這也顯示皮尤研究中心為此課題調查的絕大多數人，無論有意還是無心，都受到世界上的宗教領袖誤導了。

我和妻子在泰晤士河擁有一艘運河窄船，停泊在牛津郡（Oxfordshire）的鄉下。我向來喜愛匿跡船上，從窗戶拍攝野生動物，這麼多年下來，我親眼目睹了許多美麗的景象，諸如夏季候鳥於黎明時分到來、翠鳥如閃電般俯衝捕食、倉鴞在濛濛秋夜如幽靈般滑翔而過。可是，在眾多美麗河川生物當中，我從來沒能拍攝到一個代表性的物種：歐亞水獺。我會頻繁向水閘管理員詢問水獺到訪的消息，然後在牠們最可能出沒的地方找好位置守候。遺憾的是我從來沒有成功捕捉到水獺的身影。

某一次，我經歷了特別失望的傍晚，我坐在河壩邊緣處痴痴等待，直到夜幕降臨仍一無所獲，於是我沿著逆流方向回到自己的船上，度過輾轉反側的一晚，夢見水獺的蹤影。我忽然醒來，大約是凌晨五點，我說不清楚自己突然醒過來是為什麼，不知為何，我從床上悄悄爬起來，打開船側的艙門。河面上有顆毛茸茸的頭，牠乳白色的雙眼凝視著我，我和牠真的只有一臂之遙。那隻水獺潛入河中，再度探出頭來時，牠已經捕到一條魚。然後牠再次泅水，朝著船尾游去。我拿起放在船艙中工作檯上的相機，躡手躡腳地走到甲板上。經過幾秒鐘，我便在清晨薄霧之中近距離拍攝到水獺的特寫。

所以，我為什麼要在探討宗教的章節裡頭談起這件事情呢？相關性就在於我對於這次好運的反應。我發現自己在思考，我當時為什麼會突然間醒過來，醒過來之後又為什麼決定打開艙門向外望一望呢？還有，為什麼剛好是那一刻呢？要是我早一分鐘或晚一分鐘這麼做，我就不會見到水獺了。為什麼我的相機剛好設定在可以直接拍攝的狀態呢？通常，經歷前一晚拍攝不順利的挫折，我會卸下望遠鏡頭，把東西全都放回原位。這一切巧合似乎都充滿了意義。某些文化群體中的人們，也許會說這是神靈將我從睡夢喚醒，這件事情意涵的特殊文化解釋極為多樣，也許是祖先、也許是河神想要和我溝通。由於我生長在一個廣義的基督教文化中，我心中隱約的直覺也許是上帝憐憫我付出這麼多卻不曾目睹水獺，所以決定讓我的心願成真。無論如何，我感受到一股無可言喻的感激之情，卻不知道應該感謝誰：是上帝？是祖先？還是傳說中的泰晤士河神？這些尚未成形的直覺在我腦海深處徘徊，雖然當這些直覺進入我全面的自覺意識時，我就會把它們甩到一邊了。

這些直覺的、某種程度隱藏的、其實頗不連貫的想法，所揭示的是一套關於超自然活動體（supernatural agency）與道德推理的直覺，這便是野生宗教的基本元素。神祕的地方不是河裡有隻水獺，而是我為什麼能在對的時機出現在對的地方，同時相機竟然可以拿起就開始拍攝。這件事似乎需要一套解釋，而我立即想到的便是無形的活動體，也就是應該加以認知且感謝的超自然存有者。類似的反應，你還可以從每位職業足球員十二碼罰球成功破門之後，都仰望天空表示感謝的臉龐上清楚看見。

與此同理，當事情出錯時，人也會出現同樣的思路。著名人類學家愛德華・伊凡－普里查（Sir Edward Evans-Pritchard）觀察到，南蘇丹的阿贊德人（Azande）會將所有人生不幸（包括人的死亡）全部歸因於巫術（witchcraft）。[43] 即便是一場意外，阿贊德人也一概以超自然因素去加以解釋。舉例來說，假如人們坐在穀倉陰影下乘涼時，穀倉倒塌導致有人喪命，所有阿贊德人都會將此事歸咎巫術。用全然合乎自然的解釋去解釋這場悲劇，與歸因於巫術其實並不牴觸。誠如普里查迅速指出，阿贊德人首先會承認穀倉的支柱受到白蟻蛀蝕，這就是穀倉倒塌的原因沒錯。但是，穀倉為什麼會在人們剛好坐在穀倉陰影下乘涼時倒塌並壓死人，為什麼是在那一刻塌了呢？對此，阿贊德人認為唯一可能的解釋，便是巫術。雖然不同的文化群體對於好運及厄運各有各訴諸超自然力量的解釋，但凡是人在遇到對自己而言具有重要意義的事件時，都會自發性地追尋能超越普通乏味原因的解釋。

那次與水獺相遇的經驗，讓我去反省人們內心的宗教傾向是多麼根深蒂固。誠如我們在本章內容所見，世界各地的宗教背後都存在大量隱性的信念，源自全人類皆有的直覺，諸如心物二元論（mind-body dualism）、精粹主義（essentialism）、氾濫目的論等等，還有因為違背核心知識（core knowledge）而會引人注意的概念。人類學家將以全人類直覺為基礎的信念群（belief cluster）稱作「野生宗教」，是因為此等信念群會自然而然傳播，完全不需要任何特殊培養或制度性支持。[44]野生宗教的研究，對於人類為何會服從宗教權威一事帶來新的認識，例如相關研究證明，即使是語齡前的嬰兒都會預期，能導引超自然力量並打破直覺物理學的對象，便擁有社會宰制力。我們感覺自己對於別人抱有某種自然而然的義務感，而那種義務感的根源是涉及家庭、忠誠、互惠、勇氣、順從、公平、財產權的普世道德直覺。總言之，這一章所描述的那些成見，是理解為何世界各地的人類都傾向相信無法證明其真偽（unfalsifiable）且看似不可能為真的信仰體系，以及人類為何會合作之關鍵。

不過，人類本性尚有另一層面，經常與宗教和各式各樣人類信仰體系糾纏交織在一起。這個人性層面，既促成了人類某些最驚人的合作成績，也釀成人類最殘酷的壓迫與族群間暴力，此即「部落性／部落主義」。

第三章 社會黏合力

阿拉伯之春（Arab Spring）正在變為嚴冬。那時是二〇一一年後期，利比亞獨裁者穆安瑪爾．格達費（Muammar Gaddafi）已被人抓獲並處決了。槍聲依然此起彼落，只不過現在子彈是朝著天空發射，這是在慶祝，不是要殺人。革命期間，朝著格達費軍隊開火的那些人，大多完全沒有軍事方面的經歷。大多數人甚至從來沒拿過槍，更別說不曾與裝備精良的現代軍隊對戰廝殺了。但是這些平民出身的戰士，卻甘願冒著傷殘或喪命的風險投入戰鬥，死傷嚴重。是什麼在驅使他們做出這般自我犧牲的行為呢？

自從我去巴布亞紐幾內亞，並且得知殖民時代與基翁組織出現以前部落戰士英勇的出擊行動之後，我就一直在思索前述的問題。日後阿拉伯之春爆發，大半北非和中東地區陷入內戰。那時，我的一位學生布萊恩．麥奎恩（Brian McQuinn）待在一座曾被包圍好幾個月的城市米蘇拉塔（Misrata），親身經歷了利比亞革命，他蒐集到的相關證據極其詳盡且深具啟發性。[1]經過大量文書作業與關係疏通，我好不容易在伊斯坦堡機場的某座售票亭買到一張單程機票，終於和麥奎恩會合。

我下機踏上停機坪，身邊擠滿了乘客與牲口，我注意到航廈建築上滿是彈孔，一旁棕櫚樹的樹葉也被打得破碎不堪。我身邊的乘客爭先恐後，擠在一塊兒搶著取行李。麥奎恩在擁擠人潮中將我領出去，帶我上了他的車。驅車離開的過程中，我看到副駕駛座車門上有一個洞，還在腳邊撿到一顆廢彈殼。

麥奎恩有意減少攝取咖啡因，因為他知道自己喝了咖啡就會說話有如連珠炮。不過那天他將我送上他的車之後，話匣子一開便說個沒完，我猜他那天早上應該是喝了好幾杯咖啡。麥奎恩安排我和薩利姆．朱哈（Salim Juha）這號人物見面，朱哈從前是在格達費軍隊中擔任上校，但是在革命爆發的第一天就改旗易幟。麥奎恩熱情洋溢地告訴我，這麼安排是開始我們研究工作的絕佳方式。但是，隨著被祝融肆虐的建築物與多到看不見盡頭的燒毀坦克車映入我的眼簾，麥奎恩的聲音在我耳中卻逐漸變得朦朧而遙遠。我們來到某個路口接上我們的翻譯穆罕默德（Mohammed），然後來到一座門口設有路障的大莊園。每個守衛身上都圍著彈藥帶、手持自動步槍，麥奎恩簡短與守衛交談之後，他們便將路障移到一旁。我們的車駛入圍牆時，麥奎恩轉過頭來跟我說道：「朱哈先生是個非常有權勢的人物，請不要有冒犯或侮辱他的表現，否則我們會有很大的麻煩。」

這座大莊園昔日是一間石油投資公司，如今則用作米蘇拉塔革命軍基地。眼前有幾個配有步槍的年輕人悠閒地坐在沙發上抽菸，偶爾發出大笑。我們三個人經過的時候，他們變得一語不發，緊盯著我們看。我們在董事會會議室裡頭見到了朱哈先生，朱哈坐在一張大約可以讓二十個人舒服就座的大長桌旁，左右兩側都坐著革命軍的領導人物，周圍香菸煙霧繚繞。我和麥奎恩、穆罕默德被安排坐在朱哈的對面，朱哈先生對我目不轉睛，並開始用阿拉伯語發表一段正試的講話。穆罕默德翻譯道：「我們感謝你派遣你的兒子布萊恩來這裡。」

麥奎恩不是我的兒子，他是我的博士生，而且我們兩人其實相差沒幾歲。不過我覺得我最好不要開口糾正這件事，我在心裡告訴自己，無論如何，親屬心理學（kin psychology）也是我們在此要研究的課題之一。結果，我都還沒來得及做筆記，朱哈先生的發言已經結束，現在輪到我講話了。我在倉促之間拋出幾句話感謝朱哈對我「兒子」的款待，並且詢問他和他的同袍是否願意回答一些人類學方面的問題。豈知此時朱哈的眼神突然犀利起來，說道：「首先我有個問題要問你。當利比亞爆發革命的新聞傳到全世界的時候，你是否曾經聽說過米蘇拉塔這個地方呢？」

這個問題聽起來像是個測驗。我想起麥奎恩不要惹毛對方的叮囑。然後我又回憶起我們這個領域最傑出的前輩之一、牛津大學人類學系的代表人物，也就是上一章提到的那位研究阿贊德人巫術信念的愛德華・伊凡—普里查。被學界暱稱為綽號「E－P」的普里查在二次大戰期間，是在利比亞的英國軍事情報單位擔任軍官，而我透過普里查卷帙浩繁的著作，得知一位米蘇拉塔的戰爭英雄。沒想到這位戰爭英雄，竟然就是朱哈先生的祖父。發現這件事情讓現場氣氛瞬間緩和了一些。

朱哈先生允許我更全面解釋我此行的目的還有我想要詢問他的問題。我告訴他我之所以來到這裡，是因為我想要知道是什麼因素，能驅使這麼多普通老百姓拾起干戈，參與一場死亡可能性遠高於勝利的民間起義。我指出，參與二〇一一年起義的利比亞人絕大多數沒有受過軍事訓練或做足準備，是什麼使這些人產生希望，認為他們可以擊垮裝備精良的現代軍隊呢？

朱哈先生一開始的回答，是以自己待在格達費軍中的經歷做了比較。他解釋道，當他還是軍中上校的時候，要訓練新兵使用武器大約得花三個月時間。但是他在米蘇拉塔訓練的人員，只要三個小時就能學會。這些人學到的不只是怎麼用槍，還包括故障時如何修理，以及怎麼根據新情況去改造槍枝。他們得靠自己摸索，因為這邊並沒有維修部門。這些人之所以這麼積極主動，是因為他們的目的不是領薪餉，而是獲勝。

如此動機造成了巨大的差別。朱哈先生告訴我，革命分子的成功祕訣，在於戰鬥的意志。「革命開始的時候沒有強迫任何人加入。我們只是聯繫朋友，詢問他們：『你想不想死？』你如果敢死，就跟我們來。你不想死，那就回家去吧，遠離這場風暴。那可不是什麼沉思或討論的時刻。敢於赴死之人，何事不成。不想死的人，也可以安然離開。」因此，朱哈表示，透過這個篩選的過程，米蘇拉塔「軍團」（*kata'ib*）中選擇布衣投戎的戰士，面對任何正規軍隊的職業軍人，都可以以一當十。

雖然利比亞案例中有些細節是專屬於當地，但是革命分子願意為彼此戰鬥乃至捐軀的意志不是特殊個案。數千年來，戰士們始終在戰場表現出準備犧牲小我的舉動，這件事要從演化觀點去解釋實在不易。畢竟，在尚未繁衍之前死亡，這不是明顯在消滅自身的血脈嗎？從演化觀點出發，生命通常將自身生存的重要性置於其他個體生存之上。可是，至少就某些情境來說，自我犧牲的行為確實有利於演化。這當中又有一些情境，有助於解釋新幾內亞戰士與利比亞革命分子之所以願意為同類戰鬥乃至捨生捐軀的意志。

自我犧牲行為的演化

自我犧牲行為最顯著的演化論解釋之一，就是這種行為雖然危及執行者本身的生命，卻能夠增加近親的繁殖成功率。[2]舉例而言，在地面築巢的鳥類非常容易受到空中掠食者的攻擊。為了保護寶貴的鳥蛋和雛鳥，這些鳥類經常試圖引開攻擊者的注意力。牠們常見的一種策略就是裝作翅膀受傷，拖著看似癱瘓的翅膀一拐一拐地走著，為幼鳥製造逃跑躲藏的機會。有些鳥類使用的方法更簡單，那就是發出刺耳怪叫或大聲鳴叫吸引注意。其中最有智慧的一種鳥類，則是會假裝自己是另外一種生物，最好是掠食者最喜歡的獵物。我最喜歡的例子，是一種澳洲的小型鳥類，叫做壯麗細尾鷯鶯（superb fairywren）。鳥如其名，壯麗細尾鷯鶯的公鳥有鮮豔斑斕的藍色羽冠、臉頰和上背，周圍有烏黑的羽毛如同框架一般，不難想像歐洲移墾者為什麼會將這種鳥比作「仙子」（fairy）。壯麗細尾鷯鶯的雛鳥如果遇到威脅時，成鳥會在地面上採取非常奇怪的行為，迅速衝刺發出吱吱叫聲，在飢餓的掠食者看來，那根本就是一隻美味多汁的老鼠啊。[3]某些社會性哺乳類動物在保護手足方面，居然表現出與保護子嗣同樣具有英雄主義（heroism）的驚人行為。比如狼群和獅群之中，個體也會為了保護手足而勇敢戰鬥。

這些行為得以演化，是因為它們增加了「英雄」的基因得以傳承下去的機率，此事即便不是透過英雄自身的生育，也可以透過英雄近親成功繁衍來達成。不過，根據俄羅斯裔美國物理學家兼理論生物學家謝爾蓋．加夫里列茨（Sergey Gavrilets）所論，自我犧牲行為能夠演化還有另一種可能的方式，那種方式不需要那麼緊密的基因聯繫。加夫里列茨曾在二〇一四年來到牛津大學我們系上演講，他說明了群體內部與不同群體之間，在發生衝突情況下基因性合作傾向之演化。他的核心觀念是，彼此無血緣關係的個體產生合作，可以是基於共同的過往「經驗」，而不是基因親緣。

他的觀念令我非常振奮，因為我已經發展出一套關於共同經驗（shared experiences）在激烈自我犧牲心理扮演核心作用的理論，這套理論是基於我在新幾內亞島、利比亞與世界上其他地區的觀察所得——我們稍後會再談到此理論。這場演講之後，我和加夫里列茨繼續對話討論，這樣的交流持續了好幾個月。這番交流的成果，是我們發展出一套「行動者為本模型」（agent-based model），這套模型有助於解釋部落在面對生存威脅時，戰士表現的極端自我犧牲行為之演化。[4]

所謂行動者為本模型，是用電腦模擬各式各樣的行動者（本案例指人類）在擁有多種參數（如可用資源、競爭、氣候條件等）變化的環境中，可能出現怎樣的行為。這類模型可以幫助我們探索，不同的變數與其交互作用，如何造成一系列可觀察的結果。[5]我們的模型設定一個虛擬空間，與巴布亞紐幾內亞雨林某地區條件相同，並且設定其中有許多不同的族群，每個族群都可能繁衍後代而擴充群體規模，也可能因為死亡而減少規模。這片地區中的每個族群都面對兩種外部威脅：一是敵對族群（比如受到鄰近敵人的攻擊）；一是環境帶來的挑戰，好比自然災害（如地震、瘟疫、瘧疾等）。這些威脅都可能導致族群成員早逝，因而人口減少甚至全族滅絕。然而，很關鍵的是，這兩種威脅從演化觀點來看並不完全相同。在這片虛擬地區中，本族在戰爭中的損失會被算作敵對族群獲益，因為敵人的相對實力因此成長；對比而言，自然災害帶來的本族損失，就不能算是敵對族群獲益（至少與前者帶來的利益高低有別）。

這個模型中的所有個體，都被設定了處於這些情況下會有的特殊行為方式。第一組被分配到的一對「基因」，讓他們更可能在事情順利（比如戰爭勝利或環境有利）的情況下合作；第二組被分配到的「基因」，讓他們更可能在經歷負面群體經驗（戰敗或自然災害）之後合作。加夫里列茨對這套模型進行了許多模擬，來看看在面臨隨機變化的遭遇時，哪些族群比較會合作、哪些則不會。模型模擬的結果非常驚人：模擬之下，必然會有某些族群遭遇比較多不利生存的事件，也就是對其生存能力與延續基因較為不利的經歷，然而最終比較多合作表現的族群，竟然不是順境較多者，而是苦難較多者。更有甚者，當共同苦難（shared suffering）的肇因是不同族群衝突，而不是自然災害時，合作的正面效益就會更加強烈。簡而言之，處境惡劣會使族群更加緊密團結。

這個模型甚有助於解釋，為什麼戰鬥中的英雄主義表現——儘管對英雄本身造成致命性的影響——能夠深深嵌入人類演化形成的心理之中。此模型呈現並證明了，共同苦難如何成為強而有力的黏合要素，提高人們為了守護群體不計代價的意願。

儀式磨難及共同苦難

解開此過程所牽涉的心理機制耗費了多年心力，而我對於這個課題的探索，遠在我與加夫里列茨會面之前就開始了。事實上，我開始對此課題感到著迷，最早可以追溯到一九八〇年代，我在巴布亞紐幾內亞雨林深處，接受成人儀式進入了拜寧族。

如果沒有接受成人儀式，拜寧族人就不會將你當作真正的成人看待，比如你就不准穿著舞蹈用的神聖服裝。因此，當我被認可為成年男子，第一次身披樹葉裝、臉戴樹皮面具跳舞時，我確實產生一股極大的驕傲感。穿戴起那套裝束，要不是我的手背顯露白色皮膚，簡直沒有人能認出我來。傳統上，穿著這套服裝的時機，是當事者如此裝扮隱匿身分，在類似恍惚狀態下從事殺人暴力行為。在過去，穿著這套裝束的權利，要靠當事者接受一系列劇烈痛苦的歷程才能獲得，其中包括用削尖的骨頭插入脊椎底部的皮膚，插進去的骨頭會用來懸掛一張沉重的面具，然後當事者要承受這樣的重量，進行幾個小時的舞蹈。同時，舞蹈時穿戴的頭飾顏色鮮豔，其中的鮮紅色是當事者用銳利的葉片刮傷舌頭，重複向裝飾吐血染色而成。

儘管我與同期成人的族人驕傲地唱歌跳舞，但是當時年輕人（包括我在內）已經免除接受成年入族儀式最折磨的部分，因為基翁組織的領袖頒布禁止殺戮或殘害他人的禁令。謝天謝地，這表示我不需要接受殘害身體的儀式，也不需要參加攻擊隊伍去襲擊族群的敵人。不過，在接受引導得知成為男子儀式祕密的過程中，引領者向我詳細且生動描述了老一輩男人會接受的磨難，非常肯定這些磨練過程中必會造成創傷。以這種方式共同接受磨難的男子，便成為戰士。真正的戰士會彼此支持與依靠，不僅是在大膽的出擊行動中如此，在族群遭受外來攻擊時亦是如此。

人類自古以來便深知，共同的苦難可以創造極其強大的紐帶與牽絆，激發出戰鬥中的英雄主義行為。數千年來，戰士群體對此事善加利用，要求新成員經歷會造成創傷的入族儀式。在巴布亞紐幾內亞的塞皮克河（Sepik River）地區，卡寧加拉族（Kanigara）男人要忍痛接受皮膚受到大面積的切割，留下永久的疤痕。[6]巴布亞紐幾內亞的其他地區，男孩與未婚男性則被要求接受類似的可怕磨難，或者是刺穿鼻中隔，或者是以帶刺的植物插入尿道再迅速拔出，導致陰莖噴出血柱。[7]這種情況絕對不是專屬於美拉尼西亞地區，跨越阿拉弗拉海（Arafura Sea）與珊瑚海（Coral Sea）來到澳洲大陸，澳洲原住民族群發展出極端痛苦的割禮，接受割禮者的陰莖外觀會完全改變。不過，這類儀式未必都是專門針對生殖器切割。來到太平洋的另一端，北美洲大平原印第安文化（Plains culture）的族群有所謂太陽舞（Sun Dances），亦即將接上繩索的鉤子深深穿入舞者們的皮膚，使參與者被繩索連在一起的同時起舞。還有，甚至直到今日，亞馬遜人都還有讓當事者戴上裝有憤怒子彈蟻的手套的入族儀式，被子彈蟻咬傷的疼痛程度可以比擬槍傷，而且劇痛會持續好幾個小時。與此類似的例子，實多到不可勝數的地步。[8]

人類學家已經呈現，世界上最具戰鬥精神的社會也擁有痛苦最劇烈的入族或成年儀式，當事者通常必會留下永久傷疤，疤痕是自己經歷磨難的見證。[9]這些痛苦磨難的共通功能，似乎是提供軍事方面的凝聚力。透過共同經歷痛苦儀式生成的紐帶，會使參與者在大家遭遇危難時出現更強大的相互扶持意志，並且願意為同期成員或同伴戰鬥，乃至於必要時犧牲自己的生命。我們在世界各地都發現此事存在的證據。舉例而論，以我在巴布亞紐幾內亞對入族儀式的研究為基礎，我與同事們將注意力轉移到研究西非地區類似儀式性磨難的效果。西非地區牧人與農民之間為了取得土地而爆發暴力衝突，是個愈來愈普遍的現象。人口壓力導致取得土地與水資源的競爭越發激烈，緊張局勢更因為氣候變遷而雪上加霜。在非洲某些地區，尤其是馬利和奈及利亞等國，這些紛爭已經成為激進伊斯蘭團體慣常利用的工具。不過，導致地域衝突愈演愈烈乃至失控的原因，似乎與當地物質條件關係較淺，反而與將人們與其部落認同及祖先土地連結起來的因素關係較深——尤其是入族儀式在族群紐帶或群體牽絆中扮演的角色。

至少，這是我和同事們研究的發現。我和同事在喀麥隆阿達馬瓦地區（Adamawa）進行了一項有三百九十八位參與者的研究，這個地方鄰近喀麥隆與奈及利亞的邊界，這裡因為前述類型衝突而喪生者數以千計，被迫遷離這個地區的人數則更多。[10]我們的研究發現，這類衝突爆發時，此地農民願意為彼此戰鬥乃至捐軀的意志之強，與他們兒童時期恐怖入族儀式的共同經驗有強烈關聯。這些男孩會被帶到一處酋長家附近的神聖場所，當他們步入聖所之後，會有一個戴面具的人從陰影中突然跳出來，驚嚇的男童會試圖逃跑，但儀式執行者會將出口堵住。這種接近歇斯底里的驚恐，會變成永生難忘的經驗。雖然男孩的身體沒有受創傷（除了在企圖逃出去的過程中自己弄傷自己），但此事造成的心理衝擊是永久的。

極端的入族儀式，並不專屬於土著族群或小規模社會中的戰士。舉例而言，一九九七年至二〇〇六年之間，哥倫比亞的極右派販毒組織「哥倫比亞聯合自衛軍」（AUC），會要求新成員去執行儀式化的殘酷行為，諸如折磨、肢解、殺害俘虜，並要他們隨時隨身攜帶截斷的死者身體部位。[11] 獅子山的「革命聯合陣線」（Revolutionary United Front）也採取類似策略，要求新成員參加儀式化的殺人行動，通常是要他去殺死家人或族人。[12] 即便是正規軍隊，也可能在新兵訓練時，對新入伍者進行生理和心理上的折磨。舉例來說，台灣海軍陸戰隊兩棲偵搜大隊（即蛙人部隊）的志願新兵，要接受一系列極端考驗磨難，比如在尖銳的珊瑚石上赤身匍匐前進五十公尺並於過程中執行指定動作，使疼痛感達到最高程度。[13] 過程中，訓練者還會噴灑鹽水，導致受訓者的傷口產生劇痛。過程中違規或偷吃步的新兵，會被送回起點重新開始這項痛苦的試煉。

從不同來源的證據以及大量事實可以看出，涉及共同苦難、群體牽絆、戰場英雄行為等儀式之間的連結，早已存在許久。但是，這件事在人類心靈中究竟是怎麼運作的呢？究竟是什麼因素，能讓這些痛苦的磨難創造出如此強大的紐帶，使人們願意為彼此而戰而死呢？這些問題的答案，似乎就在於一種特殊的群體看齊（group alignment）現象，稱為「身分融合／認同融合」（identity fusion）。

共有精粹與融合

身分融合或認同融合，就是一種由衷與群體合而為一的感受。[14]這件事會發生在你的個人身分與群體認同「融合」在一起的時候，假如你是個情有獨鍾的足球迷，你應該就很清楚這是指什麼意思了。想想你熱切支持的足球隊，然後假想有喝醉的敵隊支持者惡意鬧事汙辱本隊（設想一個非常惡劣又莫名其妙的情況），你會不會把這當作對你個人的冒犯呢？這種感覺像不像是有人侮辱你的家庭呢？如果答案是肯定的，那你確實很可能是與你支持的足球俱樂部融合了。

很明顯，不是每個人都會跟足球俱樂部融合，有的人與宗教團體融合，有些人是與民族融合，還有些人甚至是跟自己參加的合唱團融合，或者是和一起跑夜店的死黨融合。但是，即便你融合的對象不是上述的任何群體，你至少應該會與你的家庭融合。再來設想一遍，假如你的家人遭受嚴重的汙辱、傷害或綁架，為了保護或營救他們，你願意做到什麼地步呢？你會不惜一切代價嗎？如果答案是肯定的，那你應該是和你的家人融合了。

與群體融合的個人，會成為積極的群體捍衛者，他們不僅願意與群體其他成員合作，甚至在面臨威脅時最終願意犧牲小我來保衛群體。[15]顯然這正是軍事團體想要讓成員擁有的態度，戰爭時期尤其如此。事實上，從街頭幫派到恐怖組織小組、從正規軍隊到自殺炸彈客，各式各樣的暴力性團體都在利用融合現象。

融合理論（fusion construct）首先是由來自美國德州與西班牙馬德里的心理學家團隊發展出來的，團隊人員分別由威廉·斯旺（William B. Swann）和安赫爾·戈梅茲（Ángel Gómez）領銜。[16] 此團隊最初建構理論的基礎是對「將他人包容於自我當中」（inclusion of other in self）情況的衡量，其方法是以代表「自我」和「他人」的圈圈重疊情況，來指涉你認為你的「自我」概念包含他人的程度有多高。斯旺和戈梅茲發現，類似的圖像衡量方法也可以用來確定，人們認知自己的個人身分涵蓋於群體認同的程度有多高。研究團隊設計出一系列的圖像，呈現小圈圈與大圈圈的不同重疊程度，他們告知受試者小圈圈代表「你」、大圈圈代表「你的群體」，然後詢問：以下哪種圖像最能夠說明你與群體的關係呢？結果顯示，選擇右側

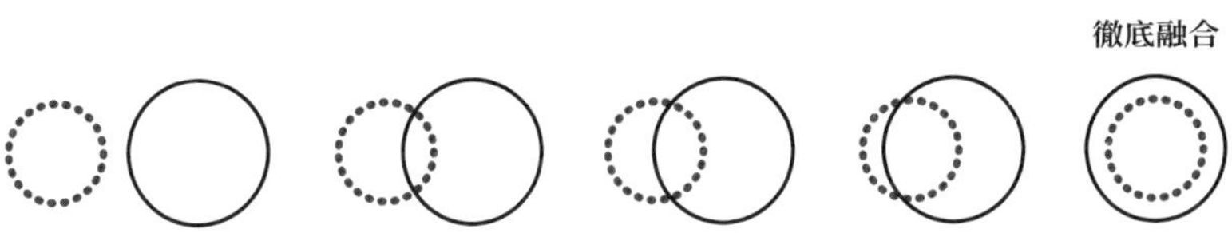

改編自 Swann, W. B., Jr, Gómez, Á., Seyle, D. C., Morales, J. F., & Huici, C., 'Identity Fusion: The Interplay of Personal and Social Identities in Extreme Group Behaviour', Journal of Personality and Social Psychology, Vol. 96, No. 5, pp. 995–1011 (2009)。

圖像（小圈圈完全被大圈圈包含）的人就是徹底與群體融合者。

我第一次看到這套融合程度衡量法時立刻感到心有戚戚焉，這與我關心的問題關係密切。多年來我一直企圖理解，巴布亞紐幾內亞的痛苦成年入族儀式，為什麼可以在經歷者之間創造出這麼強勁的紐帶。我確信，這件事肯定與此類經驗之記憶形塑當事者身分認同的方式有關聯，也與此類記憶影響當事者對所涉群體的思考方式有關聯。[17]可是我所缺乏的，就是衡量這些歷程影響群體紐帶的方法。看來斯旺和戈梅茲的融合理論，正是我長久以來在尋找的東西。

利用新興的融合理論進行大量研究之後，我與合作的同事提出了一套可以驗證的理論，來解釋這套機制的運作情況。根據我們的這套理論，融合狀態有至少兩條途徑可以達成。[18]第一條途徑涉及與其他群體成員擁有共同的生物學精粹。在各式各樣的人類社會中，想像同家族成員共享可遺傳的精粹，是極為普遍的現象，人們對此精粹為何也有各式各樣的設想，或為共同的血液、骨骼、精神本質（spirit substance）等等。那麼，相信我們共享這類精粹化的生物學特徵，是否會使我們變得更加「融合」呢？我們在探索初期測驗這項假說的方法之一，是進行了一項雙胞胎的研究。我們找來兩百四十六對異卵雙胞胎和兩百四十對同卵雙胞胎，並且詢問每對雙胞胎，他覺得自己與另一人的「融合」程度有多高。結果並不令人訝異，同卵雙胞胎表示的融合感遠遠高於異卵雙胞胎。

即便其融合沒有真實的生物學基礎，人類也非常容易引用生物學來解釋他們的群體紐帶。事實上，即便只是對於共通生理（shared biology）的「感覺」（perception），在某些情況下都可以被用來當作與擁有共通身體特徵的大群體融合之基礎，這些共通特徵與種族分類有關，諸如膚色、毛髮種類、面部特色等。我們賦予生物性紐帶的力量之大，有助於解釋為什麼融合的人們經常用親緣或親屬關係的語彙去描述群體其他成員。好比民族主義者將自己的國家稱為祖國——即「母國」（motherland）或「父國」（fatherland）——還有同種族的男性會稱呼彼此為兄弟，女權主義者會將全女性（womankind）描述為「姊妹情誼」（sisterhood）等等。

人類願意為群體有所犧牲的意願，很可能是透過生物學親屬關係演化而成的，就像是壯麗細尾鷯鶯的英雄式行為那般。但是，我也相當好奇沒有共通生物紐帶的人們如何產生融合感，比如說那些與軍事單位「融合」的士兵。與此一致的是，我們的雙胞胎研究顯示，除卻生物學關聯之外，為手足犧牲自我的意識受到共同「經驗」所驅動。此研究結果支持我原先的推測，那就是達成融合的途徑至少有兩條：除了共通生物紐帶之外，尚有與群體其他成員共同經歷個人人生重大轉變歷程的感受。

這就是非基因性質的紐帶——你的足球俱樂部、你的教會、你的國家等——發揮作用之處。你與這些群體之間的牽絆，主要不是透過血緣關係（無論真實或是感受上的血緣關係），而是透過具體記憶與特殊時刻形成的。說不定你到現在還記得，青少年時期和最要好的朋友去聽搖滾音樂會的景象，那種深受歌詞觸動以及和好友肝膽相照的感覺，永誌難忘。或者，你和好友都冒著被逮的危險去參加抗議遊行。或者，你和好友都支持同一支體育隊伍，並在熱愛的隊伍於關鍵決賽中慘敗時，一同承受那股煎熬與痛苦。如果你和你的死黨曾經有過這樣的經歷，你應該就能體會什麼是共同經驗帶來的融合感。這些就是能將我們緊密連結上一支足球隊、一個樂團、一群朋友的經驗，使我們願意追隨他們直至天涯海角。

我將這樣通向群體紐帶的過程，稱之為「意象性」（imagistic）途徑，因此它是圍繞著與過往事件連結的精神意象形成，那類事件的性質對當事者意義重大、永難忘懷。[19]這不是基於血緣關係形成的紐帶，而是深深印在吾人記憶中的強烈意象所造成的牽絆。

融合的淵源

當人變得與一個群體融合的時候，我們的腦袋裡頭究竟發生了什麼事情呢？這個問題的答案，某種程度在於人類是如何記憶具有重大人生意義之經驗，以及如何思考相關經驗的意義與影響。記憶造成強烈情緒的人生事件時，我們會傾向於投入大量的心力，去思考這件事為什麼會發生、為何以那種形式發生，以及反省這件事在當時以及後來，可能有著什麼樣的意義，還有思索這件事假如從來沒發生的話，這一切會有什麼不同，諸如此類。這些歷程在人們思考儀式磨難一事上占有重要地位，而學界對其重要性早有認識。例如著名挪威人類學家弗雷德里克・巴斯（Fredrik Barth）認為，新幾內亞島內陸區盛行的痛苦成年入族儀式，不只導致參與者將這番經驗銘記多年，還會促使他們長久反省這些事的象徵意義和重要性，創造出巴斯所謂「聯想意涵的扇面」（fans of connotations），聯想意涵的扇面會將記憶與情感連結起來，並探究記憶與情感連結所喚起的各式意象之間的類比。

以其觀念為基礎，我於是將這個歷程稱為「宗教性意象模式」（imagistic mode of religiosity），如此稱呼主要是因為此歷程之重點在於強烈的意象與其詮釋。我發現的證據證明，此情不只存在於新幾內亞島的成年入族儀式崇拜（initiation cult），也存在於世界各地區各時代實行蛻變型儀式（transformative ritual）的不同族群之中，諸如澳洲原住民的夢時代異象和亞馬遜薩滿的靈魂之旅等等。意象性歷程的核心，通常是一個情感強烈的經驗，能夠長久存在於記憶之中，並迫使當事者對其加以詮釋。我的觀點是，要與毫無血緣關係的群體成員融合，意象性歷程便是其基礎。不過，為了了解此歷程的運作情況如何，我們需要設計一些實驗才行。

我們的第一個目標，是要確定群體儀式的情緒強度，是否與那些經驗的意義賦予（investment of meaning）有所連結？以此為基礎，我們的下一個目標是要確定，這些類型的意象經驗是否真的會造成認同融合，若是，此過程又是怎麼運作的呢？

心理實驗通常是在實驗室中進行，大學裡頭有這類專門進行心理實驗的空間。可是，我和同事們想要進行參與儀式作用的對照實驗，並且製造更接近戰士群體痛苦入族儀式的效果。所以我們在戶外設計出的第一項人造儀式（artificial ritual），地點在我當時任職的貝爾法斯特女王大學附近的森林空地。我們想知道，儀式風格的行為對於實驗參與者如何處置他們的記憶，會造成什麼樣的影響。

我們設計的儀式，大約是以我在巴布亞紐幾內亞研究過的儀式為原型，當然具體物品和環境必然與我在熱帶雨林經歷者頗不相同。[20]參與這些儀式的學生們，會被分成十五人左右一組，這約略是某些新幾內亞部落典型成年入族儀式的人數規模。學生抵達實驗現場後，研究人員告訴他們，我們正在進行一場向遠方部落群體學來的繁衍儀式（propagation ritual），並進一步說明繁衍儀式的目的是要增強自然世界的生育力，比如讓族群維生依賴的動物與野生植物更加繁榮。除此之外，人員還會表示，我們對這項儀式的意義知之甚微，也不知道它是不是真有提升自然生育力的作用。接著參與者被引導排成一列隊伍，肅穆地穿越田野，來到一塊四周都是森林的空地，空地上有樹樁排成一個圓圈狀，圓圈的中央放了一堆枯樹葉。人員告訴參與實驗的學生在枯樹葉中「洗」手，然後每人發一件披風穿戴起來之後，又被帶至另外一個地點。人員發給每人一根長棍，並告知要將長棍一端折斷之後，將折斷的那段拋向自己身後，然後再發給每人一顆石頭，指示他們將石頭壓入土中。接下來，實驗人員告訴學生「將你們的矛」（指的是長棍剩餘的部分）植入兩腳中間土地上。最後，參與者逐一被帶往一個地洞，那裡有燃燒的火把作為地標。

每位參與者走進洞口時，會有一面鼓有節奏地敲打起來，然後當他根據人員指示在洞口旁跪下時，鼓聲便會停止。接著，實驗人員請參與者將一隻手伸入洞中，同時吟唱一段咒語，這段咒語的語言屬於我在巴布亞紐幾內亞一同生活的族群（如此我們可以肯定參與者沒人能聽懂）。假如曾經有人叫你伸手放進一個你不知道裡面有什麼東西的洞裡，你應該知道要做到這件事並不簡單。很多參與者一邊伸手一邊皺眉頭，甚至因為害怕而屢屢縮手。完成這項儀式之後，人員會指示所有參與者用盡全力將他們的長棍拋入林子中，然後排成一路縱隊回到田野上的出發點。

本研究的所有參與者都執行了上述的過程。不過，因為我們的問題意識是情感強度的作用，我們因此將學生們分配到兩種不同的情境：「低激發」（low-arousal）情境和「高激發」（high-arousal）情境。低激發情境下，儀式是在大白天進行，氣氛輕鬆含蓄，讓刺激感或興奮感降到最低。與此相反，高激發情境下，儀式是在傍晚進行，暮色蒼茫。還有，在參與者走向地洞且鼓聲響起的過程，分配到高激發情境的參與者會被蒙住眼睛。

儀式執行完成後，我們會請參與者填寫自我評量表，來衡量他對這次經驗感覺到的情緒強度。我們特別關注的是，儀式過程產生的不同程度的恐懼感，是如何影響參與者事後幾週對本次經驗的意義之思考。我們的做法是在當事者經歷儀式之後，透過後續長達兩個月時間的幾份問卷，來衡量這個課題。我們請每位參與者回憶儀式過程的內容，並就儀式各階段詢問他認為分別具有什麼意義。完成後，我們分析了參與者們回答，企圖把握住其豐富詮釋性的兩個層面。第一個層面著重於，參與者的回答之中所反映出的思考深度，方法是計算他們總共對多少個行為賦予了意義。第二個層面側重於我們所謂的「類比深度」（analogical depth），也就是將某個特殊意義賦予於某項行為，好比「將石頭壓入土中象徵著種下一顆種子」等等。

再來，我們將覺得儀式造成情緒緊張，以及沒有這種感覺的參與者分開。為了探索此事的影響，我們再請參與者去描述儀式當中發生了什麼事，並且詳細記錄他認為過程中的各種元素各自代表什麼意義。之後，我們會將參與者說出幾種意義加以統計（並對於具有類比深度者給予額外加分）。本次實驗有了驚人的發現：感覺儀式比較令他驚嚇的參與者，對於過程發生的事會有比較深刻的思考，給出更多具有象徵意義的詮釋。我們的假說是，人對於與他人共同經歷的儀式經驗有愈深的反省——如果經驗帶來的情感夠強烈的話——人便愈覺得那些經驗富有意義，而本次實驗的結果提供了支持這項假說的第一份清楚證據。這番證明後來成為我們關於意象性融合途徑（imagistic pathway to fusion）的理論基石，我們認為，擁有這類經驗會讓極端儀式的參與者們之間產生非常強烈的牽絆，使他們願意為了保衛彼此不計代價。

然而，科學理論無法僅憑單一研究就聲稱確立。實驗的發現必須能夠複製驗證才行，而且每一次實驗複製通常又能讓人在過程中學到新東西。我們設計的下一次實驗，希望能夠引入更能直接衡量情緒強度的方法，以客觀的生理證據為本。在第一次實驗中，我們沒有辦法證明參與者對自身經驗的情感評價，是否精確或者一致，也許有些人對自身感受到的情緒強度表達有誤，可能高估、可能低估。還有，我們也希望為參與者創造情緒強度更高的經驗。我們先前設計的儀式，比傳統巴布亞紐幾內亞年輕人經歷的成年入族儀式溫和太多了。因此，雖然我們確實造成可衡量的經驗情緒強度差異，但是先前的情緒強度最高點，比起傳統文化中的「真」東西還是低太多了。確實，公允地說，搭乘雲霄飛車或觀賞恐怖電影，可能都比參加我們的人造儀式更有驚嚇效果。

我們花了很多時間思考，要怎樣改進儀式過程心理激發效果的測量辦法，讓我們可以去衡量情緒強度自我評量的精確性與一致性。到最後我們決定，我們必須同時測量參與者的心跳以及皮膚表面的導電性，後者就是所謂的「皮膚電反應」（galvanic skin response，GSR），通常在實驗中用作情緒激發（尤其是恐懼）程度的客觀測量方法。跟儀式進行前蒐集的基準數據對照之後，這兩種生理指標的峰值可以提供較為客觀的衡量標準，評估參與者在經驗歷程中到底有多害怕。我們做實驗的時候約莫是千禧年前後，唯一的問題出在當時的設備實在太大太重，還需要接好幾條導線到參與者身上，顯然不是執行野外儀式的理想裝備。

最後，我們決定回到起點，重新為人造儀式構思全新的設計。我們需要一個具有激發性的環境，能夠刺激感官並帶來情緒衝擊力，但是又要能同時容納龐大笨重的皮膚電反應設備。苦思許久之後，我們終於找到了一個巧妙的方法：洞穴。在古代採集狩獵社會中，人類祖先在深入地底的洞穴壁上，創作出不可思議的美麗藝術。考古學家認為，有些圖畫是創作者刻意畫在那種地方，故意讓人必須爬進狹小空間並且扭著身子才能看得到。古代洞穴深處散落於地面上的樂器和足跡，顯示藝術創作過程中有執行儀式，或許是憑藉火把照明進行的。[21]將奇特的照明環境與奇異空間的音響效果結合，便可以造成相當原始但作用奇佳的特殊效果。我們的目標是在現代大學校園中弄出類似的效果，可是該怎麼做呢？

我們找到的解決方案，是使用同事們近來在貝爾法斯特女王大學音樂學系創建的設施，他們將其稱為「聲音藝術研究中心」（Sonic Arts Research Centre，SARC）。[22]聲音藝術研究中心不只是一個可以預約的表演空間，還是一個研究音樂對人類心理與行為影響的實驗場所。設施裡頭幾乎到處都裝設了強大的揚聲器，連地板下面也有，如此聲音就可以從四面八方投射至此空間中。此處的牆板可以移動，而且其材料可以為表演空間創造出各式各樣的音響效果。精緻的舞台燈光，可以製造出多樣化的視覺效果與多變的色彩。這是我們在沒辦法真的鑽進洞窟之下，能找到最接近舊石器時代洞穴條件的地方了。

下一個問題是，要如何在這個洞穴般的環境當中，創造出合適的儀式呢？此事顯而易見的限制在於，由於我們需要用導線將參與者連結上笨重的設備，所以這次受試者只能逐一參與儀式，無法以群體方式進行。而且，我們還需要參與者空出一隻手的食指與中指來配戴感測器，連結皮膚電反應設備。這就意味著這項儀式只能在定點靜態進行，任何儀式動作都只能用一隻手來執行。

這些限制乍聽之下實在會令人卻步，但最終我們研擬出一套相當貼近現實儀式的行動規劃。我們改良後的新版本，是讓參與者坐在聲音藝術研究中心表演空間正中央的一張椅子上，他的面前會有一張蓋著粗麻布的桌子，我們屆時將會稱之為「祭壇」。「祭壇」上放著用來執行儀式的物品：一碗油、一坨陶土、一條項鍊。祭壇後方有一面投影布幕，相關的指示會顯示在布幕上。本次研究的所有參與者，都會透過（投影在前方布幕上的）指示執行一些動作順序。首先，參與者要將一根手指浸到油碗中，然後沾油點在自己的額頭與脖子上。接下來，他要一邊念誦咒語、一邊在祭壇上的項鍊附近手劃想像的三角形，再將項鍊捧起高過頭，之後戴上項鍊。接著音樂響起，參與者要根據指示凝神注視布幕上的一個點。此時會有一名穿著毛皮大衣的男子進入房間，模樣像是頭大型動物。他的手中拿著一個小盒子，走到祭壇前將盒子放置於其上，這時音樂停止，然後毛皮大衣男子搖響搖鈴之後離開，離開後空間中的揚聲器隨即播放鼓聲。再來，參與者根據指示從盒中取出一塊光滑的黑石，用黏土包覆住黑石之後再放回盒中。最後，參與者在指示下取下項鍊，也同樣放進盒子裡。

和之前的「繁衍儀式」相同，這項新的「祭壇儀式」（altar ritual），目標是要衡量情緒強度對於人們事後反省儀式經驗意義的影響。聲音藝術研究中心的高科技場地，令大多數參與這項實驗的學生一開始便感覺很詭異，此情況頗有助於達成我們的目標。再加上被導線連上機器，還有穿著毛皮搖鈴的怪男子接近自己，能讓參與者的這股怪異感越發強烈，所以我們自信這次經驗應該頗具有意象性。即便如此，為了真正讓參與者留下深刻印象，我們希望做得更多。在要造成強烈情緒的「高激發」儀式版本中，我們採用更具威脅感的紅色燈光。為了提升穿毛皮男子進場的戲劇感，我們讓男子一邊搖鈴一邊走到參與者後方，參與者知道男子到了自己身後卻看不到對方。還有，裝著石頭的盒子密封且不透明，參與者看不見裡面有什麼，只能將手伸進盒子上的一個洞中，卻不曉得自己的手指會碰到什麼東西。為了確保能造成比較高的情緒衝擊力，過程中播放的鼓聲會十分響亮且逐漸加快節奏，充分利用聲音藝術研究中心設備四面八方的音響效果。在「低激發」版本中，上述元素全部都取消或者減弱：比如燈光雖沒有關閉卻調暗、音樂音量柔和、穿毛皮的男子始終在參與者視線中、盒子為開放故可輕易看到裡面裝了什麼。

我們發現，高激發和低激發情境的差異，確實達到預期中會對於當事者自我評量情緒強度高低的影響。重要者在於，現在我們也有更客觀的生理測量，可以證明這些自我評量的真實性，心律和皮膚電反應的峰值，確實與參與者自述過程中出現強烈情緒的時間點相符。與先前的實驗一樣，我們將參與者分成高激發和低激發組，然後詢問他們後續一個月間對於儀式經驗具備之意義的思考。我們也使用與先前相同的方法，去衡量參與行為對於事後反省及意義賦予的作用。恰如先前的實驗，本次的發現清晰明瞭：祭壇儀式經驗情緒強度愈高的人，就是事後思考愈高、反省愈深的人。

欲理解參與意象性儀式的效果，我們的實驗發現著實是長足的進展。可是，這些成果固然有趣，卻不是我最關心的研究課題。還記得嗎，在我的模型中，情緒強度本身並不重要，重要的是情緒強度對於群體紐帶與牽絆形成的貢獻。證明情緒愈強烈的經驗愈能導致當事者自我反省之後，我們現在需要確定的是，這種自我反省是否與更高程度的群體凝聚力有關、是否與為群體其他成員奮戰捐軀的意志有關。在此脈絡下，最關鍵的要素是「身分融合／認同融合」的觀念。

融合理論被提出之後，我們隨即開始設計各種新的研究，可以讓我們衡量共有情緒與意義創造對於群體凝聚力與自我犧牲意志的影響。我們第一批進行的研究之一使用了新設計的融合衡量法，找到的樣本是來自北愛爾蘭地區教派分裂雙方陣營者約兩百人，也就是說，使當地天主教徒和新教徒分歧的「北愛爾蘭問題」（the Troubles）曾對這些人造成共同的負面經驗。[23]首先，我們會請參與者考量最常見的教派壓迫行徑清單（遭受言語汙辱、公開羞辱、財產受損等等），然後詢問他們個人親身經歷過哪些，以及他們後來覺得自己為此受苦的頻率與程度（心理與生理皆可）。與之前的人造儀式實驗一樣，我們想要了解痛苦經歷對於事後反省的作用為何。因此，我們請參與者為自己回想起這些經驗的頻率給分，給分範圍是一到六分，一分指的是「我只是會稍微想到」，六分指的是「我花了好幾年在思考這些事」。最後，我們會詢問每位參與者，他覺得自己跟衝突中自己所屬「那一方」——天主教共和派（Catholic Republican）或新教聯合派（Protestant Unionist）——的融合程度有多高。

透過前述提問予以評估之下，本次研究結果發現，表示自己深受北愛爾蘭問題影響而沮喪的新教徒與天主教徒，日後對於他們的負面經驗反省較多。同樣地，痛苦強烈程度最高的人，也是反省最深的人。換句話說，根據我們的評估，教派暴力造成的共同苦難，都與較高程度的反省有關係。這個結果與我們先前的研究相當一致。然關鍵問題在於，這些發現與身分或認同融合的關係是什麼呢？在這方面，我們的假說獲得驗證。我們發現，研究參與者對北愛爾蘭問題時期的共同苦難經驗有愈多反省，他與教派衝突中自己所屬「那一方」的融合程度便愈高。反省過程似乎是達成身分融合這段歷程中的關鍵力量。

這幾次實驗總結起來構成一項重大的發現：帶來強烈情緒的經驗可能從根本上改變一個人，透過與他人共享這些定義自我的經驗（self-defining experience），個人認同與群體認同得以融合在一起。相關的證據愈來愈多：對於帶來強烈情緒的共同經驗之記憶，確實可以形成極為強大的群體紐帶。

不過，我們知道光是憑藉這些證據，仍不足以證明根植於共同記憶的「意象性」融合途徑之理論。我們意識到，還需要橫跨各種族群進行許多複製上述發現的研究，我們才能真的胸有成竹。於是乎，我們的研究團隊繼續針對許多不同族群與群體，探索共同苦難、思考反省、認同融合之間的關係，對象群體有前線戰場的士兵、[24]球隊輸掉關鍵比賽的足球迷、[25]因為新聞報導的暴行而激進化的穆斯林、[26]深受殘酷狩獵行為震驚的愛護動物人士等。[27]其中，我的博士研究生塔拉·塔蘇吉（Tara Tasuji）進行的一項研究，是去探索人類感受最強烈經驗之一的作用：分娩。我們總共調查了一百六十四位母親，並證明女性在分娩之後與其他母親的融合度顯著增加。[28]事後對於分娩經驗的回想與思考（誠如前述人們思考北愛爾蘭問題的情況），能使當事者與有同樣苦難經驗者有更高程度的融合。

得此之助，我們現在對於人如何與其群體融合，有了更深入的認識。這一切，都可以歸結到「共有精粹」（shared essence）的感受。共有精粹可以根植於能認知到的生物學實質，比如共同祖先的族群的血脈、骨肉或（今日所謂的）基因。然而，更耐人尋味的是，共有精粹還可基植於作為群體認同關鍵的強烈記憶，好比改變人生且最終定義「我們」所以為一群體的創傷經驗。

為群體奮戰捐軀

對於人如何與群體融合一事有更全面的理解之後，下一個要處理的問題是此事會如何影響人的行為——尤其是如何影響當事者捨身效死保衛群體的意志。起初，我們對於身分融合結果的觀念，是建立在假設的情境之上，藉此衡量人們願意採取自我犧牲行為的意願。基本上，我們就是詢問人們，假如他面臨極端危急的情況，而保護群體其他人的最佳辦法是犧牲自己的生命，他會選擇怎麼做？可是，人有可能言行不一，說一套做一套，所以他們怎麼說跟實際面對此等困境時會怎麼做，未必就會一致。我們得去尋找一個真刀真槍的情境，這就是為什麼我會在二〇一一年去到米蘇拉塔會見利比亞叛軍領袖朱哈先生的原因。

我成功說服朱哈先生，我確實在阿拉伯之春發生之前，就知道米蘇拉塔這個地方的存在。隨即，我便請朱哈告訴我一個英雄行為的範例。這個房間裡面的人們，都在前線作戰中失去不少最親近的朋友，所以我的問題顯然有點太直接了。但是朱哈先生毫不避諱，他鋼藍色的雙眼炯炯穿透濃厚的香菸煙霧直視著我，他問我有沒有聽過特黎波里街（Tripoli Street）男孩的故事。我沒聽說過，顯然，不是米蘇拉塔的人幾乎不會知道這個故事，就連半島電視台（Al Jazeera）熱心的記者們也沒聽聞過。

「坦克車隊正要駛入特黎波里街，有輛坦克車尾插著一面旗幟。有一個男孩子，大概只有十四或十五歲，他爬上那輛正在行駛的坦克，」朱哈道：「為什麼這樣做呢？只是為了拔下那面綠旗，換上另一面旗子：革命旗。」

「只是為了一面旗子？」我問道。

「是的，就為了一面旗子。」

朱哈先生解釋，男孩知道自己這樣做應該會被殺。這個男孩確實因此遭到殺害。

無可置疑，這個男孩是與他的革命同志融合了。自從融合理論提出以來，有非常多研究證明，跟先前建立的群體凝聚感比起來，與他人融合會造就更加強大的、為群體而戰而死的強大意志，當人將注意力放在個人認同或群體認同時尤其如此。[29]研究還證明，讓人參加能提高心跳速率等自律功能的活動，會增加參與者的主動性和動力，由此進一步擴大融合效果，並強化為群體奮戰捐軀的意志。[30]就理論來講確實很合理，因為個人認同與群體認同的融合就意味著，強化任一者都會增加融合對行為的影響。但是，這類衡量方法的明顯限制在於，人要在抽象層面上表達願意採取自我犧牲行為的強烈感受或意志，其實相對簡單。如果是真實面對生死交關的抉擇，我們的感受可能就不一樣了。

為了讓這樣的抉擇更具有真實感，研究人員最初利用了著名的「電車難題」（trolley

problem），並將其改編為群體版本。所謂的電車難題是一種思想實驗，受試者要設想有一輛行駛於軌道的交通工具（「電車」）正在往前衝，而其後果將是不堪設想的災難，通常是有無辜的人們會喪命，除非受試者願意採取行動避免此狀況發生。不過，電車難題通常是一個道德困境，比如你要拯救某些人的性命，那就會有其他人必然得死。[31]認同融合的研究者們很快就發現，這是一個探索人願意為了保衛群體付出多少的簡單方式。舉例而言，有些研究證明，融合感愈強的人，愈願意為了避免失控電車撞向同群體成員而慷慨犧牲自己。更驚人的是，高度融合的受試者更有可能阻止即將要犧牲自己的群體同伴，當仁不讓代替他去英勇赴死，由此拯救更多內團體（ingroup）成員的生命。

可是，我們這群研究者當中還是有人覺得，這些實驗依然不免有些抽象。確實，許多關於融合的研究限制都在於，我們不能確定對自我犧牲行為的「肯定」（endorsement）——甚至情境化作具體的電車難題——果真表示當事者在現實世界遇到此情況時會有「真正的」奮鬥捐軀之舉。這樣講並不是在指控這些研究的參與者不誠實，而是承認理論上「覺得」自己願意以肉身阻擋疾馳而來的電車跟實際上真的這麼幹，實在是相去甚遠。顯然，想要對這樣的課題進行實證研究，恐怕不大容易吧。別的都先不談，那些千真萬確表現出為群體犧牲自己意志的人，已經都不在人世了，不可能成為研究者的訪談對象。

以上就是我之所以在二〇一一年來到利比亞米蘇拉塔的原因。在米蘇拉塔，我的研究有可能找到大量已經展現過為彼此而死之意志的參與者，這完全假裝不來。我來到此地的目的，不只是為了得到革命領袖同意讓我對其麾下的革命戰士進行訪問調查。我們的目標是要衡量融合程度，並試圖了解是什麼要素導致叛軍鬥士願意為彼此犧牲。

於是，我們調查了受訪者對於家族、同營戰友、他營戰士、支持革命的非戰鬥人員之融合感程度。[32]調查結果比我們目前為止進行過的實驗，都還要更引人注意。首先，我們觀察到從事研究以來最高融合程度的紀錄，無論是當事者對家人抑或同袍戰友的融合感，得分皆達到量表的極限值。相對而言，單純的革命支持者，也就是意識型態立場相同，但缺乏戰士與其家人在先前幾個月間經歷的共同苦難經驗者，戰士對這些人則缺乏融合感。顯然，單純站在同一陣線或抱持相同理念，並不足以促成融合。在二〇一一年促使利比亞人緊密融合起來的因素，是歷經炮火並肩作戰的共同經驗。

我們的發現不止於此。我們想要知道，革命期間最劇烈的苦難經驗，是否便會造成最高程度的融合感與自我犧牲意志。要知道這個問題的答案其實很困難，因為我們訪談過的一百七十九位革命鬥士，每個人與其家人都經歷過撕心裂肺的痛苦，且所有人的融合程度根據我們的圖表衡量標準，都屬於最高等級。於是我們添加了一項新作法：一個被迫做選擇的問題。我們請戰士回答，假使在他最為融合的兩個群體中僅能擇一的話，他會選擇哪個？是他的家人，還是革命袍澤呢？

這個抉擇問題揭示出兩類革命者的驚人差異。營內後勤補給人員，更可能選擇手足兄弟，而不是同袍弟兄。反之，革命戰鬥營的成員更傾向選擇同在前線浴血的戰友，他們覺得自己與袍澤的融合程度甚至超過了血親。

這是一項重大非凡的發現。我們發現根源於共同經驗的「意象性」融合，並不只是另一種「像是」家人的感覺而已。事實上，在激烈暴力發生的時段，意象性融合的力量甚至可能比生物學親緣關係「更強大」。此下數年之間，隨著類似研究的進行，我們獲得的相關證據只有愈來愈多。類似研究成果令我們如今曉得，在世界各地，融合感皆能刺激出最極端的自我犧牲表現，不僅是為了家人而已，還有為了共同經歷自我定義經驗的同伴。我和同事們發現相同的模式不斷重演，不僅是利比亞的革命分子，還有通過恐怖成年入族儀式的西非村落男性，有經歷越南與伊拉克戰爭可怕的美國士兵，甚至有在足球場共同目睹球隊慘敗折磨的球迷。[33]我們現在還知道，所謂「弟兄情誼」（brotherhood）的牽絆與為他人奮戰捐軀之意志有密切連結，[34]還有，融合感與親緣感（feeling of kinship）結合之下，會令人更願意為非血緣關係的群體成員犧牲自己。[35]

最初我粗淺的直覺只是受苦的經驗有助於促成群體紐帶，有了上述種種發現之後，我們如今的認識已有長足進展。我們確實認識到，不只是共有的生物學關係而已，共同經驗也有助於認同融合之形成，進而激發出從事極端支持群體行為的意志。由此看來，軍事團體總是將共同生物學關係和共同經驗二者並用，也就不足為異了。軍事團體會強調戰士生理體格上的相似，使他們外表裝扮盡量相似、讓他們行進踏步動作一致，這麼做可以在戰士心中創造出一種強烈的意識，好像戰士們之間真的有種生物學上的聯繫。不僅如此，軍事群體還會製造極端的共同經驗，使戰士們產生「弟兄情誼」的意識——不僅僅是在戰場上，而且是透過入營洗禮、新兵訓練等等各種儀式化的磨練。在此過程中，軍事團體將這世界上最強大的力量之一用於軍事目的。這便是意象性融合途徑，能夠創造出比血還濃的水。

關於自我犧牲行為，要舉的最後一個有力例證，是美國步兵第九十二師約翰・福克斯中尉（Lieutenant John Fox）的故事。當時是一九四四年十二月，第二次世界大戰（Second World War）終結前的最後幾個月，福克斯中尉自願留在一座義大利村莊擔任觀察員，因為美軍正被進逼的德軍逼退。福克斯待在某間屋子二樓的觀察據點，透過無線電向指揮部匯報地面德軍的具體位置，並下令美軍開炮轟擊數個關鍵目標，但是其中一個目標位置竟然就是他自己的所在處。接收無線電訊息的人是福克斯好友奧蒂斯・扎卡里中尉（Lieutenant Otis Zachary），扎卡里覺得福克斯一定是弄錯了，但福克斯卻堅持命令照樣執行。福克斯在炮擊奪命之前最後的話是：「開炮！他們的人比我們的人還多。送他們下地獄！」[36]

壯麗細尾鷯鶯偽裝成掠食者眼中的美味老鼠引開注意力，雖然可能令我們嘖嘖稱奇，但其實許多人類也願意做一樣的事情來保護自己的子嗣。從演化角度來說，這件事其實很容易解釋。比較難以解釋的是，為什麼人類願意為沒有血緣基因關係的他人冒生命危險。可是，誠如福克斯中尉的例子，在面臨困境時選擇這麼做的人在歷史上屢見不鮮。談到極端的自我犧牲表現，人們通常會聯想到中東、巴基斯坦、東南亞的伊斯蘭殉教者，但是這種現象其實自古以來便頗為普遍。為了群體奮戰，明知自己可能犧牲生命，甚至遭遇痛苦死亡卻毅然決然這麼做的例子，遍及有紀錄的人類歷史。其中，親緣感往往扮演重要的作用——所謂「弟兄情誼」或「姊妹情誼」的用語也包含在內，即便所有人都知道這類說法講到底是虛構的。不過，關於此事尚有另一種解釋存在：那便是讓「你成為你」和讓「我成為我」者是同一種東西的感覺。我們擁有共同的本質或精粹之意識，根源是既定義自我又造就群體為群體的經驗。如此，我們便不再只是鄰居而已，我們成為了一個「部落」。

我們在本章看到了，部落主義最極端的型態（包括為群體奮戰捐軀的意志），如何連結上特別強烈的群體紐帶，其中個人認同與群體認同已融合到一起。我們對於融合的研究，使我們去訪談調查浴血奮戰的戰士、遭遇艱難分娩痛楚的母親、目睹球隊慘敗的足球迷。其成果是，我們如今有相當的能力與自信解釋，人是在什麼時刻以及如何與群體融合，以及人為了保護群體利益願意做到什麼地步。

至此，我們發現自身來到了人性本質研究這片領域非常耐人尋味的一個階段。在先前三章裡頭，我提出證據支持作為人類社會行為基礎的三種自然成見之存在，此即模仿同儕的傾向、相信超自然力量存在的傾向、與群體建立牽絆的傾向。這就引發了一個問題：倘若這些成見屬於普世的人類經驗特質，那麼它們對於整體人類歷史造成了什麼影響呢？所以，我們接下來要探討的就是，自然成見對於人類生存的非自然世界之形成，扮演著什麼樣的角色與作用呢？

第二部

—— Part 2 ——

延伸擴充的人性

第四章 從眾性之強化

位於土耳其安納托利亞（Anatolia）東南部的哥貝克力巨石陣（Göbekli Tepe），是由好幾座類似英國巨石陣（Stonehenge）的T形巨石陣組成，每根巨石碑都像是個沒有頭顱的巨人巍然屹立。可是，對比英國巨石陣的興建時間是西元前兩千至三千年，哥貝克力石陣樹立起來的年代要古老很多，大約是一萬兩千年以前。從事如此浩大工程所需要的人力，想來真是匪夷所思。沒有人知道，在沒有推土機、絞盤、起重機甚至鋼製工具的情況下，這番工程是如何完成的。沒有人知道，究竟是什麼因素激發這些古代的採集狩獵者，將他們的石器時代科技發揮到極限，從山坡上切割出重二十噸的巨石，並且在上面雕刻出美麗的圖案。

我第一次造訪哥貝克力巨石陣時，看到已經有部分巨石挖掘出來，佇立在一座丘頂，此處俯瞰周圍盡是乾旱荒涼的平坦景色，只有在遠方地平線濛濛之處有壯麗的群丘。我試圖想像一萬兩千年前這個地方的景象，腦海中浮現的是一望無際的野麥地、堅果與莓果豐盛的樹木，還有成群的野蹬羚。可是現在我周圍卻是一大群戴著圓盤帽和頭巾的科學家，或者四處走動，或者俯身觀看挖掘現場。這裡有些人正在拍照，有些人正在對學術意見分歧大聲爭論，還有些人分成好幾個小群，分別圍繞著在現場即興演講的考古學家們。

我信步穿過人群，一邊聆聽他們的對話。有位考古學家拿起一塊雪茄大小的石頭，告訴周圍的小群聽眾，這是新石器時代前陶器晚期（PPNB，Pre-Pottery Neolithic B）的船形石刀，意指這是已進入新石器時代但尚未發明陶器的階段製作。像這樣無價的珍貴物件，就散落在我們腳邊的石礫之中。我繼續向前走，經過兩位著名的考古學家身邊，他們正在爭論這些巨石碑是否與太平洋西北地區的圖騰柱類似。然後我瞥見考古挖掘行動的主持人克勞斯·施密特（Klaus Schmidt），他戴著平頂帽，頸上的輕棉圍巾在微風中飄動。有一群熱情的聽眾正圍在施密特身邊，我也走過去加入他們的行列。

施密特手指著其中一塊巨大的T形巨石。我們周圍都是這樣形狀類似的巨石碑，它的造型像是一個巨人，兩側有雕刻出來的手臂。施密特示意大家注意巨石上對應人類生殖器的位置，但這裡雕的是一條類似腰帶的紋飾。施密特表示，雖然我們沒看到男性陰莖的圖樣，但根據腰帶作為陽剛的裝飾品，我們可以合理推論這個形象是男性。我更靠近之後看到，巨石碑上刻有密密麻麻的狐狸、公牛、禿鷹、蜘蛛等等數不清種類的物種浮雕，都是已知在更新世（Pleistocene）晚期或全新世（Holocene）早期遊走、爬行或飛翔的物種。同樣讓人注意的是，「沒有」雕刻在巨石上的圖像是什麼。這些社會已相當複雜的採集狩獵族群才剛剛開始耕種作物，但是整座哥貝克力石陣竟然沒有任何植物的圖像。還有，除了一幅無頭骷髏雕刻以及每座巨石的詭異擬人造型之外，哥貝克力石陣幾乎沒有人類的圖像出現。這些高明的雕刻者顯然對於動物情有獨鍾。

雖然考古學界對於建造哥貝克力石陣的意義仍有爭議，但學界逐漸達成的共識是，這是一座極為重要的儀式中心。可是，古代族群為何需要建造這樣的東西及其意義究竟為何，這個問題依舊成謎。這支領域多樣的科學家團隊，成團目的就是要解開這個謎團，我也是作為此團隊一員而來到這裡。針對這個謎團，我能給出的最佳解釋指向人類儀式思維的核心，那是一股如同哥貝克力石陣般宏偉、古老而深藏的力量。所以，就讓我們開始挖掘吧。

哥貝克力石陣的考古情況，呈現出一萬至一萬兩千年前，人類社會規模革命性變化的萌芽。當時全球人口大約只有五百萬人，只是今日許多大城市人口的一小部分。與現在全球數十億人口比起來，當時的人類數量簡直微不足道，不僅如此，我們祖先組成的族群人數也是遠遠少於現代國家。直到一萬兩千年前，所有人類都是依靠採集狩獵野生動植物過活，也就是採集植物、果實、堅果、種子，以及狩獵動物或者食用腐肉。這就意味著人類始終處於遷徙狀態，頻繁轉移陣地以便尋找新鮮資源。在許多環境中，這種採集狩獵的維生模式大約只能維持至多幾十人的族群。

與其他組成小群體覓食的多種靈長類不同，人類的採集狩獵小群體之間常有合作交流、互通有無，甚至可能聯合起來打獵或驅逐不速之客。有一套理論認為，這種合作的型態在文化相近的不同群體之間最為普遍，因為這些族群可以聽懂彼此的語言。可是有另一種理論認為，採集狩獵小群體之間並沒有明顯的種族或語言界線。[1]當然，這兩種理論都可能是正確的；當我們要對於這些古代群體的文化傳統與族群關係，假設「一概通用」（one-size-fits-all）的觀點時，一定得小心。即便如此，我們應當可以有自信地說，相對於今日的人，生活在古代社會的人們對於「人類」的看法，肯定高度受限於地域而狹隘許多。古代的狩獵採集者在日常生活中最會接觸的人際圈子，通常就只有幾十個成員而已。即便古代人在人生過程接觸到更大範圍的人群，那些人也幾乎都是會反覆接觸的對象，意思是指你能將對方的臉對應上名字，或者知道誰和誰有親戚關係。

然而，在某些地方，當地社群卻能定期在儀式週期的重要時刻迎來大量訪客，也許高達好幾百人，哥貝克力石陣便是這樣子的地方。食物資源充足的時候，哥貝克力石陣的人口數量尤其會激增。或有學者認為，夏末至秋季期間野瞪羚群穿越此地區時，原先相對獨立的小群體會來到這個神聖的地點聚集，也許合作從事狩獵並在集體宴會中共享收穫，這是每年一度的傳統。[2]此說合情合理，古代西亞地區的採集狩獵者是組成小群體行動，親緣及婚姻的紐帶以及無數地域傳統的神聖儀式則讓眾群體連結起來。哥貝克力石陣提供了一扇窗，供我們窺見這個文化豐富的文明盛況與其圖像。

可是，大約在一萬年前左右，人們便停止在哥貝克力繼續豎立巨石，最終這個地方也被遺棄。從前哥貝克力巨石陣建造者們活動的大地，此時變成農耕族群的地盤，他們歌頌著自身駕馭自然世界的新技術。所謂農耕族群的歌頌，指的是新工藝與新技術的大爆發，裝飾性的陶器至兩層樓的房舍皆在列中。那種將不同文化群體聚集起來、久久舉行一次的大型慶典已屬昨日黃花，反之，學者發現的徵兆顯示，有更加均質化的地域文化出現；這種文化相較以往更加精緻，但卻缺少從前哥貝克力採集狩獵者對大自然的崇敬之情。最後，所有人都忘卻了前人千辛萬苦立起的巨石，此處徒留一座日晒乾裂的丘陵，巨石陣便如同無名墓穴般埋藏在地底，沉睡千萬年。

這一章所要探討的是，支持更大規模文化群體合作的新型儀式最初如何出現，以及此等儀式如何促成更複雜的社會——也就是哥貝克力石陣被遺棄後逐漸興起的那類社會。人口規模的提升，與社會科學家所謂的「社會複雜性」（social complexity）有密切關係。隨著人類聚落規模愈大且密集程度愈高，聚落需要發展出更加精密複雜的資源管理方式，諸如建築用地、農地、公共水源供應等資源。聚落擴大且提高人口密度的過程中，需要有解決爭端、抵禦外敵、協調公共建設等事宜的新方法。為了處理這類問題演變出的制度或機構，隨著時間演進而愈來愈複雜，此過程催生出更多專業化的角色、更廣泛標準化的規範守則，最終則促成更加中央集權化與階級化的統治體系。上述的一切創新，都是社會複雜性提高的表現。

社會複雜性演化的第一階段就是更大型社會群體之出現，其組織乃是圍繞著愈來愈長遠的集體規劃與合作。我們可以將這番演變的起點，追溯至哥貝克力石陣被遺棄後的時期。大約在一萬年前，世界上最早的農業技術開始傳播，先是中東地區的肥沃月灣（Fertile Crescent），日後又在中國、南美洲等地區獨立出現。後來，世界上至少有十一個地區在不同的時間點發明了農業。這些發展進行的同時，人類儀式生活的根本轉型似乎也隨之發生。隨著人類群體定居並且愈加依賴農業，儀式的舉行也變得愈來愈頻繁且其形式產生改變，而此變化又反過來推進文化群體的成長與擴張。

發生此歷程的根本原因，是我在第一章說明過的從眾成見。讀者可以回憶先前所談，人類的過度模仿傾向往往是受到儀式性立場驅動：即便他人行為缺乏可知的工具性理由，人依然有模仿他人行為之傾向。我們在本章之中將會看到，在轉型為農業生活的過程中，這股從眾隨俗的內心衝動如何受到駕馭以及擴充，由此打造出更大規模的群體，其結果造成吾人今日繼承的儀式型態已與舊石器時代先民有極大差異。不過，這並不是一段可以輕鬆釐清的過程。欲理解儀式生活在最初的農業與畜牧社會中如何變遷，其實要面對諸多挑戰。為此，我們的眼光必須超越富有意義卻嫌零零落落的考古學證據，並借助我們對於今日人類文化多樣性的了解，還要考量心理學家對於人類回應熟悉環境線索（environmental cues）的思考與行為方式之認識。

這將是個我們必須用盡一切偵查技巧的偵探故事。我們要考量的不僅是犯罪現場本身可以蒐集到的證據，還要結合對於類似案例、可能原因、塑造人類行為之自然成見等方面的認識。

儀式、常規與最早的大群體

從採集狩獵到農耕的轉變期，考古學家並不能確定哥貝克力巨石陣所在的烏爾法（Urfa）地區，當時的族群性質屬於什麼。當許多群體聚集到聖地的時候，他們究竟是形成一個單一的共同體呢，抑或那只是彼此競爭的部落構成的聚會，他們各有各的特殊群體看齊性呢？比方說，也許在哥貝克力豎立起的每座巨石，其實都分別代表不同群體的圖騰，每座巨石都各自對應某族群的神明或創始先祖，還有，樹立巨石碑的行為本身也許正是各方爭鋒下的表現，每個部落都想展示自身的力量與合作能力壓倒其他部落，以此展現地方的驕傲尊嚴，以及呈現族群間競爭之下自身的宰制地位與威勢。

無論這些文化群體的詳細情況如何，他們應當都是小規模且地域化的族群。在距離哥貝克力不遠處也有發現與前者類似的巨石群，這個現象顯示巨石的創造者加入了一個共同的文化體系，雖然如此，只要來到更遠的地帶，你就會發現巨石的造型變得很不一樣，或者那些地方根本就沒有巨石群。這個文化涵蓋的地理範圍相當有限，而且此文化也隨著時間推移而逐漸消亡。考古學家曾經認定，建造T型巨石碑的文化群體最終消失，取而代之的是後來從其他地區傳進來的文化體系。但是近期的發現，卻反映了一個不一樣的故事。[3] 敘利亞北部泰爾哈魯拉（Tell Halula）的發現證明，新石器時代早期烏爾法地區的族群（即哥貝克力巨石陣的創作者），與考古發現證實其存在且時間晚很多的文化體系之間，存在著延續性。此情暗示，最終盛行於哥貝克力與其周遭地區的文化體系，並不是突然之間自外地引入，而是經由哥貝克力族群後裔的努力慢慢演進。[4]

雖然此演變過程的具體詳情不甚明瞭，但顯然享有共同文化的諸群體隨著時間推移而愈來愈龐大。[5]哈拉夫文化（Halaf）時期特殊的陶器造型與圖章，不僅涵蓋哥貝克力文化體系繁榮時期所在處的土耳其地區，也包含今日敘利亞和伊拉克的廣大區域。所以究竟是什麼改變了呢？這些非常地域化的文化群體，是如何演化為享有共同規範、儀式、習俗、髮型、流傳故事、烹飪傳統的更龐大群體呢？

我對於這個問題提供的答案，又是源於個人在巴布亞紐幾內亞東新不列顛的經歷。[6]在十九世紀殖民政府與傳教士抵達之前，東新不列顛的人們所歸屬的文化群體，並不會比烏爾法新石器史前時代的群體更大，也許還更小。東新不列顛的語言多樣且彼此無法理解溝通，不同語言的族群之間關係通常不甚穩定，甚至有暴力的潛在危險。在我當時居住的那個村莊裡，長老告訴我，不同語言的部族之人如果相遇，其結局往往是儀式性的斬首和食人（cannibalism）行為。某些狀況下，組織程度較高的群體會將小群體成員俘虜為奴隸，或強迫女性為妻。即便是講著相同語言（僅有方言差異）的不同部族，雙方的接觸也是以戰事與掠奪為多，和平貿易或通婚聯姻較少。

我對這些社會所舉行的儀式型態特別興致勃勃。誠如上一章所見，我非常關注這類群體之中的戰士們，是怎樣透過痛苦艱辛的儀式磨難而形成牽絆。關鍵重點在於，儀式不是經常舉行，也不是規律舉行。即便是當中最常舉辦的集體儀式，好比慶祝重大節日或族群成就，其實舉辦頻率也不算高。這樣相對罕見的活動是儀式曆（ritual calendar）中的精彩重點，舉行時通常會伴隨盛宴和歌舞。哥貝克力等古代地點偶爾舉行的儀式，是否也是這樣的情況呢？如果是的話，此等儀式對於文化群體的規模與結構，又會造成什麼樣的影響呢？

我在第三章有論證過，久久舉辦一次的儀式，能夠在參與者之間建立起非常強烈的紐帶。這類造成強烈情緒的特殊時刻，會成為我們記憶中的重大特徵，有助於將個人認同與群體認同融合起來。以此方式組成之群體，往往規模較小且較為地域化。即便在外部觀察者看來，它與鄰近族群擁有某些相通的文化儀式，比如食物偏好與建築風格等，但每個群體的最具代表性的認同象徵其實都極為獨特。舉例而論，雖然哥貝克力的巨石都呈T字造型，距離此處稍有距離的聚落如卡育努（Çayönü）、凱爾邁茲谷（Qermez Dere）、古西爾丘（Gusir Höyük）也立有巨石，只不過沒有哥貝克力那般特殊的造型。這個現象表示，居住地區相當靠近的族群，也可能擁有非常不同的文化傳統，他們彼此知道對方也有巨石群，但依然堅持自身不同的作法。

同理，新不列顛島上許多不同的族群，擁有類別頗為相似的儀式，但他們又各自執行具有高度自身特色的儀式版本，以此與鄰近族群有所區別。舉例來說，許多拜寧人部落都擁有特殊的火舞儀式，成年入族的戰士會戴上精雕細琢的面具，然後衝進火堆之中，周圍同時有大群男性以竹棍敲擊節奏並引吭合唱。但是不同的部落，就會有不同的面具以及不同的鼓奏與歌曲，以使本族與所有的其他族群區別開來。而且，這些傳統背後的祕傳故事、神話、符號與象徵，都是高度地域化的，也就是專屬於維繫該傳統的特定族群。[7]

正如時間晚近許多的東新不列顛原住民部落，古代烏爾法地區的採集狩獵族群，肯定對於自身地域性社群的特殊性感到自豪，他們會將彼此的差異加以強調並變成慶祝重點，也許還會對彼此的相似性刻意淡化。在新幾內亞島，這類文化差異的根源，是群體分裂與遷徙過程中產生的小革新。稍微偏離原有規矩的小變革，觀者往往不會留意。但是你如果從傳統發源處開始往外走去，你走得愈遠，愈會發現你看到的傳統是被複製、再複製、又複製之後的版本，每次複製都會與原版略為不同。每一次表演儀式、每一次講述神話，都帶有被混淆和遺忘的風險。[8]各個群體都在對既有儀式嘗試一點小變化，他們採納的些微偏離原版的儀式版本，隨著時間演進，最終造就出眾儀式群體不可思議的多樣性：就像是巴布亞紐幾內亞的情況，變成一張地方傳統的大拼布。[9]

隨著天主教傳教士（還有其他基督教教派）來到東新不列顛，上述這一切頓時發生劇烈的改變。羅馬天主教教會迅速建立起標準化的聖餐禮（Eucharist）、洗禮、領聖體、告解、祈禱、聖歌、教義和敘事，其型態不僅新幾內亞島上眾村莊皆為一致，甚至世界上許多國家也是一模一樣的。凡是在天主教類型的社會環境中，這些做法都一樣，無論是在拉丁美洲、愛爾蘭、印度、中國或任何地方，都是日復一日、週復一週持續進行著。

天主教是如何將東新不列顛形形色色的諸多儀式，改變為單一標準化的崇拜形式，與萬里之外的天主教教堂中執行的儀式如出一轍呢？顯著可見的是，此標準化的部分原因，在於羅馬天主教傳統本就高度組織化，擁有由梵蒂岡教廷中央管理的精密教會階層體制。標準化的另一部分原因在於，會上教堂的虔誠天主教徒所抱持之信念與實踐行為，已經記載於經文之中，許多經文不僅有古老悠久的歷史，還被認為是神聖不容更改。然而除上述之外，這類宗教之所以能在各地廣大信徒人口之間變得如此標準化，還有一個較不顯著的原因，那便是「常規化／例行（公事）化」（routinization）。

「常規化／例行化」所指的就是信念與實踐不斷重複執行的情況，每日或者每週一個循環。在傳教士還沒來之前，新幾內亞地區的儀式並不頻繁舉行，而且激發的情緒極為強烈。然而隨著天主教信仰傳入，儀式生活的某些關鍵要素變得愈來愈頻繁出現且情感強度降低，也就是變得常規化了。

表面上看來，常規化這件事會讓人感到很困惑。不知你是否曾經想過，為何世界上最盛行的宗教，都會要求信徒要前往寺院、廟宇、神殿、猶太會堂、清真寺、教堂等等神聖的建築物，日復一日、週復一週、月復一月、年復一年執行一模一樣的崇拜程序呢？這其實是種非常奇特的狀態。你無論是參加世界上任何一處天主教教堂的週日禮拜，坐進教堂的長椅上，你會發現自己誦念的句子和重複的動作，早就已經爛熟於心，以前都不知道做過幾遍囉。執行這些事明明不會為你帶來任何新知，實在很難想像，作為這些行為的目標對象的上帝，為什麼會需要這些事重複執行那麼多遍。上帝——尤其是信徒相信為無所不知的上帝——理當不需要一再聆聽相同的祈禱詞和聖歌，對吧？從務實的角度去看，無論就行為者或目標對象而言，這種行為實在相當多餘。更糟糕的是，頻繁如斯的重複，很可能會降低執行崇拜行為者的自發性或真誠度。也就是說，對於例行常規極為熟悉的結果，幾乎無可避免地會導致許多從事崇拜的信徒，不需要有自覺的反省或投入，便以「自動駕駛」（autopilot）模式去執行。

然事實上，這種極端的重複並不是無意義的累贅。雖然常規化的儀式看似是在浪費時間及資源，但它實是歷來人類群體所發明的社會控制形式之中，成效極為卓著的一項。

常規化帶來了幾項重大的影響。第一，常規化會使人成為極端的從眾隨俗者。我在第一章曾經解釋過，當他人行為沒有任何工具性作用時，為何人對他人行為的模仿反而更加嚴謹：這便是我所謂的「儀式性立場」。讓人屢屢重複進行一模一樣的動作、誦念一模一樣的字句，其程度甚至已遠遠超出冗餘的界線，世上還有什麼能比這件事造成更強烈的信號呢？因此，常規化的效果之一，就是促進人對傳統之遵循更加忠誠。第二，常規化會使人減少反省，因而對於權威性主張的接受程度更高。人愈頻繁奉行儀式故典，人的行為就會變得愈加自動化且聽從習慣。我們對於「該如何」執行行為程序的思考反省愈少，就更加不會去打從根本思考我們「為什麼」要做這些事。此情使我們更容易接受被外界告知這些行為代表的意義，並在毫無批判反省的狀況下照單全收。還有，此情也是確立信仰體系高度標準化、低度創新與低獨立思考的基礎。[10]

上述這一切聽起來好像是件壞事，對嗎？在重視個人主義、創意和獨立思考的文化中，常規化儀式（routinized ritual）與從眾主義會被認為是很不好的東西。但是世界歷史的進程已清楚證明，那套東西對於人類的族群和團體極其有用。老實說，我會主張，常規化程度更高的儀式之出現與傳播，敞開了通向在更大型社會之中從事合作的途徑。何出此言呢？因為更常規化的儀式，讓文化傳統有可能在更大人口規模與地域範圍之中鞏固穩定。

我最初開始理解這件事如何發揮作用，是因為我在思考常規化對於拜寧人與其鄰近族群的宗教文化造成什麼衝擊。常規化將鄉村族群統合起來的力量之大，對於基翁這股新興宗教運動——也是我花費最多時間研究的對象——的追隨者而言，乃是莫大啟示。首度加入基翁的人會受到的巨大影響之一，就是基翁要求成員非常頻繁進行儀式配套。事實上，基翁的要求十分消耗體力與時間，乃至於人們經常談到基翁的「功課」（work）時，講的好像和全職工作差不多。對於基翁運動的諸多追隨者而言，這個說法毫不誇張。準備與擺設供品，施行淨化除穢消災解厄的儀式，清潔亡者墓地，以及聚會討論道德、神學、宇宙論問題等等活動，都必須根據嚴格的時間表，以每日一次、一週兩次、一週一次、兩週一次，或每月一次的方式循環執行。為了確保所有人都知道舉行重大儀式的時間到了，通知者會反覆敲鑼召集眾人放下園圃、現金作物栽培、家務等工作。這所謂的「鑼」其實可以是任何能製造巨大聲響的東西，傳統的木鼓或梆子乃至於作廢的金屬鍋子皆可，我當時居住的那個村落，他們村使用的「鑼」是人們在森林裡頭找到的，那居然是第二次世界大戰期間巨大炮彈的彈殼，後來被懸掛在村中央的一棵樹上。

我在蒐集基翁追隨者的生活史資料時，他們常常告訴我，新的常規化生活方式對他們造成多大的影響，還有如何拓展了他們的社會世界觀。剛加入基翁組織的人，往往對於基翁要求參與者投入的時間之多，望而生畏。許多人不願意做出這種程度的犧牲，於是決定不要加入了。但通常村落是以整體為單位加入基翁，所以要拒絕配合集體活動變得很困難。然而，真正加入基翁之後，人們發現自己現在居然可以前往一輩子從沒去過的眾多其他村落，並且受到那裡人的歡迎和熱情招待，對方還會邀請他們參與儀式，而那跟他們如今在本村舉行的儀式一模一樣，感受非常親切。此等情況得以發展出大為擴展的人際網絡，帶來社會、物質等方面的益處，甚至是說不同語言乃至傳統上互為仇敵的族群，如今都能擁有這樣的網絡。由此，基翁組織統合了成千上萬人，其方式與規模皆前所未見。基翁能夠辦到這件事，正是因為它擁有那些極為頻繁的儀式。這項成就前無古人，在巴布亞紐幾內亞的這片區域內，從來沒有任何人事物可以在如此廣袤的地域上，創造出一套共同的信仰與實踐體系，並將此體系統合於單一身分認同的旗幟之下。

這套體系促成了第一批「想像的共同體」（imagined community）之出現，此等群體的規模大到個體成員之間不可能彼此熟識。以你自己的國家為例子想一想，對於今日大多數人而言，這是個有意義的群體類型，但是你不可能認識其中所有成員，由此意義而論，這某種程度是個由「想像的他者」（imagined others）——而不是你可以具體指認的活生生個人——所組成之共同體。[11]

在一九六〇年代，參加基翁的村落開始推行常規化儀式，此舉立即對該地區從前分裂破碎的諸多村落，造成團結統一的效果。隨著時間推移，新創的共有認同（shared identity）成為選舉活動中的強大力量，讓獲得基翁支持的政治人物成功在國家或區域議會中斬獲席次。

這種新型的政治聯盟歷久不衰，我於一九八〇年代來此從事田野調查時它依舊力量十足。不過這樣的時段長度，相較於人類祖先歷時好幾千年發現高頻率集體儀式的統合力量，就是小巫見大巫了。在人類史前史的大多數時期，透過常規化來進行統合——和書寫文字類似——根本就是超乎想像，那都是很晚才會出現的事情。常規化統合和書寫文字二者最終讓人類文化之保存和傳播，出現遠超前代的穩定型態。這番過程之所以能在這麼短的時間內，在巴布亞紐幾內亞開展，那是因為基督教的傳入以及基督教的學校教育和規律禮拜，為常規化儀式之締造提供了現成的藍圖。

在東新不列顛的一番經歷令我省思，儀式常規化在古代社會是不是也產生了類似的作用呢？常規化儀式的發明，是不是第一批大規模共同體或社群出現的關鍵力量呢？結果發現，這並不是一個可以給出直截了當答案的問題。多虧基督教傳教士耗費心力留下的龐大紀錄，我們知道常規化儀式與其效果是如何引入巴布亞紐幾內亞的族群當中。[12]但是更大的挑戰在於要如何釐清，在晦昧不明的史前時代，常規化如何被人發明，以及古代社會如何發覺並善用其效果，其時間遠遠早於常規化的信仰與實踐被文字記錄下來的時代。就算常規化真的是人類第一批大規模社會出現的動力，我們又該如何辨別呢？

常規化的出現

就原則原理而論，農業漸進成形與其傳播——亦即所謂「新石器革命」（Neolithic revolution）——能夠催生出常規化程度更強的集體儀式。農耕的出現就意味著，人類活動的諸多範疇變得更加精密複雜。突然之間，你不再只是捕殺動物或採集堅果和漿果。如今生產活動可以分成多到數不清的步驟：從取得原料到製作工具，從播下種子到收成作物，從穀子過篩到磨大小麥，再到烹調比從前更加精緻的食物。這些任務有很多都需要頻繁重複操作，成為日常勞動循環的一部分。如此一來，很多常規化技能會精益求精，發展出具有修飾性質的慣例，比如經常重刷牆面灰漿、清潔屋內處理食物與烹飪的空間等，還有，常規化的技能會自然而然形成特殊的「做事之道」（way of doing things）：亦即深深嵌入並展現於日常生活當中的常規化文化體系（routinized cultural system）。

然而，儀式與風俗的常規化，不只是轉變至農業這段過渡期間無實用性的「副產品」，此事還帶來許多與共同文化（shared culture）標準化有關的諸多好處。愈來愈多人聚集而居，形成規模更大且人口更密集的聚落，所有人都依賴同類的有限資源維生，如此，社會關係很可能變得愈來愈緊張。此時人們需要和相對陌生的人互動合作，程度之高遠超從前。

擁有共通的文化與認同，能夠使互動合作更加順利。認識到相對陌生的外人其實跟自己差不多，這個發現更能使人與人之間以禮相待而減少衝突對立。

於是，隨著農業逐漸確立，農耕活動與常規化應該是相互強化、相輔相成。農業創造出更多的日常例行事務，其中諸多事務也變得愈來愈儀式化，同時，農耕的生活方式也獲得更大規模的群體認同與合作型態支持。

或者，這些會不會終究只是理論而已呢？可是，要考察距離發明文字時間尚遠的古代社會，我們該怎麼透過考古學來確認這個問題的答案呢？哥貝克力以西約四百英里，有另一個位於安納托利亞南部的重要考古遺址，那就是聚落建立時間晚於哥貝克力數百年的加泰土丘（Çatalhöyük）。透過加泰土丘遺址，我們可以觀察到古代居民儀式生活的變遷，以及群體身分認同形成規模之變化。

這處遺址共由兩座土丘組成，這兩座土丘是從距今九千年前開始，後續兩千多年間人類活動造就出來的。土地之所以隆而為丘，是因為每座新房舍都是建在過往舊房子的地基上。歷經世世代代，房舍地基所在的高度逐漸提升，終於形成丘陵。這個現象也意味著，往地下挖掘穿過瓦礫土層，就像是在穿越時光隧道，探訪此地歷代的居民。

為了追溯人類歷史上首度出現常規化儀式的情形，我對加泰土丘產生濃厚的研究興趣，最後也數度造訪該地，甚至曾經連續六年夏季都到那裡報到。夏天向來是考古挖掘的旺季，我會頂著好幾個星期的驕陽，追隨考古學家們到處去，不斷纏著他們問問題。隨著我的了解愈來愈深，我的預感也越發強烈，加泰土丘應該擁有吾人理解大型群體生活起源的關鍵線索。看來我的理論確實有點意思：正如基翁的頻繁儀式使拜寧人創造新認同，而此認同涵蓋了先前分裂競爭的不同族群，好幾千年前的加泰土丘似乎發生了很類似的事情，只是發展歷程遠較前者緩慢。竭力試圖理解此歷程的我，開始與加泰土丘遺址挖掘主持人伊恩·霍德（Ian Hodder）合作。[13]

來到加泰土丘研究的考古學家，要面對的最大挑戰之一，就是確定人類定居時期的延續與變化型態。[14]比如說，人們的飲食是否有出現變化呢？如果是的話，這與狩獵、採集、收成作物、畜養牲畜的型態變化是否有關呢？人口規模與密度發生了什麼變化呢？勞動生活在千年之間是大約維持相同，還是變得更容易或更困難、更單純或更專業化呢？還有，我與霍德合作之下特別關注的問題是：我們有沒有看到儀式生活變化的證據，尤要者在於，集體儀式是否真的變得更加頻繁且標準化了呢？

想要以詮釋埋藏於地底數千年的文物為基礎，對上述問題提出答案，絕不是件簡單的任務。可是，隨著出土的考古成果愈來愈多，加泰土丘的古代情景也越發清晰。隨著時間推移，人們馴化的綿羊、山羊、牛隻數量增加，對狩獵的依賴程度降低。在屋內遺址發現的手工藝品種類與數量增加，製作與維修這類手工藝品所需要的人工也大為增加。此現象表明，即便物質文化正在擴展，人們勞動的辛苦程度卻也在提高。日常生活的事務變得更加繁重，對人類遺骸的研究分析顯示，與工作量提高有關的意外與傷害也變多了。

所以，上述現象與古代族群的儀式生活又有什麼關聯呢？關於這個課題，最有意思的證據其實是人類製造的垃圾。加泰土丘居民吃完動物有營養的部位之後，將剩餘不可食用的殘骸丟棄，於是，這些廢棄物提供非常詳盡的資訊，讓我們可以知曉哪段時期的人們吃的是哪種食物。由此我們看出，與人們飲食習慣有關的那些儀式，隨著時間流逝出現了巨大的變化。

以加泰土丘當時人們的盛宴慶典為例，在剛定居的最初階段，他們會在大型宴會上食用野牛肉，並且經常將野牛角嵌入牆中，就像是裝飾英國鄉村莊園走廊的大型獵物頭顱標本。只不過，加泰土丘房舍展示的牛頭骨，不是穿著粗花呢服和燈籠褲的男人們拿槍在遠距離射中的，而是冒生命危險近身獵殺的，這麼做所需的勇氣與膽識著實驚人。新石器時代土耳其地區的野牛身軀巨大且具有攻擊性，臀部離地面約有六英尺高，體型比被馴化的後代還要大上許多。然而，假使加泰土丘出土壁畫描繪的景象屬實的話，野牛是被大約由三十個男性組成的狩獵團放倒，獵人們從四面包圍野牛，拿著削尖的投擲物進行攻擊，然後誘捕並徒手捆綁野牛四足。我們並不清楚，這樣的冒險行動造成多少人受傷或喪命，但是根據牆上藝術的描繪可以推測，大型公共慶典和紀念儀式在歌頌這些人的勇敢。我們也可以根據宴會活動留下的垃圾推斷，這類大型公共儀式相當罕見，最多可能是十年左右辦一次，很多人或許一輩子只經歷過一場而已。在各方面看來，這屬於我們已經探討過的典型「意象性」儀式：久久才舉行一次，但能夠引發極強烈的情緒。

我和霍德都斷定，意象性儀式是在加泰土丘人類定居時期的中葉達到高潮，我們發現的證據顯示，這段時期擁有最奢侈的盛宴慶典活動，房舍中有最精美的牛頭骨展示。這些表現在很多方面都類似學者在哥貝克力巨石陣所在地觀察到的模式，只不過相對於哥貝克力的做法是為巨石刻上野獸圖像並費力豎起，加泰土丘族群的做法是與活生生的野獸搏鬥，並將牠們拖到宴會現場，紀念方式不是刻於石上，而是將獵物頭嵌入牆上。合理的推測是，無論是加泰土丘還是哥貝克力，透過這些活動而凝聚起來的人只限於親身參與者，人數不多。這類許久舉辦一回且激發強烈情緒的儀式，造就出來的是牽絆緊密的小型社群。

不過，與哥貝克力巨石陣早期遺址情況不同的是，加泰土丘正在發生一場後續影響重大的改變。加泰土丘聚落的儀式愈來愈頻繁舉行。最早呈現加泰土丘出現儀式常規化的證據，相當不起眼且很容易被忽視。這項證據指的是各種日常事務的增加。這些日常事務有許多方面屬於工具性質，好比改良各種維生任務——研磨麵粉、屠宰動物、編織籃子、清理火爐等等——的做事效率；雖然如此，這些日常事務也開始包含愈來愈多因果關係不明的慣例：簡而言之，這就是將儀式整合到最日常的事物與活動當中。到這個階段，籃子已經不只是種裝食物的平凡容器，籃子還成為裝飾品，上頭承載了有關製作者與所有者的重要社會意涵之資訊。打掃房子，尤其是屋內某些特定空間的行為，幾乎變成某種執著，因為清潔程度已經遠超出實用目的的合理需求。舉例而言，當時的房子內部會有高起的平台，通常是在屋內北側或東側，人們將平台幾乎保持在一塵不染的狀況，沒有食物殘渣、灰燼、工具碎片，或其他家務會留下的痕跡。居民似乎還非常熱衷於持續定期重刷牆面，用的是一種白色泥灰漿，人們非常在意這件事，頻率甚至高到每個月刷一遍。總之，儀式進入了人們的家中，隨著儀式在這些空間裡頭愈來愈顯著，家屋也變得愈來愈像一間小廟或小型祭祀場所。[15]

加泰土丘的儀式化程度增長歷程，是在好幾十代人之間漸進演變。在此過程中，常規化儀式的性質轉變了。等到大約七千年前的加泰土丘定居聚落後期階段，無論是儀式化還是工具性質的家務，其工作量與種類都開始從室內拓展到室外空間。人們的例行活動，愈來愈明白呈現於大庭廣眾。我們看到，與此變化伴隨出現的現象是，各種日常工藝品（包含陶器造型與圖章在內）的標準化與定型化程度都在提高。

霍德和我都認為，聚落整體朝向文化更加均質的方向發展，與儀式轉型的關係密切，到這個時候，久久舉行一次且激發強烈情緒的儀式，已不再是團結群體的社會黏合力（social glue）主流形式，取而代之的則是更加頻繁且平凡的家務儀式。隨著人們漸漸仰賴畜牧作為肉食主要來源，狩獵盛宴活動也愈加罕見。昔日的英雄事蹟變成集體故事流傳的材料，不再是鮮活的親身經歷。令人寒毛直豎的集體儀式消失，人們也不再挑逗或激怒野獸，而是改為傳頌往事舊聞，將故事化成傳說與神話，一邊指著先輩獵獲嵌入牆上的獸頭、一邊訴說先輩傳奇。

加泰土丘的居民並不能預見自身儀式生活的轉變，竟然會有如此深遠的影響，但我個人相信，此變化興起了一場悄然低調的人類史前史革命。更加常規化的儀式生活，改變人們對於自己身為群體成員的看法，並且為更大規模群體認同的出現奠下基礎。

常規化與社會複雜性的提升

加泰土丘的定居聚落，是農業逐漸帶來新型儀式，並最終造成更大規模文化群體的一個早期範例。隨著時光荏苒，類似的歷程強度會加劇，最終造成世界各地更大規模的文明誕生。

舉例而言，四千五百多年前沿著今日巴基斯坦境內印度河谷地（Indus Valley）擴張的哈拉帕文明（Harappan civilization），便是世界歷史上第一批大規模複雜社會之一。哈拉帕的指標性特徵之一，就是標準化程度高得異常，非常明白呈現於其圖像創作、建築，以及共有信仰與實踐的其他指標上，尤其是與身體潔淨和公共衛生有關的事情。一個很好的例證，是被人們用來為陶器做記號的哈拉帕印章，在整個文明中的樣式都非常一致。整個帝國境內的印章設計幾乎都一模一樣，頂部有一排文字（然至今尚未解讀成功），中層是某種動物，底部還有額外的銘文。建築的情況與此雷同，在全哈拉帕文明的城市之中，所有建築物的建造方式都是一模一樣，還有，需要成千上萬人力從事的防洪建設，也都是根據完全相同的建築控制原則興建。

你也許會想像，這麼高的文化同質性肯定要有某種統治方面的階級體系。然而，與後代諸多帝國不同，這個古文明並沒有由上而下的行政及控制系統。哈拉帕的城鎮規劃與治水方法，確實需要極複雜的合作協調，但它似乎沒有包含上層強大領導者與底層奴隸的社會階層體系。哈拉帕人表現出的從眾主義，也不是透過軍事宰制力強制推行。哈拉帕人既沒有軍隊，也沒有精密的武器，他們更有興趣的是與周遭族群貿易，並且透過和平方法從其他區域中心如兩河流域（Mesopotamia）取得奢侈品。簡單來說，凝聚哈拉帕文化的力量，看來並不是暴力，也不是中央集權組織的官僚體系，而是常規化儀式。這個文明表現出的高度標準化現象顯示，它的規範、信仰與實務乃是扎根於不斷重複執行的日常生活做法，尤其是與清潔和淨化有關的事情。與從前的加泰土丘居民、晚近的新不列顛島民頗為類似哈拉帕的常規化促進了新文化群體之誕生，一個規模大於該地區以往紀錄的大型群體。

隨著儀式變得愈加常規化而社會變得更龐大，更加密集的人口便需要有更集約的農業。關於此事的最佳證據不僅來自考古成果，還有來自民族誌紀錄。我於二〇〇六年從貝爾法斯特女王大學轉任至牛津大學時，我也帶過去一筆研究經費，用途是要解釋現代人類社會的宗教信念與實踐，各種重複出現與變化差異的型態。因為我個人研究興趣在於儀式常規化的統合作用，所以這項計畫的優先目標，就是探索高頻率儀式會出現於世界各地的哪些文化群體中，並且解釋原因。我運用這筆經費聘請了博士後研究員昆汀・阿特金森，我們合作建立起一套關於儀式的資料庫，取材自世界各文化的代表性樣本，並且衡量它們執行儀式的頻率與情緒強度。阿特金森的統計學造詣足以確認我的假說，也就是儀式頻率是不是與群體規模確實有關：高情緒強度的低頻率儀式（例如加泰土丘的狩獵盛宴）是否與小群體相關；低情緒強度的日常儀式（例如常規化程度逐漸提高的家務儀式）是否與大群體相關。

為了探索這些觀點，我和阿特金森首先要驗證的是，低頻率的「意象性」儀式造成的情緒是否較強，而高頻率「常規化」儀式較低。為此，我們建立了一個資料庫，納入來自當代世界各地七十四種文化的共約六百四十五種儀式資訊。[16]我們的資訊主要來自一個由民族誌學家著作組成的龐大資源庫，名為「人類關係地區檔案」（Human Relations Area Files），[17]還有補充資訊來源《民族誌圖冊》（*Ethnographic Atlas*），[18]它們收錄的文化資料有些重疊，當中擁有大部分與本研究相關的資訊，其內容涵蓋群體規模與結構等等我們關心的變數。我們從這些資源中提取了所需的資訊，也就是儀式執行頻率、儀式情緒強度、執行者的群體規模，還有各種我們認為有研究價值的特徵，比如經濟生活與求生策略的各種層面。阿特金森完成資料統計分析之後，結果正如預期，罕見的儀式往往涉及高情緒強度。我們的儀式資料庫分析結果，還有更令人驚喜的發現：「常規化與農業集約程度有關」。換句話說，隨著社會愈來愈依賴農業，這個社會的儀式也會愈來愈頻繁。

反過來，這項發現啟發了一個更具挑戰性的想法：我們是不是也能找到有說服力的量化證據，證明更頻繁的儀式能夠促進初期農業的大型社會文化群體逐漸穩固並傳播，確實是歷史事實呢？這個棘手的問題，讓考古學家米克·岡特利（Mick Gantley）提出了一套新方法論，我們稱之為「物質相關性分析」（Material Correlates Analysis），簡稱「MCA」。[19]物質相關性分析這項研究方法的發明，是受到我和阿特金森利用民族誌文獻為資料來源所建立的儀式資料庫啟發。這套儀式資料庫發現，在當代世界各文化中，常規化與農業之間存在強大的連結；岡特利也給他自己設定了一個目標，就是要利用這項發現去探究上古西亞農業轉型期的儀式生活變遷。

物質相關性分析法的中心理念是，世界上我們想要探究的地區內有數以百計的古代遺址，而考古成果呈現出物質生活的諸多特徵。因此，雖然我們不能眼見為憑，但我們至少可以將古代社會確實有紀錄的特徵，與儀式資料庫中的當代社會進行比較。如此一來，我們從可觀察的考古遺址與現有的民族誌文化樣本當中，總共整理出九十項特徵。這些特徵包含諸多細節，包含食物的生產與消耗方式、群體的組織方式、執行的儀式種類，這些內容便構成我們的「物質相關性」。根據這套方法論，我們便有可能去判斷，哪些古代社會與現代社會較為相似。進行到這個階段，距離探究下列問題便只剩下一小步：哪些古代社會，更類似於當代「意象性」社會（比如新幾內亞部落激發強烈情緒的罕見成年入族儀式）；又有哪些古代社會，更類似於擁有更多常規化儀式的現代社會（諸如強調在廟宇、神殿、教堂、清真寺、猶太會堂等各種特定場所從事崇拜的世界性宗教）？

我們的研究發現非常驚人。下頁這張圖表顯示的，是我們比較西亞地區農業過渡期四十九處考古遺址樣本的結果。[20] 考古學界通常將較古老的時代放在圖表底部（對應更深地

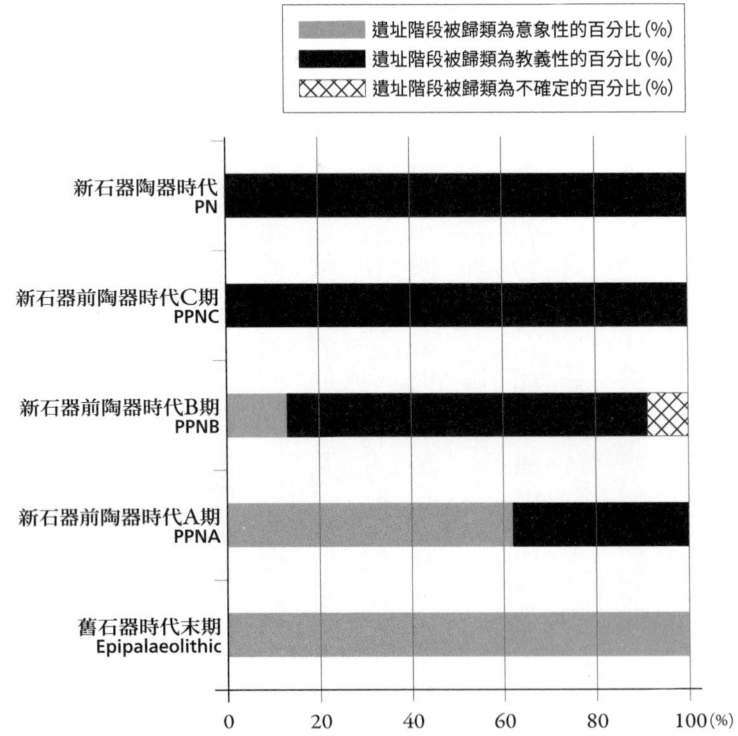

Adapted from Gantley, M., Whitehouse, H., & Bogaard, A., 'Material Correlates Analysis (MCA): An Innovative Way of Examining Questions in Archaeology Using Ethnographic Data', *Advances in Archaeological Practice*, Vol. 6, No. 4, pp. 328–41 (2018).

層出土的物件更加古老），將較晚近的時代放在頂部（對應出土的物件比較接近地表）。所以，本圖表最古老的一層是「舊石器時代末期」（Epipalaeolithic），也就是農業還沒發明之前舊石器時代的最後階段，此時人類依然是靠野生食物維生；中間幾層屬於「新石器前陶器時代」（PPN，Pre-

Pottery Neolithic），又細分為「PPNA」、「PPNB」、「PPNC」三個階段；最上面的則是「新石器陶器時代」（PN，Pottery Neolithic），也就是終於發明陶器以下的階段。根據岡特利的統計分析，在舊石器時代末期，圖表的淡灰色顯示的是，古代採集狩獵文化全屬於意象性，群體凝聚靠的是造成強烈情緒的低頻率儀式。對比之下，圖表頂層時間最晚的新石器時代——也就是農業充分確立的時期——全是黑色，情況與現代社會最為相似，此時的人採納更加常規化的儀式，而常規化儀式具有凝聚更大型群體的潛能。從「意象性模式」到「教義性模式」（doctrinal mode）的過渡時期，我們則發現一些性質比較不確定的儀式與做法（標示為網格狀）。這些量化證據呈現，儀式在農業過渡期間確實變得更加常規化，此現象不是加泰土丘僅有，而是存在於廣大區域中。

農耕與展望未來的思維

我在這一章裡頭論證了，新石器革命期間，較頻繁的集體儀式有助於穩定文化認同標誌（identity marker），從而促成大規模群體之崛起；或者用簡單的方式去說，例行常規化的儀式有助於更大群體之誕生。不過，關於為什麼常規化儀式對於最早的農人來說有用處，此處還有一個尚未探索過的理由：那便是常規化儀式如何影響人類面對未來的態度。

農耕與展望未來的思維密不可分。當年初次領略這番道理，我還是剛上大學的十八歲新鮮人，那時是開學第一週，我的一位老師詹姆斯・伍德本（James Woodburn）剛剛從坦尚尼亞（Tanzania）田野調查回來，他的研究對象是當地的哈扎人（Hadza）。伍德本宣告，他發現了一個沒有社會組織的文化群體，此論一出，整個人類學界為之震動。直到今日，伍德本在倫敦政經學院的同事們，仍津津有味地談論這件事當年的轟動程度。不願相信的呼聲與心生懷疑的咕噥聲，持續在人類學系的走廊上迴盪著。

不過，當伍德本被直接問起這件事的時候，他表示學界同事們有些誇大了。哈扎人不是一點社會組織都沒有，而是他們的社會群體具有高度彈性，人們可以隨自己高興來去自如，沒有族群忠誠或互惠互助的強烈期待或要求。哈扎人每日採集狩獵取得一天份食物，這不是正規活動，分享食物時也不大介意誰得多少。伍德本將這種資源共享的方式比擬為一套稅收體系，其中沒有生產力的人不會受到制裁也不會獲得汙名。此做法的受益者主要是老人和小孩，但長遠看來，這樣並沒有不公平，因為老人昔日年少已有過貢獻、小孩未來長大後也要有所貢獻。

這套做法使得哈扎社會非常平等。那些會釀成社會不平等問題的資源如財富、權力、身分地位，都得到相當平均的分配。哈扎人是遊牧民族，行動必須輕便，所以無法囤積食物和財產。沒有人能支配別人，因為所有人都擁有差不多的基本武器。哈扎人的性別不平等情況極低，因為哈扎女性會組成團結的互助團體，而不是分散到各個家庭單位，被強制或家長作風的丈夫宰制。哈扎人主動應用伍德本所謂的「平衡機制」（levelling mechanism），也就是積極禁止驕傲與競爭心表現的規範，從而避免身分地位差異的問題。伍德本將哈扎社會描述為「平等主義」（egalitarian），並將其維生方法稱為「即時回報」（immediate-return）經濟。

伍德本特別強調單純採集狩獵社會與較複雜社會的關鍵差異之一：假如你是依靠小群體採集狩獵維生，未來獲得較豐厚的回報希望，其吸引力通常沒辦法勝過當下取得較少回報的確定感。根據伍德本的觀察，比較複雜的採集狩獵社會，需要細心的前瞻規劃與眾人合作，比如在今日加拿大西北岸所發現的社會，求生使用的是精心設計的水壩和魚梁，這種社會擁有的便是「延後回報」（delayed-return）經濟。當我聆聽伍德本的論證時，最讓我感到震撼的是，完全放棄採集狩獵並改為農耕的社會，擺脫短期思維的表現會更明顯且持久。農人必須耐心等待作物成熟和牲畜成長再食用，過一天算一天的求生方式已不再可行。如此需要的是更能展望未來的人生思維，這不只是要確保食物供給足以因應需求，而且正如下文所述，還得確保食物分配能讓人人有份。

如此一來，農耕的發明使得人們對糧食生產及儲藏技術產生新的依賴，預先規劃、未雨綢繆因此成為必要。一旦人必須慢慢等待作物生長並成熟，一旦財產權歸屬於個別家庭而不是整個部落，那麼繼續維持「即時回報」的生活方式就會變得窒礙難行。到這個階段，儲備食物以防困阨和尋找確保剩餘資源能夠持續流動的方式，都成為必要之舉，如此一來，在有需要的時候，處境較佳的人就能夠救濟較窮困的人。

延後回報的經濟模式為人類社會帶來新考驗，其中最基本的一項挑戰，就是如何確保困頓時期能夠供應整個族群所需，不會有人因此挨餓。企圖理解新石器史前時代人們如何處置這個問題的考古學家，經常引用一本叫做《石器時代經濟學》（*Stone Age Economics*）的著作，那本書的作者馬歇爾．薩林斯（Marshall Sahlins）並不是史前史領域的專家，而是和我一樣，是個人類學家。[21]薩林斯的卓見之一是，農業的興起對於構成群體的基本社會單位造成巨大影響。他的論點是，農業促進了「家庭生產模式」（domestic mode of production）的出現，也就是家庭成為生產、消費、交易活動的基本單位。獲取與分享求生資源的主要經濟單位不再是小團體，而是居住於各自居所的家庭，居住的狀況是圍繞著一家共同的火爐，而不再是族群集體的營火。

雖然這種模式是組織小規模農耕、婚姻、養育小孩的有效方法，它還是有一些缺點存在。家族生產模式最嚴重的問題，就是所有家族必然在某些時候，生產者與依賴者人數比例會處於不利的情況。若是年輕的家庭，就有很多張嘴得餵養，成人勞動力相對缺乏。若是建立許久的家族，則創建家庭者已經老邁，較有能力的後代又離家另起爐灶，去面對撫養自己組成家庭的挑戰。如果家庭單位在即時回報思維的體系下自生自滅，這樣很快就會導致廣泛的家庭失靈（household failure），釀成災難。因此，這類族群需要發展出組織眾家庭組成更大規模支援網絡（support network）的方法，也就是發展出能鼓勵較強大家庭援助較弱勢家庭的系統。

考古學界對於家庭是在新石器時代哪個時間點開始成為主要經濟生活單位，還存在一些爭議。[22]有些考古學家主張，新石器時代出現自主家庭（autonomous household）的證據，早在一萬年前左右就出現了，[23]但其他人則認為，這個時間點大約是陶器發明時，也就是約九千年前，[24]後者的觀點與加泰土丘出土證據是吻合的。[25]無論我們選擇接受哪個觀點，家庭顯然愈來愈成為重要的定居農業經濟生活特徵，而此現象便意味著，家庭失靈的風險是必須處置的課題。因此，上古新石器時代社會需要找到某種前所未見的、持續展望未來的思維。

就我們研究的新石器時代農人而言，他們似乎有一系列的革新，有助於處置上述問題，此中一項革新便是所謂「歷史家屋」（history house）的興起。[26]「歷史家屋」這個術語，指的其實是家庭成為與訴說往昔故事有關的、極為豐富多樣的物質文化儲存處。歷史家屋的特色包括，屋內地板下埋藏的先人遺骨較從前更多、牆上裝飾的工藝比過去更多、嵌入灰漿牆中的獸頭獸角更多。以加泰土丘為例，我親眼目睹的證據顯示，他們將從前埋葬於屋子地下的先人遺骸挖出來，我不是只見過一次這種事，而是很多次，還有，挖出遺骸的做法不只發生在大葬過後不久人們記憶尚存的時候，甚至是在多年之後連認識死者的人幾乎或全數過世之後這麼做。不難看出，這種事情會如何促成未來導向的思想：為訴說往事創造更加精緻的敘述，人們因此認定自己屬於正在展開的悠久歷史的一部分，歷史在我生前業已存在、在我死後仍會繼續存在。

只使用考古學的直接證據，很難證明歷史敘事（historical narrative）對於遺緒思維（legacy thinking）的影響。另一項有用的指標，乃是加泰主丘高頻率家務儀式（domestic ritual）的增長。讀者將會在第七章見到，我們現在已經有了實驗證據，足以證明參與常規化儀式會顯著提升人們延遲滿足（defer gratification or delay gratification）的程度。換句話說，常規化儀式會讓人更有展望未來的思維。這件事表示，新石器時代儀式生活的頻率和標準化程度提高，還會導致人們對於未來資源供應與規劃更加重視。

假如歷史家屋和常規化儀式，確實造成人們比過往更重視前瞻未來，也因此使人比採集狩獵的先祖更重視未來的資源供應，可是，歷史家屋和常規化儀式並沒有實際上提供一套能與較弱勢家庭分享農業剩餘資源的機制啊。具體而言，那些有老人或幼兒要撫養而生產糧食不足的家庭，可以獲得怎樣的處置呢？此時，另一項關鍵革新便到上場時機了：那就是人們對於集體儀式與承擔族群全體之責任變得更加重視。考古學家主張，新石器時代家庭趨向孤立化（atomization）的一切因素，都會被促使人們貢獻族群生活的競爭性誘因所緩解。舉例來說，我造訪距離加泰土丘不遠處另一新石器時代遺址的時候發現，雖然家庭成為了關鍵的經濟單位，但此處仍有舉辦更高層級活動的強力證據。我發現此處有大規模集體活動的證據：諸如戶外儀式、分享肉食、合作採集與農耕，還有集體儀式、集體舞蹈、集體宴會和慶典。[27]透過這些儀式，個別家庭孤立化的趨勢，就會被在族群中流通剩餘資源的責任義務所抵銷。

某些情況下，大規模集體活動似乎是根源於精緻的贈禮儀式（gift-giving ritual），由感覺自身負有社會性義務的不同家庭，將自己的剩餘資源贈送給其他家庭作為禮物。薩林斯認為，古代社會解決家庭自主問題以及家庭生產模式問題的主要方式，就是超越個別家庭單位的更高層級合作，亦即由家庭集群（household cluster）[28]變成更大規模的同宗群體（descent group），[29]還有，更高層級合作的主流便是強調互惠的贈禮活動。[30]儘管目前考古學關於新石器時代社會交換禮物行為（gift exchange）的證據還很有限，但看起來各家庭間的互惠互助責任，是驅動剩餘物資生產與物品流通的因素之一。

如今人類活在一個對前瞻性思維與社群層級組織二者需求不證自明的世界中，導致我們很難體會這些新石器時代變遷的重要意義。在各種變遷之中，那些趨於一致的革新——歷史家屋、更加常規化的儀式、兼顧全社群的互惠義務——看來幫助初期農耕族群克服了他們面臨的最大困難：若無更高層級的合作與前瞻性規劃，僅以家庭為基本單位的經濟實無力存續。歷史家屋培養出人們展望未來的意識，同時，族群傳統和社群義務造就出與挨餓弱勢家族分享剩餘食物的機制。與此同時，常規化儀式不只有助於人類第一批農業群體規模成長，還幫助它們進行比過往更有效的前瞻思考。

我花了很久時間才理解儀式在人類歷史上扮演的積極角色，某種程度是因為我個人與儀式的關係並不大順利。這種情況不算罕見，有很多學界同仁都是在研究他自己特別難以理解或駕馭的事物。令人訝異的是，不少政治學家對於系上政治的應對極為拙劣，人類學者處理學者群體的細微差異時經常有困難，而我發現地理學家在大學校園裡頭常常找不到方向。雖然我的專業領域是研究儀式，但我個人對儀式其實頗為反感，尤其是我們有義務參加大學的聚會或禮拜等等例行儀式。參加的當下我總覺得這些活動不只無聊又無意義，有時候甚至讓人感到壓迫與權威氣息。當然，有這種想法的人不是只有我一個人，讀者在本書最後一部便會看到，許多社會正在迅速拋棄具有儀式性質的傳統，做法除了透過世俗化（secularization）之外，還有將許多有關學校教育、職業行會（guild）、政府機構、日常家庭生活的悠久儀式，貶斥為壓迫行徑或者無關宏旨。

然而，隨著我對於參與頻繁集體儀式之效果有更深的理解，我便愈來愈欣賞這類儀式對於促進大規模凝聚力、合作，以及展望未來思維的重要性。我認為儀式的例行常規化，有助於人類第一批農人定居安頓並創造愈來愈大的群體。這其實僅僅是一段複雜許多的歷程之開端而已。這一章結尾談到新石器時代的轉變，而我們將在下一章開始訴說更加令人驚訝的故事情節。這個故事所要談的是，常規化不僅幫助更大規模群體之形成與穩定，常規化還成為領袖人物掌握的利器，這些領袖的權力之大遠遠超出前人想像。這些新興的領袖被人們視為神明；有許多領袖建立了高度壓迫的政權，將奴隸制和人祭人殉當作政權根基。這正是我們告別新石器時代，戰戰兢兢走向青銅器時代（Bronze Age）的轉折之際。

第五章 宗教性與超自然權威之崛起

我這輩子見過最大的貯藏缸（storage jar），位於克里特島（Crete）的克諾索斯（Knossos）。這些巨大的容器是設計來儲存大量的穀物、葡萄酒或油類，陳列在四千年前建造的宏偉宮殿群中心處。據估計，克諾索斯宮殿儲藏室中的貯藏缸，總共可以裝進兩萬加侖的東西。[1]這種巨大容器的創作者以及周遭的建築物、公共空間及工藝品，都屬於一個非常先進複雜的文明。邁諾亞人（Minoan）擁有非常專業化的分工，還擁有精緻的信仰與儀式系統、宏偉的建築物、藝術作品，以及聯繫邁諾亞人與其他複雜社會（遠至埃及）的貿易和朝貢體系。

這是世界歷史上非常精彩的一段時期。大約在這些邁諾亞宮殿興建的時代，世界上其他幾個文明中心也正欣欣向榮，不僅是地中海、中東、北非地區，還有今日印度、中國與祕魯部分區域。同樣的基本模式，也在上古埃及與兩河流域、南亞的印度河流域、遠東的黃河流域、前哥倫布時代（pre-Columbian）美洲文明開展。上述的每一個區域都出現極為先進的社會，演化脫胎自上一章描述的新石器時代農業族群類型。

農業與剩餘資源的生產，在這段故事中發揮了核心的作用。農業大約是從一萬多年前開始出現，並且從哥貝克力及加泰土丘聚落所在地區開始向外傳播，涵蓋大半黎凡特（Levant，約指東地中海地區）、兩河流域與埃及。重要考古遺址的證據顯示，農業繼續向東傳播，比如距今八千年前位於今日巴基斯坦俾路支省（Balochistan Province）的梅赫爾格爾（Mehrgarh）遺址所示，農業帶來了幾乎一模一樣的栽培作物和馴養動物辦法。與加泰土丘的人們一樣，梅赫爾格爾的族群使用泥磚建屋、種植大麥和小麥，並飼養綿羊、山羊和牛隻。他們還發展出高超的工藝技術，製作黑曜石刀、箭鏃、石鏡與珠寶。如此創造力和創意，成為了從事農業的文明標誌。科技革新速率會隨著人口增長而提高，各種新發明當中有一項是為牛馬、驢騾和水牛套上軛頭，這種役使力畜馱獸的能力，成為農業剩餘資源不斷成長的助力。隨著社會愈來愈富裕，貿易網絡日益擴大，菁英與階級次序也開始成形。

在南亞地區，農業社會大約在五千年前演變為印度河流域的大型都市中心。類似的過程也在中國地區展開，最終使作物栽培與動物馴化方面的重大革新傳播至東南亞，然後從東南亞橫跨印度洋傳至非洲，再從非洲以相反方向穿越太平洋。農耕技術的傳播幫助世界上許多精彩的文明崛起，包括馬達加斯加島各王國與玻里尼西亞（Polynesia）地區的最高酋長邦（paramount chiefdoms）。此外，獨立於亞洲、非洲、大洋洲諸發展之外，距今約兩千年前，今日美國東部、墨西哥與南美洲西北岸的許多地方，也有類似的演進過程在開展。這些地區全都出現了先進的社會，包括卡霍基亞的密西西比文化（Mississippian cultures of Cahokia）、中美洲的城市，還有幾乎涵蓋南美洲西海岸全境（包括今日祕魯、厄瓜多、玻利維亞、阿根廷、哥倫比亞、智利部分區域）的印加大帝國（Inca empire）。

但是，要使社會如此成長，他們需要一種新型態的社會控制：組織化宗教。上一章探討的儀式常規化，固然應該是更複雜社會要興起的必要條件，但光是儀式常規化一項條件並不足以支撐非常大的社會。包括古埃及王朝與玻里尼西亞最高酋長邦在內，規模較大的社會要存在，是憑藉由上而下的財富攫取與政治宰制體制。這件事是需要有所作為的：一方面，你必須讓人們相信不平等的社會體制有其必要性，而且是道德上的正當，要辦到這件事，你需要讓人們廣泛接受共同的規範、信仰與慣習；另一方面，你需要建立能施展強制力量的機制，用來嚇阻任何可能產生叛亂動機的人。說服與強迫兩者的交互作用，主要發生在宗教信念與儀式的領域中。

以上所述都是必要的作為，因為隨著人口愈多愈密集，我們在上一章探討的從眾主義效應就會愈來愈沒效果。情況之所以如此，部分原因在於隨著人們有愈來愈多時間是在和相對陌生的人互動，行為偏離常軌的名譽成本（reputational cost）反而會降低。當我做事越界了、逾矩了，我幾乎不認識的人不大有立場告訴我應該怎麼做。此時，便需要能夠積極威嚇人們不要蓄意偏離常軌的方法了。大型社會發展出各式各樣監督與維護從眾性的新方法，而所有新方法都有一個共同點：與施展超自然力量一事緊密結合，也就是利用了人性關於宗教的固有傾向和易受影響性。

古代克里特島究竟如何施展權力依舊是個謎題。有學者認為，米諾斯宮殿中大量儲藏的穀物與其他食物，屬於整套資源再分配體系的一環。可是，正當我在克諾索斯遺跡信步閒晃的時候，我突然對這套解釋產生了質疑。我站在宮殿的儲藏室裡頭，盯著這麼多巨大的貯藏缸，我開始懷疑事情沒有那麼單純，實際情況應當有其更惡劣的性質。顯然，這是一個王室強大且菁英富裕的社會，他們的工藝品暗示出某種對於高度掌控暴力的讚佩，包括裝飾精美的匕首，以及刻劃男子攻擊態勢（比如拳擊比賽、男子拿刀割人喉之圖像）的雕像與壁畫等等。[2]在我看來，這些大缸比較像是資源掠奪，而不是資源再分配的產物。

我對邁諾亞宮殿的認識愈深，我就愈加懷疑這些優雅品味與生活方式（精緻的棋盤遊戲、用於最奢華宴會的大型餐具等等隨處可見的表現）背後，肯定有它的黑暗面。在古代世界，這樣豐厚的財富通常是有代價的。沒有人真的曉得這個社會有多麼不平等、多麼壓迫，但是，一旦你開始思考克諾索斯為何有如此非凡的財富、藝術和儲糧時，你便能輕易聯想到，這是一個高度階層化的社會，相對少數的菁英剝削多數人民的勞動力。我禁不住納悶，像古代克里特島如此宏偉的宮殿，真的有可能在缺乏奴隸制——或者退一步說——在缺乏大規模勞動力剝削的情況下建造出來嗎？或許有朝一日，邁諾亞文明的古代文字終獲破解，屆時我們一定可以看得更清楚。不過，那裡還是有更直接呈現極端不平等狀態的線索存在，比如說一處靠近克諾索斯的遺址，發現了與人祭做法相符的暴力致死證據。[3]活人獻祭是為了取悅或安撫神靈所進行的儀式殺人，這是顯示由上而下壓迫存在的最明確證據之一。我眼前所看到的狀況，是不是一套高度不平等的社會次序，並以訴諸神明來予以正當化呢？

這一章的主要焦點是，組織化宗教對於大規模、階級化、中央化社會的興起與傳播，扮演了什麼樣的角色。我們在第二章已探討過，人與超自然境界的關係，表現為幾項極為普遍的型態：比如想像超自然存有及力量可以幫助或傷害我們、設想人死後不會消失、認定自然世界是有智慧者的設計、以會令人銘記或著迷的方式去記憶或傳播違反我們直覺的概念。但是，隨著社會規模愈大且愈複雜，上述野生宗教的特徵受到馴化、控制與利用，其方式幾乎就像是給役畜馱獸戴上軛頭拉犁一般。人的宗教成見竟被利用來控制人的行為，到最後，我們對於超自然存有的信仰卻逼迫我們臣服於統治者，向他們納稅、為他們作戰。

有三大類宗教特徵隨著時間推移逐漸浮現，且各自以其獨特的方式去利用人的宗教直覺。一開始，人相信死後生命或鬼魂的自然傾向，成為我們順從敬拜祖先的理由，而祖靈經常率性而為，乃至於性情乖戾。接下來，人對超自然存有應具備社會宰制力的期望，竟成為正當化新政治支配型態之道。到最後，我們的道德直覺被用來創建與經營內部多樣的帝國，此等帝國係由不同的階級與種族交錯構成，然後，各帝國又在日益全球化的世界中合作與競爭。這絕對不是個簡單的故事：雖然宗教三大面向的開展是依照上述順序，但是晚出者並沒有取代前者，而是彼此重疊交織。這三個階段對於吾人現在所知曉的「宗教」有無可限量的貢獻，它們構成了今日世界各地信仰傳統的豐富內涵。

為何要崇拜祖先？

當巴布亞紐幾內亞的基翁追隨者，在特別建造的墓廟裡頭擺上食物供品時，人們的期望是祖先會對於呈上供品背後代表的辛勞與善心感到欣悅。供奉祭拜的目的，是要讓祖先產生一股義務感，並渴望與後世子孫團聚，從而促進基翁眾信徒熱切盼望的亡者歸來奇蹟。如我們先前所見，準備並獻上供品取悅並安撫祖靈，是件非常累人的工作。加入基翁的社群會在村莊的墓廟裡為祖靈獻上供品，日復一日、週復一週、月復一月、年復一年。他們也會在其他類型的廟裡頭準備供品，比如其中有一座廟供奉的是基翁運動的偉大創建者，每週需祭拜兩次。還有一種類型的廟，祭祀個別家族與其先祖，這也需要定期祭拜。此外，基翁所有成員都要每週兩次來到村莊會堂參加長時間的聚會，做法類似於基督教會的禮拜。除此之外，每個人還有自身每天都要實行的諸多儀式，還要注意涉及每週兩次特殊聖日（holy day）的眾多禁忌，以及女性月經汙穢（基本上任何時候村莊裡總有某些女性月經來）的狀態問題，族繁不及備載。簡單來說，要滿足祖靈不斷要生者持續表現專注、奉獻與關心的要求，這種需求造就出基翁高度常規化的儀式型態。

上述一切信念的基礎，是全人類對於死後世界的宗教直覺。基翁的「祖先／祖靈」（ancestor）概念的基本思想，是人的心靈可以與肉體分離，精神在肉身「軀殼」（shell）埋葬腐爛之後可以繼續存在，如同我先前的解釋，這個信念是人思索推理心靈狀態——尤其是更高層次的認知功能如記憶、信仰和慾望等——會自然產生的想法。不過，基翁是以新方法去運用人的宗教直覺，用以激發人對祖先的義務感，由此激發更高層次的儀式從眾性。這套祖先心理學（ancestor psychology）的顯著之處在於，它嚴格要求生者付出尊敬、關心與專注，比如信仰者必須以一絲不苟的態度履行職責，祖先能夠知曉並記住生者是否做到或是有失敬意。

除此之外，人們認定祖先擁有一些稍稍反直覺的能力，諸如穿牆（違背直覺物理學）與看穿人的心思（違背直覺心理學）。不過，這些可不是什麼老套的反直覺能力，因為其中每一項都具備強大的社會作用。這些反直覺能力顯示，人在做、祖先在看，祖先不只是期望後代子孫認真履行儀式職責，還可以任意四處穿梭隨時監督整個族群，看看有誰偷工減料或敷衍塞責。由此，基翁的祖先信仰為這整波運動提供了推行儀式常規化的有力辦法。

信奉者想要取悅並安撫祖先的渴望，將基翁追隨者們轉化為人數龐大的從眾主義者，確保該運動的信念與實踐得以完整執行。不過，基翁的信眾當然不是世界上第一批偶然發現這種強力推行統一信仰與實踐方法的人。祖先為傳統之守護者的思想，在世界上諸多地區都存在。敬拜祖先的社會也會敬重耆宿長老，因為長者對於從前慣例所知最多。人們珍惜傳統，或個人因對傳統不敬而遭處罰，都能令長者欣慰。其實我們可以說，祖先不就是放大版的長老嗎？祖先期望我們能認真履行一切儀式責任，期望我們和長輩一樣嚴格遵循族群傳統，當我們拋棄自身義務時，祖先受到嚴重冒犯甚至還高於長老。更有甚者，祖先有威力遠大於長者的力量，可以處罰我們之中的怠慢不敬之人。

然而，祖先崇拜未必是展現為道德化的宗教型態，因為亡者往往不介意我們如何對待其他生人。只要我對已故親人既崇敬且盡責，那即便我為人處事的態度如何狡詐、欺騙、自私、侵犯，那都隨我的便。與道德化神明（moralizing god）不同，道德化神明被人們認知為全知全能、全真全善，反觀祖先則是會犯錯的、任性的、反覆無常的。祖先有時寬容地對人執行儀式的禮數不周不加計較，有時卻對人的纖纖疏失降下瘟疫。

這些觀念具備強烈的直覺性與社會實用性，有助於解釋其為何這麼早就在世界歷史中現身。事實上，在新石器時代群體認同逐漸確立的過程中，這些觀念發揮的作用只有愈來愈強。此情可見於考古證據，隨著農業社會規模成長，二次葬禮（secondary burial practices）也變得愈來愈盛行，顯示人們對於安撫祖先一事之重視日就月將。所謂初葬或一次葬禮，就是將剛死亡不久的遺體下葬，二次葬禮則是指經過很久以後（有時是好幾年之後）撿骨進行進一步的儀式處置。上古史前時代的二次葬禮形式非常多樣，不同文化群體的做法不同，有的是用刀直接將遺體骨骼上的軟組織刮下來，有的是靜待屍體腐爛，這樣骨骼「去肉」（de-flesh）的速度就比前者慢得多。某些情況下，人們祭拜的不是骨骸，而是遺體火化後的骨灰，或是與死者有關的耐久物品。無論這類行動採取的形式是什麼，它們的目的似乎都是要為生人與死者建立持久的社會關係，其方法便是透過保存亡者的遺骸或遺物，以此作為與不滅亡魂的聯繫點。

二次葬禮是人類遙遠歷史中極其普遍的現象。從巴勒斯坦地區新石器時代初期對遺骨的崇拜至於愛爾蘭的古墓、從以色列北部的葬園（funerary enclosure）至於中國上古墓園，世界上最早的農人顯然非常重視與死者維繫關係一事。[4]如今這些上古社會僅存的遺物大多是骨頭和石頭，而骨頭的情況特別揭櫫古人處理遺體的方式多到不可思議，諸如遺體去肉或骸骨重新覆肉，移除頭顱、下頷骨或其他身體部位並小心放置到特殊地點，為遺體穿衣打扮與脫衣，為遺體獻上供品，將遺骨塗成赭紅色，將貝殼放置在眼窩處等等。讀者可以回想上一章談到的加泰土丘房屋（尤其是歷史家屋）那裡的人將死者葬在屋內，然後在好幾代人之間將遺骨反覆挖出重新下葬。

這種與先人——甚至是過世時間遠早於處置先人遺骨者的老祖宗——有所聯繫的渴望，暗示人們對於族群起源的關懷日益深厚：看來初期農人對於祖先有股很強烈的義務感。因此，實際情況非常可能是，這股渴望成為一套驅策甚至強迫的機制，要求人們忠實執行儀式與維繫崇高的傳統。[5]然而，尤其驚人之處在於，這項變化與人類轉向農業過渡期的相關程度之高。雖然吾人仍不清楚當時祖先崇拜實際如何執行及概念化的具體細節，但去分析流傳至今日的傳統社會行為便可得知，上古社會的死者為大的觀念日益顯著，與農業興起的關係如膠似漆。研究者利用現代各社會的民族誌大樣本庫去推斷新石器時代農業與祖先崇拜二者之關聯，並且運用高深的統計學技巧去重建古代社會的演進軌跡，得出的結論是崇敬祖先現象是隨著農業集約化的發展開始大興其道。[6]祖先崇拜與農業的關聯性，在民族誌紀錄裡頭也可以觀察得到。舉例而言，有一項比較了一百一十四個社會的研究，證明採集狩獵群體最不可能崇拜祖先，自給式農業社會較有可能，先進農耕社會則是最有可能者。[7]

訴諸祖先解決法律事務的實用性，某種程度可以解釋上述情況。畢竟農業土地與其他資源的所有權，普遍都是基於前人的占有或使用，並透過可以追溯的祖輩及其實體證據來加以證明。世界各地的傳統土地紛爭，各方全都是在訴諸血統與繼承原則。由此，與已故親人維持密切的關係至關重要，而證明此關係的最佳辦法就是奉行儀式責任。更有甚者，相信祖先對生者有諸多要求，更有可能激發人們履行對在世親屬或姻親的義務。在轉變為農業的過渡期，此事尤其重要，因為這類義務乃是生產剩餘資源的必要條件，讀者在最後一章將會看到，這也是人在以家庭為本之經濟當中如何生存的關鍵。

然而，祖先崇拜的影響遠不止於經濟和法律領域。祖先崇拜提供了一種超自然力量裁斷方法，去監督眾人遵守族群的儀式與規範，由此促進社會文化傳統的標準化及保存，並使其得以穩定與成長。隨著時間推移，此事將會帶來意想不到的結果。起初，祖先崇拜可以使得相對具有平等精神的社會制度或結構興盛起來。農業發明之後的幾千年間，人類族群變得規模愈大且愈密集，但階級化程度並沒有變得更高。然而隨著農耕集約化，剩餘資源愈來愈豐厚，祖先崇拜卻染上黑暗的色彩。關於安撫祖先一事的情況，不再是所有人都要遵守所有人接受的規則，並藉由同儕壓力（peer pressure）驅策眾人，而是變得愈來愈具有由上而下的壓迫性。

不過，要出現這樣的情況，先決條件是人們對於何謂領導者的想法產生根本的變化。之前的情況是我們尊敬某人單純是因為他的能力與成就，後來卻變成因為某人具有繼承得來的超自然屬性及力量，所以我們必須向他屈服。這樣的思維方式，最終造成菁英的神聖化（sanctification）與統治者的神格化（deification）。

神授天賜與世俗權威

綜觀世界歷史，領導人自稱代表祖宗、神明或者其他單數或複數的超自然存在，這類狀況多得嚇人。表面上來看，這似乎是個奇特的現象；我們很難想像一個人怎麼能夠站出來宣告自己有超自然力量的加持，卻不立刻受到他人嘲諷或打壓。所以，這些首領、酋長、國王、皇帝們，又是如何確立自身作為更高力量之代言者的地位呢？

人類學者分析了太平洋島嶼區社會的前述轉變，使用「大人物」（big man）體系和「酋長邦」（chiefdom）之區分來予以描述。[8]所謂大人物，便是透過個人的技能和努力贏得一群追隨者，獲取自身的權力與影響力，他為追隨者提供保護，追隨者則反過來提供支持與勞力。舉例而論，「大人物」這個用詞通常是用來描述美拉尼西亞社會普遍存在的領導型態，也就是個人展現出受眾人欽佩的素質而獲得敬重與肯定：諸如勇氣、勤奮、慷慨、辯才無礙、施展法術、積累財富等等。[9]然關鍵處在於人亡政息，當大人物過世或失勢的時候，他的權威也就隨風而逝。對比來說，人們通常認為酋長或首領的地位、權力和財富，是經由血統傳承與生俱來的權利，且通常蘊含某些神祕精粹於其中。

世襲的酋長地位為更具有革命意義的事物奠下基礎，那就是規模龐大許多的國家甚至帝國，當中的神授君權或奉天承運的王權。在許多擁有世襲酋長的社會體制中，酋長的統治範圍逐漸擴大，統治者的權力也愈加強大。南美洲、非洲、亞洲等廣大土地上的國王與皇帝們，最終被神格化，甚至被視為神明，或至少人民相信他能施展超自然力量。人類學家布魯斯・特里格（Bruce Trigger）追溯神權統治或神授王權（divine kingship）之興起，對初期文明進行了一項宏觀比較研究，其案例之廣涵蓋有美洲的阿茲特克（Aztec）、印加與馬雅（Maya）、非洲的埃及和約魯巴（Yoruba）、兩河流域的阿卡德帝國（Akkadian empire）、中國北方的商朝。[10] 誠如特里格的解釋，這類社會的王權獲得超自然力量加持，這股力量表面上是要保護所有人免於自然災害，但也會被堂而皇之用來懲罰不願恭順的愚蠢之人，頂撞冒犯者最常見的處罰便是死刑。在國王被奉為神明的國家如夏威夷等，子民必須對君王投地跪拜，而在非洲貝南（Benin），暗示國王也有人類需求（如吃喝拉撒睡）的人會遭受死刑伺候。可是，即便是國王沒有被視作神明的國家，人民依然認為王者能夠施展超自然力量。例如阿茲特克的國王雖然不是神，但在登基儀式中仍然穿戴屬於神明的裝飾及象徵物。同樣地，兩河流域早期世襲王朝的統治者，也穿戴擁有神聖源頭的裝飾及象徵物，人民相信王權的設立乃為神授天賜。[11]

王權體系一旦確立，就能產生非常強大的心理吸引力，也許這是因為人類對領導者的最基本直覺在支持它吧。我們在第二章已經見到，就連尚不能言語的嬰兒，都會預期超自然存有具備社會宰制力。此現象暗示著，寰宇之內的人類都自然而然預期能展現低程度反直覺能力者，好比施展魔法、窺見未來、溝通亡者、通曉厄運肇因等，就能夠支配層次較低的凡人並獲得其崇敬。在古代採集狩獵社會中，這樣的人可能是薩滿、巫醫、成年入族儀式的主持人。然而，在從大人物式社會轉變為更大規模、中央集權更強的制度性體系之過程中，人們愈來愈設想領導者擁有極其強大的超自然力量，程度遠高於古代。

一旦此等領導者地位鞏固並握有強大的軍隊和堡壘，我們便不難理解人們為何最後會接受這樣的領導者，然即便如此，此現象並不能說明這類體系最初是如何萌芽的。靠自己奮鬥成功的領袖，起初是如何變化為一套世襲地位的體系呢？雖然要重建事情細節十分困難，但我們有相當把握可以指出許多社會最初發生這項轉變的時代。這項跳躍式發展於古埃及發生的時間是在好幾千年以前，於非洲撒哈拉沙漠以南地區發生的時間則晚非常多。我們甚至可以大膽指出某些地區跨越這道門檻的時間點，例如西元前二二五四至前二二一八年統治阿卡德帝國的納拉姆辛（Naram-Sin），是已知第一位具有神明地位的兩河流域統治者。[12]納拉姆辛不僅讓阿卡德人民相信他是個在人間現身的活生生的神明，還能夠將自己的神聖精粹傳給後嗣，比如他的女兒便是目前已知兩河流域上古文明之中，唯一一個不是國王卻擁有神格的女性。

最早一批從「大人物」跳躍式發展為世襲首領的社會，其實過程可能是斷斷續續的。有一些例證顯示，某些社會成功跨越那道門檻之後卻崩潰了，它們的命運被探險家、傳教士或侵略者記錄了下來。我們知道有些案例，這段跳躍式發展發生的次數不是只有一次，而是好多次。比如緬甸高地區的山地部落，某些親緣群體若是遇上超級大豐收，有時竟能讓鄰近族群相信他們是強大神靈的後裔，從而正當化自身世襲地位的主張。但是，它們對於撣邦（Shan state）階級式體系的模仿，無一例外皆以失敗告終，其首領地位也跟著崩解。或有學者論證，這套模式在許多族群之中重演過好幾次，諸如克欽族（Kachin）、那加族（Naga）、佤族（Wa）和欽族（Chin）等。[13]

所以呢，這番轉變誠屬不易。我們可以透過民族誌紀錄窺見那些領袖們是如何嘗試達成此目標，以及有時是如何失敗的。首先，吾人應認知到，訴諸超自然力量的領導權未必都一樣。許多牽涉行使超自然力量的領導權類型，可以被置於一連續體（continuum）之上——從最低層次乃至最高境界的連續體。[14]最低層次的那端是被神靈附身的受害者，他的身體被外來異類強行占據，他絲毫沒有抵抗能力。在神靈附身狀態下，此人可能對於整個族群產生影響力，但由於他對附體經驗缺乏掌控權，人們基本上不會認為他是值得尊敬或擁有權威的領袖人物。對比之下，人們認為靈媒或通靈人（spirit medium）對降乩情況的控制能力就高多了。通常靈媒擁有的能力是控制神靈之去來，由此靈媒具有某種役使鬼神的能力，且對於亡者在世親屬或後代而言具有權威性。較此連續體更高一個層次的是先知（prophet），先知不僅是「另一個世界」（other side）力量的控制者、還是解釋者。先知本身具有更高的權威性，因為他不只是靈界的疏通者，而且是在促成靈界對這個世界的影響。這個光譜的最高境界，就是神授王權與神化（apotheosis）。要在人間擁有絕對至高的權力，關鍵便是與靈界複合，如此一來領導者就成為超自然存有的化身——不是神性暫時的容器（vessel），而是永久的載體（envelope）。無論是皇帝抑或彌賽亞，這類權威人物都被認定為絕對不會出錯，他們的話語輕易便能化為律法。

關於幾千年來領導權如何將掌握超自然力量的主張當作基礎，上述這套結構已經掌握住一些關鍵特徵。不過也有極少數的情況，是人類學家得以真實觀察到這個變化的動力。我運氣實在不錯，到巴布亞紐幾內亞拜寧人地區從事田野調查期間，我親眼目睹了這種非同尋常的轉變歷程開展。傳統上，拜寧人並沒有世襲的酋長。拜寧族群的領導者地位，必須靠當事者成為社群支柱的名聲來達成。對男性而言，這就意味著他必須是個卓越的戰士、演說者、法師或儀式專家。對女性而言，這通常意味她多子多孫，或是在女性祕密成年入族儀式擔任要角，或是負責組織全族慶典。但是，沒有人可以訴諸神聖權威的名義而成為指揮他人的老大。拜寧人的領導者缺乏世襲地位的精神優越性，也沒有以神為名甚至自封為神的酋長或國王。不過，在我進行田野調查期間，我卻得到千載難逢的機會，親眼目睹有人試圖改變這一切。

我待的那個村莊裡頭，有個二十歲出頭的年輕人塔諾特卡（Tanotka），陷入神志不清語無倫次的譫妄狀態，很可能是當地常見的致命疾病腦性瘧疾所造成。[15]然而，塔諾特卡患病期間的怪異言論，竟然令許多人推斷他這下是被祖靈附身了。眾人最關注的，是塔諾特卡全身發熱狀態下講的一句話，或者也可以解釋為祖靈透過他說出的話：「我是柱。」根據塔諾特卡兄長貝寧吉（Baninge）的解釋，這句話是在指拜寧傳統房舍裡面用來支撐屋頂的中央頂梁柱。拜寧圓屋的屋頂為圓錐形，蓋在圍成一圈的多根柱子上，所有屋椽都匯聚到中心點，由中央頂梁柱支撐。貝寧吉表示，祖靈的意思是，塔諾特卡將會成為整個社群（圍成一圈的柱子為象徵）的支柱，讓眾人可以依靠他（如同所有屋椽都靠中央頂梁柱支撐），最終大家便能與祖宗及已故親屬團聚。於是，這件事被視為祖靈即將歸返的奇蹟徵兆。

用前文說明的領導者素質來解釋上面這件事，那麼我們可以說塔諾特卡只是一個被神靈附身的無助受害者，對於自己的處境無能控制。反而是他的兄長貝寧吉起而扮演領導者的角色，儼然像是靈媒在疏導塔諾特卡的訊息。不只如此呢，貝寧吉還想要成為領略祖先意志的導引者。事實上，塔諾特卡痊癒後又看見更多異象，還說出更多神祕兮兮的言論，並且與貝寧吉密切合作解釋這一切。至此，兩人已共同扮演起先知的角色，塔諾特卡逐漸退出公眾生活成為一名隱者，周遭的人則認為他正在轉化為祖靈，有如某種神靈的化身。漸漸地，塔諾特卡經歷神化過程，來到前述連續體的最頂層，也就是成為神性的載體——一個拜寧人的彌賽亞。大人物的權威人亡則熄，但塔諾特卡不一樣，他愈來愈像是個活生生的神明，不需要再現身於公眾視線中，也不需要做出什麼具有重大社會意義的事情。如果他能夠鞏固這個地位並生下子嗣，宣稱塔諾特卡後代繼承其人神格地位一事就很可能成立。

塔諾特卡的事業展現出從個別「大人物」到世襲「首領」轉變過程的所有特徵，但最後仍是功敗垂成。歷代人類社會中——尤其是階級體制初現的社會——嘗試要從通靈者轉化為神的人不知凡幾，但要成功恐怕沒那麼容易。成功不易的主因在於，自稱為神者必然會招來質疑與批評，這也是塔諾特卡即將要面臨的處境。人類對於任何將超自然地位納為己用以正當化其社會宰制力的行為，向來非常敏感。正是因為這個理由，塔諾特卡不能自吹自擂宣布自己就是活生生的祖靈，只能靠別人的努力來推進這個地位。貝寧吉如果能將塔諾特卡推上高位，塔諾特卡便可以如黃袍加身般表示不能擔此大任，再三推託之後終於認取自己高貴的命運。雖然有此權謀氣息的巧思，塔諾特卡取得領導地位之路最終還是斷絕了。失敗的一部分原因在於塔諾特卡的預言沒有成真，導致與他連結上的小團體被迫解散。相信塔諾特卡的追隨者將自家牲畜全部屠宰，為慶祝祖先即將再臨舉辦奢侈的盛宴。結果祖先始終沒有現身，追隨者面臨飢餓的困境，只能拋棄這個小團體與其領袖，回歸日常生活的勞苦之中。

顯然，以擁有超自然力量為名鞏固首領或貴族地位一事，在巴布亞紐幾內亞本島傳統文化中並沒有獲得普遍或長期的成功。不過，我們透過塔諾特卡的例子得以窺見，在適當環境條件下提出恰當主張又獲得合適支持者的個人，是如何號稱其擁有超自然權威的。這種事在文明史前史肯定發生過，從兩河流域乃至於印加帝國皆不例外。但是，我們先不必將目光放到那麼遠的地方，其實在距離巴布亞紐幾內亞不遠處，便可以尋到號稱擁有此等超自然力量，但運氣比塔諾特卡好得多的領袖例子。分析古代DNA的結果證明，塔諾特卡的祖先，是從太平洋地區遷徙過來的，而太平洋正是演化出酋長邦的區域，無論那是獨立演化而成，還是從其他島嶼區——比如紐西蘭、夏威夷、復活節島（Easter Island）之間的玻里尼西亞三角——傳播來的習俗。[16]這類社會發展出相當穩固的階級體制，以及透過可世襲之超自然力量取得權威的領袖，此等力量便是所謂的「瑪納」。其中有些酋長甚至可以統治整片群島區，並將統治權和疆域傳給子嗣或繼承人。掌握瑪納的人不只是把持權力而已，他們是成為了權力的化身。

此等轉變一旦完成，便會帶來改頭換面的影響。只需要短短幾個世代，世襲領導權便可以深深扎根至傳統當中。此等情況帶來的是擴張：如果領導者能將世俗權威傳給小孩，那麼他的派系就不會在領導者死亡時崩解；反之，透過繼承體制，領導集團可以在世代傳承之間持續壯大。因此，這項發明代表的是，以血緣及同宗紐帶組成的族群之間的權力平衡為基礎，且規模相對較小的社會體系，轉變成為史上首批擁有統治菁英階層的大規模、階級化社會。

對於史前史時代的早期農人來說，這恐怕是件憂喜參半的事情。一旦人類發現這種由超自然存有授予力量的世襲辦法，政治景象便出現革命性變化，此法造就財富與權力，但那可不是要供眾人享受的。這番轉變有其黑暗面存在，把持超自然力量的初期統治者，往往將政治支配的概念推展至極端，此情最顯著的證據莫過於活人獻祭廣泛流行。

人祭之盛行

為了滿足凶婪饕戾的太陽神，墨西哥中部的阿茲特克人掏出了無數活人祭品的心臟，據說這樣太陽神才不會陷入虛弱，無力進行每日橫跨天際的旅程。此外，阿茲特克人還會以人祭來慶祝集體成就，比如神殿竣工。雖然箇中痛苦實在難以想像，但這恐怕還不是最恐怖的死法。有些中美洲地區的人祭，在剖胸取出心臟之前還有漫長的可怕折磨，比如活人剝皮和各種放血手段。[17]印加人最常見的人祭方法之一，便是活埋。

我們對這些習俗的了解，一部分來自西班牙編年史家的記載，正確解讀這些紀錄需要相當程度的專業知識，才不會在不知不覺中有所誇大或產生偏見。有些真實的證據居然倖存至現代，例如在一五三二年西班牙征服之前的百年之間，印加人將神壇建在山巔並將人祭犧牲者的屍體遺留在那裡結凍成為乾屍，直到二十世紀才被人發現，保存狀態仍極為良好。[18]

根據文獻紀錄與屍體解剖的成果，研究者相當確信淪為印加人祭犧牲者的人數眾多，且印加人進行活人獻祭的理由可說是五花八門，好比頌揚皇帝一生功績、祈求生育和健康、遭遇自然災害後尋求贖罪。許多淪為獻祭犧牲品的人是小孩，男孩多為四歲至十歲，女孩則大多是進入青春期之後，因為處女童貞的祭祀價值尤為珍貴。殺人獻祭的規模大到匪夷所思，有一個印加皇帝登基加冕的慶祝活動，共犧牲了兩百個兒童來獻祭。

人祭犧牲者面臨的恐懼和痛楚，對今日的我們來說簡直難以置信。想到犧牲者家屬所要面臨的痛苦，更加令人心神不寧。作為父母，將摯愛的孩子交出去接受折磨與殺害，這究竟要作何感受？真的很難想像世界上還有比這種事更極端展現統治者權力的方式存在。連人權組織都必須承認，即使是當今世界上最高壓的政權，包括那些執行公開處決與刑求異議分子的政權，其國家暴力型態恐怕都沒有古代人祭那麼令人毛骨悚然。雖然活人獻祭之事如今已極為罕見，但是過去未必便是如此。事實上，從歐亞大陸西部到撒哈拉以南非洲、從玻里尼西亞到美洲、從歐洲北部到東亞地區，最早期的酋長邦和國家存在人祭的狀況極其普遍，何以如此呢？

有種解釋認為，人祭人殉之所以能興起與傳播，正因為它是一項成功的文化適應（cultural

adaptation），讓採取此做法的群體變得更大、更富裕、更有組織，使其得以擴張並征服對手。如果你是出生在這樣的社會中，你很可能會覺得自己相當幸運。不過從另一方面來說，除非你是屬於這個社會的統治菁英，不然你也可能覺得這套體系很不公平，因為掌握權勢者可以擁有普通百姓無法享受到的財富與奢侈。權力、財富與地位都集中在菁英群體手中，不僅如此，菁英群體成員大多過著相對悠閒的生活，享用他人勞動的果實，為此他們宣稱這都是神聖宇宙次序的一部分。宗教成為了為不平等狀態正當化的基礎。五千多年前，蘇美人（Sumerian）的城邦已經是由國王或祭司身分的總督統治，統治者皆與該城市的宗教儀式與守護神有關聯。稍後，法老們的強大王國統一了埃及，而正當化法老權位的超自然力量，也要求執行犧牲人命的儀式。與此類似的模式，也在南亞、中國、中美洲、玻里尼西亞等區域開展。

從許多層面去看，這樣不平等的政治體系，與人類追求平等的本能衝動明明就是牴觸的。人們到底是怎樣接受，對集體利益貢獻那麼少，卻享有那麼多特權的菁英階層存在呢？這個問題的答案，就得從宗教裡頭尋找了。神明要求人們必須接受極端的不平等，而體現此種觀念的最駭人方式莫過於人祭制度。善於利用制度化暴力（institutionalized violence）來對老百姓製造恐懼感的菁英，較有能力維持極端不平等狀態並藉由武力擴張領土。人祭只是此等帝國建立策略的常見方式之一，與其他極端統治手段如奴役、殘暴殖民、酷刑折磨及公開處刑並行。雖然這些壓迫的做法全是訴諸宇宙之力量，但人祭顯然是當中最怵目驚心的一項，這件事不只是神明認可而已，而且是神明的要求。

有賴太平洋各島嶼社會不可思議的多樣性，我們對於上述現象的理解乃能更勝以往，這片地區為我們的理論提供了合宜的天然實驗室與試驗場地。[19] 南島語族（Austronesian-speaking peoples）的發源地是今日的台灣島，他們具備航海能力的後代慢慢擴散到太平洋和印度洋的廣大區域，開墾殖民的島嶼遠至玻里尼西亞和馬達加斯加。南島語族孕育出的社會，有很多已經進入世襲權威的階段，其貴族世系或王家血統的表現極為多樣，皆以超自然力量作為自身權位的根據。即便彼此文化信仰體系差別極大，活人獻祭卻廣泛存在這些社會中，固然殺害人牲的做法差異也是極為多樣，如棒擊、壓死、砍頭、肢解、勒斃、溺死等。各式各樣的儀式化殺人，通常都是在菁英如祭司、酋長、國王命令之下執行的，而犧牲者的地位往往較為低下，例如奴隸、孩童、戰俘等。

為了探究社會不平等與活人獻祭二者的關係，研究者建立了包含九十三個南島語族群體的樣本庫。以先前說明過的「大人物」體系為基礎而欠缺財富與地位繼承機制的群體，會被研究者歸類為「平等」（egalitarian）社會。那些已經跨越門檻建立繼承體制，但依然容許單一世代向上流動性（upward mobility）的群體，被歸類為「輕度階層化」（moderately stratified）社會。已有財富與地位的繼承差異，且在單一世代中少有向上流動性的群體，被歸類為「高度階層化」（highly stratified）社會，也就是說人在社會次序中的地位基本上都是由血統和出身決定。這項研究發現，人祭在高度階層化社會最常見、在平等社會最罕見。研究者使用語言樹（language tree）繪製各種南島語族群體隨著時間推移的演化情況，並且證明任何採取人祭手段的群體，未來成為高度階層化社會機率就會增加，一旦人祭做法確定下來，這個社會之後階層化程度降低的機率便會減少。易言之，活人獻祭和社會不平等二者的關聯十分強烈，這個發現與人祭成為灌輸恐懼感逼迫人民順從之手段的觀念相當一致。

人祭制度不僅是武力的展示而已，它還是一項神聖的責任，是人與神明之間的神聖契約。印加帝國的疆域是南美洲板塊運動活躍區，板塊碰撞頻繁造成地震浩劫與火山噴發。人們相信這些自然災難是受神明控制，因此為了安撫與討好神祇獻上珍貴的大禮，而這世上還有比某人摯愛的親生骨肉更珍貴的東西嗎？就印加臣民信奉這套體系的程度而言，他們應該不是活在對此事不義深感憤恨的狀態，而是接受這便是既有次序的一環。雖然應該有些人因此有意叛亂，但絕大多數人則保持沉默。玻里尼西亞的情況無疑也是如此，還有其他諸多施行人祭的政治體系亦是如此。舉例來說，蒙古人、凱爾特人（Celt）、斯基泰人

（Scythian）、早期埃及人等如此多樣的文化群體，全部都曾經執行過人祭，但這些社會裡頭的人民整體上不大可能認知人祭就是種陰險的壓迫活動。在曾以人牲取悅或安撫神明的所有早期文明裡頭，多數人應該認為這樣的儀式是一種必要之惡（necessary evil）。

以上所述引發的問題是：即便人們不是主動痛恨存在於周遭的極端暴力行為，這些行為究竟如何成為社會控制的手段呢？這個問題也許可以用心理學家所謂的「恐懼管理理論」（terror management theory，習慣簡稱為ＴＭＴ）來回答。恐懼管理理論的主張是，活人獻祭等等殘酷的宗教儀式，會使得人對於「死亡」（death）以及「臨死」（dying）之意識更加鮮明，從而引發對生死的恐懼以及存在焦慮（existential anxiety）的感受，如此恐懼感和焦慮感則促進人們的從眾性，統治菁英因此得利，因為他們要的就是人民遵循現有的次序。恐懼管理理論背後的基本觀念是，人類有能力認知自己的生命終將消滅一事——也就是對於人終有一死的確定認識——直接與人類演化而來的求生與繁衍本能相衝突。求生本能與必死認知的牴觸，導致人類全都注定要活在某種焦慮狀態中。肯定恐懼管理理論者認為，無論有自覺與否，人在生死存亡感受放大時，便會採取各式各樣用來減少負面壓力的防禦策略。[20]其中一種策略，就是創造出生命永恆的幻想，有許多受恐懼管理理論啟發進行的研究顯示，如各宗教傳統宣揚的死後世界或來生來世信念，可以減緩人對於死亡的焦慮。恐懼管理理論的重點是，當死亡的感受愈真實或愈迫切，人們對宗教的投入就會愈深。此情不禁令人想起那句老話：「戰壕中沒有無神論者。」意思是說，在前線冒著生命危險的士兵往往比處於安全無虞環境的人們，更有可能信神和相信來生。

以死亡及來生為關懷的宗教體系本身，就是令人們思考自己終有一死的途徑（並由此使人服從規範和權威人物）。人類學家經常表示，祖先崇拜使得死亡這個課題變得更加突顯——尤其是透過各種處置遺體的儀式，以及人們對於墳地、墓穴等安葬地點的重視。[21]這樣對死亡近乎病態的執著，被人祭做法帶到全新的高度。確實，要談宗教如何激發人對死亡的恐怖感受，應該沒有比在公眾場合進行殘酷活人獻祭來取悅安撫神明更極端的例子了。事實上，關懷亡者與活人獻祭二者經常結合在一起。印加人最著名的事蹟雖是以人牲祭神，但印加人對家系族譜的重視也是相當驚人，甚至可以追溯到十二世祖。[22]如果恐懼管理理論的證據確實值得採信，那麼普遍重視死亡與亡者的現象，肯定提高了人們臣服權威與順從規範的程度。

前述的一切似乎在暗示，人類史前史是一段——透過推行宗教規範的壓迫性機制——漫長漸進的演變。然而在萌芽之初，情況看起來卻是十足無害的。最初的農業社會創造足以讓人們度過艱困時期的剩餘資源，尤其讓扶養人數超出勞動力負荷因而處於困境的家庭能夠獲得補助，其社會規模於是日益增長。祖先崇拜會灌注深刻的敬老尊長意識，長輩即便不在人世，晚輩仍應滿足其要求，如此，祖先崇拜促使人們對貧困的親屬盡到義務，不會只管著自己衣食無虞。隨著社會規模更擴大，僅憑這套機制已經不足以鼓舞人們的付出與辛勞。階級體制與菁英階層的出現，意味著又有更多相對沒生產力的消費者存在，這指的不只是欠缺勞動能力的黃髮垂髫而已，還有專業化的神職人員、貴族與統治者等著受人服侍。為心愛的家族成員奉獻效勞之情，不足以讓人們產生那樣的服從意識，要辦到這件事需要的是恐懼。這便是為何許多早期國家的宗教會提供那麼多相關的手段：從事血腥戰爭、獲取奴隸、實施人祭等等。

人祭的消失

可是，若說人祭是一套社會控制的機制，且隨著古代社會愈見階層化且經濟愈加不平等而變得更加普遍，那為何人祭如今在世界上卻不再盛行了呢？要找到這個問題的答案，我們需要找到能嚴謹比較數千年來全世界各種人類社會的方法，而這絕對不是個簡單的任務。想要回答有關世界歷史整體趨勢和因果關係的問題，向來是極其困難。也許其中最大的麻煩，就是選擇偏誤（selection bias），也就是從過往社會中選擇契合我們理論的例子，卻對不符合理論的證據加以忽視。我們需要一套更加客觀的方法，可以確立並且解釋人類社會和文化的演化模式，這套方法應該要讓我們可以將模式量化並且驗證因果關係理論，我們無法預先得知結果，也無法影響結果來使其迎合我們偏好的解釋。

這番想法促使我找上彼得・特爾欽（Peter Turchin），特爾欽是全球最多產的博學家之一，他和我同樣著迷於解釋人類如何變成今日的樣子。我和特爾欽一同構想出迄今為止規模最大的世界歷史資料庫，運用我的一項研究經費，我們僱用了博士後彼得・法蘭索瓦（Pieter François）來幫忙啟動這個計畫，而我們用古埃及掌管書寫和紀錄的女神塞沙特（*Seshat*）來為這個計畫項目命名。[23]「塞沙特全球歷史數據庫」（Seshat: Global History Databank）的目標，是要驗證有關人類社會演化的理論，其方法是蒐集大量世界歷史資訊並進行統計分析。我們最優先的研究課題之一，就是要確定宗教在社會複雜性之演化當中扮演的角色。

然而，要比較不同文明的歷史，好比羅馬和夏威夷這麼不一樣的文明，就需要一套共通的變數。但不幸的是，歷史學家、人類學家、考古學家的著述，並沒有提供這類方便取得與分析的資訊形式。為了使比較更容易進行，我們需要建立一套編碼，列出所有我們關切的變數，然後就可以在專家的協助下，調查各個史上社會當中是否存在這些特定的變數。我們的目標是根據學術資源，盡可能掌握全球歷史的多樣性，愈多樣愈佳，並且以連續且不中斷的時間序列涵蓋長達一萬年之久的歷史。

如此設定目標之下，要蒐集與整理已發表或出版的資料，需要一支規模龐大的研究助理團隊，能夠井井有條地查閱書籍和期刊論文並從中提取我們所需的資訊，此外我們還需要專業歷史學者、考古學者、古典學者提供建議，學者群幫忙檢查研究助理的工作成果並加以改善，其付出的小時數已經多到數不清。我們的起始點，是要決定這個資料庫要涵蓋世界上的哪些地區。雖然最終目標是要讓塞沙特資料庫內容包含人類世界的每一寸土地，但我們打從一開始就很清楚，頭十年的時光不可能達到這個成果。為了讓計畫順利啟動，並且證明資料庫的能力，我們需要先從世界歷史當中擷取有充分代表性的片段。由於我們的主要研究旨趣在於政治社會複雜性的驅動力，所以我們需要從已擁有的資源駕馭範圍內，找出一套世界上政治體系的樣本，足以涵蓋社會政治演進的不同類型和階段。

我們首先將全球劃分為十大地區，然後在每個地區裡面尋找三個大約一百平方公里（四十平方英里）的「自然地理區」（natural geographic area，ＮＧＡ），通常是谷地、高原，或其他悠久且自然形成的地形區，在數千年間持續保持其特徵。我們確保每個全球分區裡面，會有一個社會複雜性成形較早的自然地理區（地圖上的大圓）、一個成形較晚的自然地理區（小圓）、一個介於兩者之間的自然地理區（中圓），這麼做的目的是要將樣本多樣性提升到最大。[24]地圖中的圓點，就是三十個自然地理區樣本，然後再從中挑選出政治體。

在這三十個分布全球各地的自然地理區裡頭，我們的目標是從資料允許的最古老時代開始追溯政治體的演變，直到工業革命來臨。如此一來，我們就能在世界歷史的長流當中，追溯政治複雜性的演化情況，自全人類都以小型覓食群體生活的舊石器時代開始，追蹤至大部分人類都生活在百萬人口以上中央集權國家當中的時代。

不過，想要達成這個目標，我們就得建立一套方法來衡量「社會複雜性」這個難以捉摸的東西。我在第四章有解釋過，社會複雜性某種程度上是屬於群體規模大小的問題，但是它也牽涉了人們合作的規模和範圍，而此事又和群體結構有關係。比較複雜的社會有較為階層化的結構，其政府機關集中於首都，監督者不只是強而有力的統治者而已，還有官員、祭司、軍事領袖與其他有職位的菁英。學界長久以來辯論的一個課題是，若想要理解社會演化，那麼社會複雜性的哪些特徵最為重要。面對學界的論辯，塞沙特研究團隊並沒有選邊站，而是從眾家學者主張最為重要之特徵當中選出最顯著者，並且一一進行編碼，最後總共整理出五十一種主要變數。[25]接著，我們將這五十一種社會複雜性的主要特徵歸納為九大種類：分別為人口、階層、政府、領土、基礎建設、貨幣體制、識字、資訊系統以及首都規模。[26]

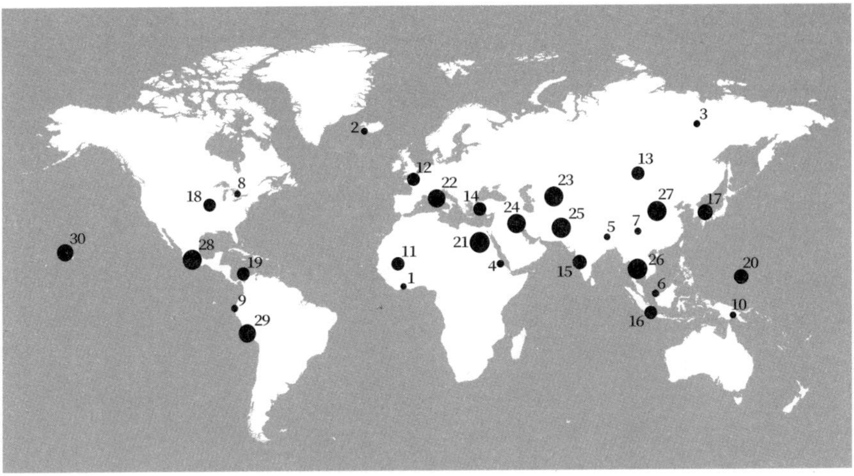

全球分區	晚期出現複雜政治體	中期出現複雜政治體	早期出現複雜政治體
非洲	1 - 迦納海岸	11 - 尼日河內陸三角洲	21 - 上埃及
歐洲	2 - 冰島	12 - 巴黎盆地	22 - 拉丁姆
歐亞大陸中部	3 - 勒拿河谷	13 - 鄂爾渾河谷	23 - 粟特
西南亞	4 - 葉門沿海平原	14 - 康亞平原	24 - 蘇西亞納
南亞	5 - 加羅丘陵	15 - 德干高原	25 - 卡奇平原
東南亞	6 - 卡普阿斯河流域	16 - 中爪哇	26 - 柬埔寨盆地
東亞	7 - 中國南方丘陵	17 - 日本關西	27 - 黃河中游河谷
北美洲	8 - 五指湖	18 - 卡霍基亞	28 - 瓦哈卡谷地
南美洲	9 - 安地斯山低海拔區	19 - 北哥倫比亞	29 - 庫斯科
大洋洲－澳洲	10 - 巴布亞紐幾內亞奧羅地區	20 - 楚克群島	30 - 夏威夷島

圖表來源：塞沙特研究團隊

在對數千年世界歷史上的數百個社會進行全部變數的編碼之後，我們發現了非常不可思議的事情。針對這些變數之間關係進行的統計分析顯示，這些變數之間的關聯緊密程度遠超出我們的想像。數十年來學者們總在爭論，應該要使用哪些不同的要素——從領土大小到階層數量等等——作為衡量社會複雜性的關鍵指標。關於這個問題，我們團隊的研究方法得到的結論是：所有要素都是關鍵指標。所有學者都犯了一個錯誤，那就是主張意見相左的對手是錯的。這五十一項特徵乃是隨著社會複雜性的提高而一同變化。

有此領悟之後，在人祭興衰的問題上，我們的探索終於有所進展。我們開始使用塞沙特的數據庫來確定，人祭人殉和以及對權威的極端服從，與社會複雜性的提高有何關聯。誠如我們所揣測的，塞沙特的資料確認，人祭活動與最初社會政治複雜性之興盛，呈現正相關性。然而驚人的是，每個區域的人祭行為到最後都消失了。關於此現象的一個假說是，社會複雜性的演化達到某個臨界點之後，極端型態的不平等和獨裁專制就會行不通了。

為什麼會這樣子呢？箇中線索似乎在於，執行該習俗的國家將人祭編入其文化結構當中的方式。採納這種殘酷習俗的國家或政權，通常擁有共同的文化體制，於此體制中菁英和平民之間的關係特徵竟是互惠，不是赤裸裸的壓迫。例如在印加菁英贊助舉辦的地方節慶中，上述特徵便非常明顯，而菁英由此可以獲得貢品、勞力和軍事資源。[27] 此等國家提供資源的方式有助於確認，窮人與富人對彼此的互惠是有自覺的，而且更重要的是，為存在人祭之宇宙體系正當化的共有信仰和習俗因而確立。因此，人祭人殉以及其他恐怖統治的策略，應當是在高度同質化的社會當中執行效果最佳，在高同質化的社會裡，人們擁有忠於彼此以及忠於社會次序的共同忠誠意識。國家的文化同質性愈高，此國家就愈能輕易正當化極端的權力及由上而下的壓迫。

反之，由文化多樣紛歧的人口組成之多民族帝國，要推行極端的不平等就會困難許多。當帝國內部變得愈加分化，將不同種族民族、宗教教派、職業行會、階級階層及其他利益團體容納在內的時候，以人祭活動與大規模奴隸制維持的極端不平等狀態，就會愈來愈難以為繼。[28] 換句話說，非常不平等的社會其實可能很脆弱，尤其是隨著其人民變得愈來愈多樣，這會導致此社會因為內部衝突或戰爭失利而虛弱。

興衰曲折的中國歷史提供了許多相關例證。舉例來說，約三千年前周朝推翻商朝之際，便有大量想要擺脫商人壓迫的奴隸加入周人行伍，大大擴充後者軍隊人數。軍隊經常招募遭受壓迫的人們，而這是文明興衰過程當中從事剝削的政權不得不付出的代價之一。距離周朝建立又過了一千年以後，包羅萬象的秦朝一統中國，統一的規模和範圍較古代更大。秦統一的過程包括體制性削弱從前戰國時代各國的國族認同基礎，其中舉措包括了焚書和坑儒（坑儒就是處決學者，對我們這一行的人來說確實是要謹記的教訓）。採取如此壓迫手段只創造出脆弱短暫的和平，秦朝建立不過短短數年，其政權就被漢朝取而代之。

另一個經典的例子，是羅馬共和初期反覆發生的平民士兵退出現象。那個時代的羅馬，經常受到好戰的沃爾西人（Volsci）、薩賓人（Sabine）、埃桂人（Aequi）入侵，羅馬想要讓軍隊持續效忠，就得對平民士兵提出的要求屢屢退讓，此情最終造就社會平等程度的顯著提升。[29]

關鍵在於，內部多樣紛歧的大帝國倘若過度仰賴壓迫式策略，恐怕難以長久支撐下去。要精確指出是從哪個時間點開始，專制控制已無法繼續維繫社會，這是一件很困難的任務。不過，我們對塞沙特數據庫的資料進行分析後發現，這個時間點是在帝國人口數超過一百萬人的時候。一般來說，古代社會突破人口百萬這個轉折點，光憑高出生率是很難達成的。古代社會要達到這麼龐大的人口數，通常是透過侵略和征服手段，吞併或吸收其他族群。然而，由多民族組成的帝國巨大又笨重，此等帝國很容易遭受邊境地區叛亂和革命的威脅。上述中國和羅馬的例子絕非特例；這是文明興衰起伏過程不斷重演的特徵。要解決國內紛爭，一個簡單明白的解決方法就是組建大軍消滅動亂爆發的可能性，但這麼做還得找到方法維繫遠離權力中心之族群的忠誠才行。到最後，面對組成日益多樣的子民，多民族帝國需要找到以一套共同信念統合廣土眾民的方法，但這該怎麼做呢？

該怎麼解決這個問題，也許讓古代許多君王傷透了腦筋。然而，其中有些君王最終在偶然間找到了一條解決之道，那是一個需要讓宗教在政治生活當中的角色再次發生變化的方法。自古以來第一回，眾神開始出現了良心。

道德化宗教

第一批大規模道德化宗教——也就是我們今天所知世界性宗教的前身——源自兩條洶湧的宗教性啟示大河。[30]其中一條大河的源頭，或許可以追溯至古埃及女神瑪亞特（Ma'at），瑪亞特可說是人類史上最早的道德化神祇，可以追溯至四千五百年前的埃及古王國時代中期。瑪亞特將各種與正義、律法、次序、平衡有關的重大原則加以人格化。然而，由於猶太先知主義（Judaic prophetism）相當程度是對抗古埃及統治者的反應，所以我們或許可以將這股傳統視為西方平等主義精神較高之哲學長河（或其中一條大支流）的源頭。與此同時，東方出現了由喬達摩．悉達多（Siddhartha Gautama）遊歷恆河下游平原過程所宣揚的一套宗教啟示，也就是後來的佛教。佛教強調節制和慈悲的價值，佛教觀念顯然跟專制君主及軍事領袖追求的目標不合。這兩條思想大河的匯聚之處，有一系列的新興宗教出現於西元前第二與前第一千紀（millennium），比如瑣羅亞斯德教、猶太教和耆那教。這類新興宗教接著向更東方傳播，佛教在漢代傳進中國，摩尼教（Manichaeism）也隨後傳入。這一段歷史趨勢之發展，有時被稱為「軸心時代」（Axial Age）。

「軸心時代」的概念可以追溯到十八和十九世紀的宗教史研究。[31]簡而言之，「軸心性」（Axiality）的意思是指一套新穎的宗教和哲學價值，這些價值挑戰掌權者的霸權地位並宣揚社會正義大力伸張的願景，開始於世上最大的帝國當中成形與傳播。佛教對慈悲為懷之強調、基督教對弱者的關切和推許、印度教徒追求善業善報的慈善行為都是例證。不過，由於「軸心時代」這個概念的發展頗有時日，採納的學者眾多，每個學者對此現象強調的層面又各有不同，於是這番轉變實在很難說得明白，也因此很難決定哪些特徵才是關鍵。

對此，我們還是覺得塞沙特數據庫能有用武之地。於是，我們開始探究軸心時代對於社會複雜性產生了什麼作用。面對定義的問題，塞沙特的處理方式基本上是盡量兼容並蓄。前面有提過，對於如何定義社會複雜性的論辯，我們並沒有選邊站，而是將學界認為有關的所有特徵都仔細收入數據庫當中。同理，我們對於軸心性的核心要素，也是秉持這樣的立場處理。參考整體文獻資料之後，我們認為可以整理出十二項原則（以稍加簡化的方式列舉如下）：

1. 具道德性質的懲罰。背離道德的行為應當受到超自然力量或受超自然力量授權執行者的懲罰。
2. 道德化規範。明確肯定或禁止各種反道德行徑的宗教教義。
3. 對於有益於社會的行為（prosocial behaviour）以及幫助他人的宗教義務之提倡。
4. 知曉並關切人類所作所為的道德化神明。
5. 統治者不是神。人間掌權者不被視為超自然存有。
6. 在宗教與律法之前，菁英和平民一視同仁。
7. 在宗教與律法之前，統治者與老百姓一視同仁。
8. 正式的法典。當地律法以及違法犯紀的處分皆有正規形式，施行上可以較為一致。
9. 法律的普遍適用性。存在限制掌權者或菁英影響法律程序之力量的防範措施。
10. 對行政權的限制。設有官方人員和規範以求限制濫權行徑。
11. 全職官僚。執行政策與法律的人是專業行政官員，而不是掌權者。
12. 彈劾。人民擁有罷免或懲罰獨斷濫權的統治者之權力。

過往沒有任何一種軸心時代理論，曾經全數列出這十二項特徵。事實上，每種軸心時代理論至少都會排除其中某一些特徵。然而，假使我們願意將這套容納各家的綜合清單，視為更加兼容並蓄的新軸心性理論，那麼塞沙特數據分析呈現的結果實在相當驚人。[32]首先，有這些特徵形成與傳播的社會，範圍更大於與軸心時代相關的社會。其次，這些特徵最初出現在世界某些地區的時間，遠早於一般認為其成形的西元前第一千紀。以下圖表顯

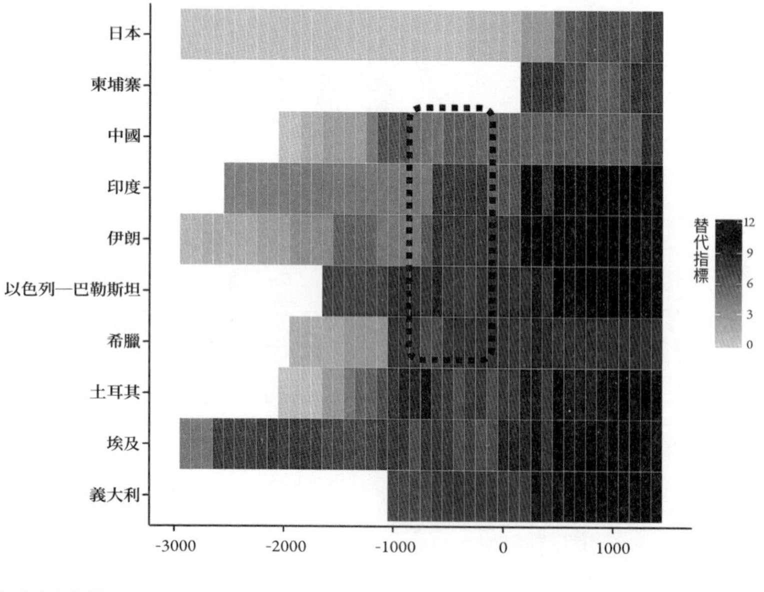

改編自 Mullins, D. A., Hoyer, D., Collins, C., Currie, T., Feeney, K., François, P., Savage, P. E., Whitehouse, H., & Turchin, P., 'A Systematic Assessment of the Axial Age Thesis Using Global Comparative Historical Evidence', *American Sociological Review*, Vol. 83, No. 3, pp. 596–626 (2018)。

示，過去幾千年間，這十二項原則（作為軸心性存在之代表衡量指標）於全球十大地區（通常其中僅有五個地區被學者納入軸心時代範圍）皆有。圖表中的0是指西元——以前稱主後（Anno Domini）——的起點，大約對應耶穌（Jesus of Nazareth）的出生時間。

圖表中央由虛線圍起的範圍，是軸心性特徵的集中區，出現在西元第一千紀與軸心時代相關的典型地區，也就是中國、印度、伊朗、以色列—巴勒斯坦、希臘。對於曾經存在於這些地區的每一個國家或帝國，我們運用歷史政治來確定十二項軸心性原則呈現的狀況。每一塊灰色方格代表著該地區在那段時期當中出現了多少種特徵，顏色愈深表示特徵愈多，顏色愈淺則特徵愈少。要注意的是，在我們選擇的地區內，十二項軸心性原則之中至少有一些原則，遠早於西元第一千紀軸心時代就出現了；某些案例中，軸心性最充分發展的時間，卻晚於西元前第一千紀。更不可思議的是，從未與軸心性假說產生關聯的世界其他區域，也有顯著的特徵表現，有些案例（如埃及、土耳其、日本）呈現特徵的時間甚至遠早於西元前第一千紀。

通往道德化宗教的轉變是由什麼力量驅動的呢？我的觀點是，極端服從統治者的意識型態之所以可行，是因為早期國家的同質性，而這種同質性乃是根源於常規化儀式的機制。前文已經呈現過，在主要由共同文化及歷史的人民所組成的國家當中，那樣的政治體制可以運作得相當順利。然而，隨著青銅器時代的結束（就歐亞大陸西部而言大約是三千年前），這些古老的政治體系開始後繼無力。此時有愈來愈多的社會，是經由世界上最有領土野心的帝國之擴張而形成，這些帝國內部的多樣分化程度之高，遠遠超出了由上而下壓迫手段所能凝聚的限度。

根據定義，「帝國」（empire）是數個先前獨立的政治體系如今屈服於單一統治者或政權形成的聚合體，而帝國的形成過程基本上是透過征服進行的。在世界上最著名的那幾個區域當中，最早出現帝國的是古埃及諸王國，以及阿卡德、亞述（Assyrian）、西台（Hittite）、腓尼基（Phoenician）、阿契美尼德（Achaemenid）等帝國所在的西南亞地區。在南亞地區，類似的強大軍事強權有孔雀王朝和笈多王朝的帝國。古代中國的周、秦、漢、隋、唐、宋等王朝，全部是透過軍事優勢將先前諸國並立的局勢加以統一。廣袤龐大的政治體系之形成，將相互競爭的不同文化群體與其各自的傳統、習俗、語言、方言，聚合到一起。其結果是，此等政治體系的統治者，需要找到能夠避免各種身分認同之龐大聚合陷入崩潰混亂的新方法。就此而言，軸心性的珍貴價值就顯現出來了。

想要了解軸心性是如何促進社會體系的穩定，能夠維繫內部多樣紛歧的社會不致分裂，那麼再次檢視中國的例子應當會有幫助。中國的漢王朝壽命超過四百年（前二〇二－二二〇），儒家思想的軸心原則在漢代開始轉變為國家贊助的宇宙觀、政治哲學暨道德觀，其強調理性思考，而不是赤裸裸的強迫以及由上而下的支配。類似的故事也發生在後來的中國歷史中。中國經歷混亂的內部動盪和失序，期間諸軸心價值遭遇頓挫，此時佛教開始於西元六世紀後期廣為流傳，西元六〇一年，隋文帝下令將佛陀舍利分送全國各地的寺廟，此舉是有意透過這套以果報業力和覺悟之道為基礎的道德化體系來統一中國的企圖。[33]固然多民族大型社會的宗教和文化樣貌總是有很多層次，但佛教觀念的傳播肯定有助於中國唐朝（六一八－九〇七）時期的長治久安。

欲了解軸心性對於多民族帝國而言為何如此珍貴，回憶本書第二章談到的七項道德原則應當會有幫助。雖然這些規則本身是普世的——也就是根植於人類演化形成的直覺當中——但道德難題經常呈現的情況是，可以適用的道德原則不止一條，而我們必須決定孰輕孰重，哪一項原則最為重要。這也意味著，整體政治體系可能強調某些道德範疇較其他更為重要；例如讀者可以想想，當今最具威權主義的政權與最有自由主義精神的民主政權，其擁護的價值觀有多麼南轅北轍。青銅器時代的國家，傾向推崇兩項原則的重要性高於其餘：一是服從權威（尤其是順從統治者和菁英），一為尊重財產（尤其是富人和強者的財產）。此外，它們對神明的觀念也會大力強化這兩項原則。對比之下，軸心性將重心轉而更堅定地放在互惠和公平的普世原則上，且經常是由出世的精神領袖或修行者提倡之，這些觀念對於愈加多樣的社會各族群或集團仍有其吸引力。

因此，我們可以將軸心性想成某種效果強大的社會黏合力量，可以將非常複雜且內部分歧的社會繼續維繫在一塊兒。與其將軸心性認知為人類歷史上曾經出現的一個「時代」（age），[34]不如將它視為一個「階段」（stage），只要社會人口超過一百萬大關，成為所謂的「巨型社會」（megasociety），該社會便會經歷這個階段。在達到這個臨界值之前，社會可以透過暴力性質的強制力量來維繫，但超出此臨界值之後，由上而下宰制所造成的社會形構（social formation）太容易破碎，難以持續存在，此時菁英便需要找到能維持次序的其他方法。菁英找到的解決方式，就是神明的道德觀：神明宣揚的普世價值，能夠統合政權內部愈來愈多樣的人民，為數眾多的各個族群也可以因此更順利地相處共存。

做個假設吧，你得在齊洛波奇特利（Huītzilōpōchtli）和佛陀這兩位精神領袖當中，選擇一位來追隨，你會選誰呢？齊洛波奇特利是阿茲特克的太陽神，祂手持一條火焰蛇，定期要求獻祭活人心臟，佛陀則是宣揚慈悲為懷的精神，以及各種通往自我認識及超越解脫的深思之道。當然，現實上很少人真的需要做出這種選擇，但是人們最終決定追隨的宗教類型，對於盛行於古代的社會類型——也就是今日人類社會的前身——造成了巨大影響。

世界歷史之中某些最具壓迫性的社會，因為其征服和吞併而造成人口愈加多樣，而它在面對人口多樣化所帶來的挑戰時，究竟發生了什麼事，對此塞沙特數據庫提供了愈來愈細膩的見解。[35]世界歷史中，在到達巨型社會臨界點之後又能夠繼續維持高水準合作的群體，往往是能夠抑制政治宰制和經濟剝削者，尤其是在文化異質性最高的社會中。雖然用今日自由主義民主的盛行標準來看，這股通往更具平等精神之政治哲學的發展趨勢，未必能造就夠公正又夠平等的社會，可是和先前的國家相比，道德化宗教已經更往前邁進一步了。整體而言，在其宗教、法律、官僚體制中強調公正及互惠的巨型社會，不只更擅長治理內政與撲滅變亂與革命，也更善於調動資源以和其他文明競爭，而此等競爭通常是透過帝國主義式殖民擴張進行。

此情發展的結果是，這個世界充滿了拋棄及譴責世俗權威結構的思想，先知、古魯、彌賽亞、宗教導師們散播和平、社會平等、天上榮耀和出世超脫的願景，直接挑戰掌握權勢者與他們的軍事抱負。[36]道德化宗教最終成為稍後最強大帝國採納的官方信仰體系，西元前第一千紀中國接受道教，乃至西元第二千紀成為穆斯林的鄂圖曼人（Ottomans）都是例證。我們今日所知的世界性宗教，包含亞伯拉罕諸宗教還有東方的果報業力信仰傳統，後來都接受了道德化宗教宣揚的正義、公平、互惠論述，這個發展意味的是，廣泛執行人祭犧牲和相信統治者是神明的時代已經告一段落。

然而，假若你將軸心革命視為全然良善和平的力量，那可就錯了。多民族帝國具統合力量的宗教，也釀成新型態的帝國主義。來到十五世紀，歐洲投入愈來愈放眼全球的殖民事業，葡萄牙和西班牙探險家、海盜、殖民者、奴隸商人雄心勃勃的航行開啟扉頁，大英帝國則代表著殖民事業的巔峰。在這段殖民帝國主義（colonial imperialism）的時期當中，基督教這個道德化宗教扮演了重要的角色。除了無可否認的豐厚利益之外，傳教熱情也是掌權者和掠奪式產業的關懷重點。所以，雖然道德化宗教在人類歷史上帶來了更有平等精神的發展轉向，但並不是所有人都將其視作福音。新的倫理道德準則制衡了菁英和神化統治者的極端權力，為受壓迫者、受剝削者、受欺凌者帶來社會正義的新希望，只不過對許多人來說這股希望是來生來世的福報，而不是在此生此世的事實。基於此理由，社會科學家有時會將世界性宗教描述為「消極主義」（passivist），因為它們鼓勵信徒期待來生來世的獎賞，從而接受人間的不公不義。[37]卡爾・馬克思（Karl Marx）「人民的鴉片」（opium of the people）這句著名評論，就是要呈現宗教的這一面：信心之躍（leap of faith）顯示人們非常需要社會正義，但它所提供的達成社會正義之道又是那樣虛無飄渺。

總而言之，雖說道德化宗教至少有為某些在政治體系中要求更多公平與互惠者發聲，但我們卻不能說道德化宗教為廣大女性、原住民、農民、契約勞工、奴隸、附庸等等相對弱勢和受壓迫的社會階層，確實帶來社會正義。但這些信仰是否至少能夠造成一個比較和平的社會呢？遺憾的是，事實上並沒有。在下一章當中，我們將會探索道德化宗教的嚴重矛盾：人類歷史上大量血腥殘暴的衝突，都是高舉宗教大旗或假宗教之名而為之。為什麼會這樣子呢？這真是個大哉問啊！

第六章

部落性與戰爭之演化

在我背後兩排座位遠的距離，有人正在擊鼓，鼓聲隆隆，而我周圍的觀眾們紛紛齊聲高唱，歌聲震耳欲聾。隨著英國國歌奏起，我感覺自己的背部和手臂全起了雞皮疙瘩。忽然之間，隨著米內羅體育場（Mineirão stadium）場內人群的波浪舞捲來，我發現自己竟然毫無思考地跟著站了起來。二〇一四年ＦＩＦＡ世界盃足球賽，我和幾千名英格蘭足球迷一起來到巴西的美景市（Belo Horizonte）。但我來到這裡的動機，和周圍觀眾的來意卻是大異其趣。我不是抱著對勝利的期待而來，而是準備研究英格蘭足球隊被淘汰之際，共同挫敗感會造成什麼作用。我們從前的研究顯示，相較於支持的足球隊贏球（同甘），輸球的挫敗感（共苦）對於球迷造成的凝聚效果要強烈許多。我環顧四周，看著周遭同胞們一張張期盼的臉龐，一邊思考著，要是我們不只是能接受失敗，還能夠充分善用這份共同的苦難，這對大家來說會有多好啊。

比賽還沒開踢之前，我一直在觀眾席過道上穿梭，訪談了許多英格蘭隊的支持者。大多數人都同意接受我的問卷訪談，部分原因是他們對於等待比賽開始的空檔感到很無聊（不過，其中有些人接受訪談顯然是覺得，一位牛津大學教授想要知道他們對於英格蘭隊球迷無窮無盡的受苦作何感想，實在是很搞笑）。我偶爾會被國際足總的官方人員攔下來，他們懷疑我是不是心懷不軌，但是當我向他們出示我的大學證件並解釋我研究的目的之後，他們也樂意讓我繼續活動。可是，比賽一旦開始，氣氛頓時驟變。沒有人想再和我交談，即便此時有人願意和我說話，我也根本聽不清楚他在說什麼。

我在美景市親眼目睹的場面，對於全球數以百萬計的足球迷來說應該是再熟悉不過了。但是有很多足球迷自己並沒有意識到，響亮撼人的鼓聲與身體同步律動的眾人，這般集體情緒和興奮的表現，對於幾千年前的人類祖先來說也是同樣熟悉，從古埃及的集體儀式乃至於現代中國的國力展示，皆有類似的表現。人類歷史上的盛大聚會，有很多也是同樣將強烈狂喜和共同負面情緒的時刻結合到一起。此事的例子包括對於偉大領袖逝世的集體哀悼，對族群仇敵的憤怒及痛恨，還有對於殉道者、人祭犧牲者、角鬥士血腥死亡的恐懼與震駭。

大規模群眾感受到的共同焦躁（shared dysphoria），長久以來就被認定是群體紐帶或牽絆的強大源頭，但直到最近為止，我們才開始理解箇中原因為何。我在第三章提出很多證據，證明在儀式參與者和士兵的小群體之間，強烈情緒的共同經驗可以將個人身分和群體認同融合。當人們以這種方式融合起來之後，他們便會願意做出不可思議的自我犧牲行為，來守護或保衛所屬的群體。我在本書第一部關注的重點，是小群體這個層級的融合作用方式。但是隨著社會的成長，人們遇到了一個問題：如何在規模更大的群體，乃至於整個文明當中，創造出這種融合形式呢？

我們現在要探討的，就是這件事情。隨著社會規模擴大，與群體融合的能力也獲得擴大，此能力不只是運用於人人認識彼此的小型關係網絡，而且是運用在更龐大的人口當中。人們參與大型集體儀式，便是此事進行的方式之一。這就是為什麼我會親身來到巴西參與世界盃足球賽的原因了。

我選擇入場的那場比賽，對我的國人同胞們來說已經注定是場令人痛苦的比賽。甚至在裁判都還沒吹響比賽開始的哨聲之前，大家都知道對英格蘭隊而言，賽事已經結束了，因為他們上一場球輸給了烏拉圭。許多球迷依然希望英格蘭隊可以帶著尊嚴，被淘汰得體面一些。但是，這場比賽本身其實是對於輸球落敗的儀式化表達，更像是在舉行葬禮，而不是在爭取勝利。英格蘭隊今日的對手哥斯大黎加，先前爆冷門擊敗了義大利，英格蘭隊的命運也由此底定。比賽過程有一段時間，哥斯大黎加的支持者對著英格蘭球迷高唱「淘汰！」

（Eliminado），激起了一些衝突，弄得警察只好進入觀眾席維持秩序。但是「淘汰」確實沒說錯，英格蘭隊已經確定被淘汰了，他們這場比賽只是想要抓住一絲尊嚴。即使如此，英格蘭隊還是連這點願望都沒能實現，這場比賽最後踢合，以零比零平局告終，這也許是英國人記憶中最失望的世界盃之一。許多英格蘭球迷非常沮喪，有些人不禁掉淚。但從我的角度看來，這場比賽的結果簡直不能更好了。

從今日足球國家代表隊的支持者到古代帝國的多種族軍隊，這些受苦的共同經驗構成一種凝聚社會的機制，此機制的運用已有悠久的歷史。在足球迷的世界裡，群體紐帶主要牽涉的是幻想和娛樂，但對於我們的祖先來說，這是件生死交關的事情，此外，群體紐帶也是一股形塑人類社會演化方式的強大力量。

戰爭與部落性的演化

我在上一章曾經論證過，當新興的諸國聚合體發展為世界上最早的帝國時，它們的內部凝聚力往往有一部分是仰賴軸心宗教（Axial religion）的傳播來維繫。軸心宗教強調正義和公平的道德原則，能夠超越其他文化的差異，並且能夠讓高度多樣分化的眾族群保持黏合狀態。但是，軸心宗教的影響只限於新興帝國之締造。軸心宗教或許有助於多民族帝國成長茁壯，使其規模更大於從前的國家，並突破由上而下壓迫的過時體制；但是，以精神啟蒙或慈悲為懷為重點，顯然不是有助於軍事擴張的公式。但在現實上，軸心宗教卻變成與帝國主義事業和戰爭牽扯極深，規模前所未見。為什麼會這樣子呢？

這個問題的答案並不在於人類的宗教性成見本身，而是人類的部落性。然而，想要確定部落主義在社會複雜性演化過程中的作用和角色，會遇上一些棘手的挑戰。所有人都能同意，某些類型的社會成長得比較龐大且更加持久；但是要確定哪些因素幫助贏家、哪些因素拖垮了輸家，絕不是容易的任務。這就是為什麼像塞沙特這樣的數據庫確實合乎我們的需求。此等數據庫可以將最好的理論彼此對照，確認哪些確實可靠而哪些站不住腳。這番程序所牽涉的變數太多，人腦若是不借助工具實在是無能計算。

誠如我於上一章解釋的，在建立塞沙特全球歷史數據庫的時候，我們認為有必要列出五十一種社會複雜性的不同層面，因為不同理論著重於不同的要素群。更棘手的是，數千年來世界歷史上興衰起落的社會數量多如繁星，使人望之卻步，即便我們努力將其中多樣性簡化為三十個樣本區域，其中依然包含數以百計的政治體系。如同我先前解釋過的，光是舉出例證或是選出有代表性的例子，並不是這個問題的最佳解決辦法。所以，現在就讓我們來採取一條比較公允的研究取徑，也就是將所有證據匯集之後進行統計分析，看看這麼做所呈現出的成果是什麼模樣。

我們需要加以驗證的理論，可以清楚分作兩類。第一類理論群著重的是社會各種組織的「功能」（function）。這類理論的主張是，社會制度之所以能持續存在，是因為其能夠幫助其餘所有社會制度順利且有效運作，這便是社會制度的「功能」。功能主義理論（functionalist theory）有很多不同的型態，有些將重點放在由上而下的統治體系，能夠隨著社會規模擴大解決各式各樣的協調問題：舉例來說，玻里尼西亞階層次序隨著演化而層級愈來愈多，促成大量小酋邦最終由一個最高酋長邦統治。有些功能主義理論則將重點放在，交換禮物體制如何將大量不同的群體團結成為單一的文化政治實體，而此實體之成員絕不內戰，且在遭受攻擊時會作為盟友彼此協助。還有一些理論專注的重點，是關於胚胎功能（foetus function）之形成的信念如何將人們劃分為歸屬不同（以共同祖先之後代為基礎而組成的）群體，以及如何制定出大量相關規則去規範人們死後財產應該如何分配。這些理論聽起來或許各異其趣，它們的差異也確實很大。但關鍵在於，無論是哪種情況或案例，功能主義理論一概強調的是，社會革新——無論是組織政府抑或灌溉土地的方法——服膺社會特定需求的方式。其中，功能主義理論曾被用於解釋不同社會之興盛，這些社會之間的差異頗大，諸如祕魯印加文明、古埃及、蒙兀兒帝國等社會的興起。[1]

第二類理論所重視的，則是「衝突」（conflict）在朝向更龐大、更複雜社會演化過程中的作用。此類理論的研究既關注內部形成的衝突（社會不公不義為其刺激因素），[2]也關注國與國之間戰爭和征服造成的影響。[3]衝突理論（conflict theory）一般認為，社會愈來愈龐大且富裕的原因，或者是透過控制住內部鬥爭和階級衝突，或者是透過殺戮、掠奪、奴役、剝削被征服的人口。衝突理論主張，在這些訴諸暴力的過程當中，社會吸納了更豐富的資源，並且擴張而締造出更大規模的社會形構。

塞沙特研究團隊的目標是能夠一口氣驗證上述的所有理論。[4]為了驗證功能主義理論，我們在數據庫中納入各式各樣科技進步和經濟進展的指標，例如與糧食儲藏、道路、橋梁、運河、供水、貨幣體制、紀錄保存等事情相關的指標。為了檢驗有關內部衝突在社會複雜性演化過程中扮演角色的理論，我們則是去蒐集與最容易造成社會緊張之社會不平等問題相關的各種訊息，好比階級體制的表現。為了找出能夠恰當衡量外部衝突對社會之重要性的大略指標，我們使用的是軍事科技方面的資料，箇中的思考理路是，面對外群體（outgroup）嚴重威脅的社會，就會投入更多資源來改良自身的武器實力。此外我們也納入一項騎兵作戰的衡量指標，因為有許多先前研究顯示，騎馬技術與金屬武器（如盔甲與投擲類武器）之結合，與戰爭強度提高有密切的關係。

使用電腦統計來分析所有變數之間的關係，可以看出單憑人腦不可能識別與分辨的模式。面對漫長時間跨度當中大量的政治體，光是花精神去追蹤兩種變數之間的關係，對我們來說就已經夠困難的了。但是電腦卻可以分析橫跨幾千年時光千百個政治體系當中，十七項社會政治複雜性的潛在驅動因素。握有涵蓋共三百七十三個社會的漫長變數清單，彼得・特爾欽開始使用這些數據展開全面統計分析，探究每一種變數組合和社會複雜性程度的相關性。

統計結果呈現農業是社會規模與複雜性的重要驅動力，我們對此並不感到意外，畢竟糧食生產的規模和效率，就會決定能夠養活多少人口，以及不事生產的菁英們能夠維持奢侈生活方式的程度。讓我感到震驚的，反而是古代文明規模與複雜性提升背後持續作用的另一股力量，那便是軍事科技。

在世界歷史進程當中成形的最大型社會，全都經歷了一系列的成長大迸發，而每一次成長大迸發都與新型的軍事科技有關。第一次成長大迸發和青銅武器的傳播有關，比如西元前三千年左右的兩河流域和埃及。第二次大迸發，則是和雙輪馬車或戰車的使用有關，戰車所提供的機動平台讓人可以在上面使用威力愈來愈強的複合弓。在西元前第二千紀，這項軍事科技大躍進幫助中國商朝、安納托利亞的西台人，以及埃及新王國，達成世界歷史上前所未有的組織規模以及領土擴張。後來，各個歐亞大陸次區域（subregion）也出現類似的躍進，使用更加先進的盔甲與騎兵戰法。接下來的一次大迸發，是在火藥的發現與有效運用之後出現。這一切軍事科技革新對於社會複雜性造成的效應之迅速，比從前單靠農業集約化達成的任何效果都還要更快。軍事科技政治組織規模之提升帶來驚人的影響，有這種變化的並不限於歐亞非帝國，我們在墨西哥地區也發現了類似的模式，弓箭和石刃闊劍的引進在墨西哥造成社會複雜性急速提高。與大西洋彼岸那些最大的帝國不同，阿茲特克人欠缺使用馱獸運輸軍隊與進行補給的能力。在西班牙征服者引進馬匹之前，美洲唯一達到較大規模的帝國，乃是使用本土羊駝從事運輸的印加帝國。

然而，最令人訝異的事情是，除了農業以外，我們選擇作為代表的其他變數，對社會政治複雜性之演化全部都沒有顯著的影響。因此，大多數功能主義理論，以及關注內部衝突的理論，都沒有獲得證明。這是我們的世界歷史量化研究法，所做出的重要貢獻之一，它使我們能夠篩除無法驗證的理論，並幫助我們將注意力放在更有望成立的理論上。我們發現了第一批嚴謹的量化證據，證明暴力軍事衝突是人類社會成長的主要驅動力，其作用遠遠超出其餘任何力量（農業的傳播除外）。

群體內部暴力這種有危害的現象，竟然對於人類文明演進有如此積極的作用，這個發現確實令人不是很自在。從藝術成就至於與精美建築，人類自然而然會讚嘆許多創造力表達的形式，但是這些創造力的表達竟可能是受暴力衝突所啟發，此等想法著實會使人感到不安。不過，此事背後有充分的道理能予以支持。特爾欽在他的著作《超級社會》（*Ultrasociety*）裡頭提出，放眼世界歷史，在其餘條件皆為平等的情況下，戰爭之所以能夠擴大好戰部落的規模，是因為大群體在與小群體的競爭當中更容易勝出。[5] 事實上，這番邏輯可以明顯見於許多有關早期國家形成的理論當中。以兩河流域文明早期、兩河流域文明古典期、哈拉帕文明成熟期、古埃及文明前王朝期為例，刺激地域性酋邦轉化為更有組織且領土更廣之國家此一歷程的動力來源，是都市菁英取得遠方資源的意圖和渴望。此情必然意味在更多土地上進行殖民，以及創建透過邊疆前哨站運送異國工藝品和產品的系統。[6]

然而，攻占更遙遠的疆域、維持對這些領土的控制，並保持財富能送回政權中心的路線暢通，這些目標也都需要軍事革新。新拿下的據點或前哨站，需要保衛和防禦。於是，軍隊規模變得愈來愈大，統治者對暴力的胃口也愈來愈大。國家逐漸擴張而成為帝國，被征服者被納入帝國的總人口之中。結果，在戰利品的輸送之下，帝國變得更加富裕，帝國財富刺激人口成長，並資助更加複雜精密的政府組織和經濟管理，包含大型水利灌溉設施與貨幣系統的建立，乃至於專業官僚與教育學習體制的創建。暴力衝突刺激成長，成長又反過來推動暴力衝突：在軍事擴張主義（military expansionism）的驅動之下，這顆社會複雜性的雪球愈滾愈大，永遠滾個不停。

但是，這番發現卻引發了更進一步的問題。我心中最大的謎團，是士兵本身的行為。我們的研究結果清楚呈現，暴力衝突如何使菁英受益：畢竟發動征服所獲戰利品主要是歸菁英所有。可是軍隊本身又如何呢？綜觀人類史上的第一批常備軍，有許多案例的軍隊人數往往成千上萬，究竟是什麼因素促使他們為了遙遠的統治者奮勇作戰，甚至犧牲生命呢？

我的推想是，關於這個問題，任何有說服力的答案必然牽涉士兵個人的群體身分認同。軍隊得願意冒著生命危險衝鋒陷陣，而這件事情需要對群體的忠誠。無論是要求士兵在重重包圍之下執行反攻，或者在面對帝國邊疆地區諸多具有高度凝聚力的凶猛小族群時堅守陣地，都需要能夠激發他們產生超越內部分歧的忠誠感之方法。要能夠喚起這樣的情緒，人類史上第一批軍隊必然是使用了人類所知威力最強大的部落主義形式，那便是身分融合／認同融合。只是他們運用的規模，簡直達到了前無古人的程度。

群體紐帶的兩種型態

任何有意創建大型作戰部隊的人，都得面對一個問題。若要激勵人們為某目標奮鬥乃至犧牲生命，理想上，你會希望讓他們的身分認同融合起來。融合是人類所知最強大的社會黏合力量，能夠驅使人為了群體執行最極端的自我犧牲行為。然棘手之處在於，融合的演化過程，是作為維繫小型戰士團體——而不是龐大現代軍隊——之紐帶的機制。由此，世界史上第一批國家和帝國的軍事領袖們，所要面對的問題是能不能將融合擴充為更大的規模。

我在第三章有解釋過，在許多好戰的小型社會中，願意為部落奮戰乃至捐軀的意願，傳統上是透過青春期經歷的痛苦成年入族儀式培養，我在巴布亞紐幾內亞進行田野調查的拜寧人村落便是例子。就像我們觀察今日許多小型軍事單位所見，在古代的部落裡頭，融合通常是根源於共同苦難的強烈記憶：這便是我所謂通往身分融合的「意象性途徑」。但是，關於能執行這種做法的部落規模，有個硬性限制，假如人們沒有親身參與你的成年入族儀式，你就無法讓那些人產生相關記憶。而且，你也無法將親身參與者排除於這些記憶之外，假裝他們沒有參加過，你會清楚記得經歷磨難的過程中有誰在你的身邊。因此，這條通往融合的途徑，所造就出的社會群體規模較小且較僵化，其基礎是你和你實際認識的人之間的關係，是你和你記得曾與自己共同經歷人生大事的人之間的關係。

與此同時，顯然在規模大上許多的想像的共同體當中，強烈的群體紐帶確確實實存在，我在田野調查拜寧人民過程中便親眼見證了這件事情。幸好，基翁運動是一個和平的組織，基翁成員投入大量的時間和資源在支持這場運動，想要獲得祖先祖靈們的肯定，其行動是透過選票，而不是槍炮炸彈，去保衛此群體並對抗群體的敵人。基翁組織成員並不逞凶鬥狠，但是他們肯定擁有強烈的團結意識，成為一股不容忽視的政治力量。正因如此，基翁這類運動經常被解釋為在美拉尼西亞諸多地區首度出現的戰鬥型民族主義（militant nationalism），且往往因為這個理由而遭到殖民政府的鎮壓。[7]

根據我田野調查的觀察，以及另一位人類學家弗雷德里克．巴斯的卓見，[8]我逐漸形成的觀點是，有兩種截然不同的群體看齊形式，分別源於兩種對比強烈的集體儀式記憶方式和傳達方式。一方面，我和巴斯有各自研究的成年入族儀式崇拜，此等儀式圍繞著情感強烈的罕見經歷之上，如此經歷則被當事者當作人生大事銘記。另一方面，基翁這類運動之中，還有更多頻繁執行且高度常規化的活動。就像我們在第四章所見，後者會造成標準化的模式和套路，可以透過像古魯這樣的精神導師領袖，更有效地向更大量的人群傳播。

後來，隨著我對心理學研究方法與成果更深入鑽研，我才知曉這兩種記憶儀式的方式原來有特定的術語。傳統陽剛崇拜的入族儀式經歷，會成為當事者人生回憶中獨特且極具紀念意義的事件，由此以「事件記憶」（episodic memory）的方式儲存在腦海裡。這是我們在「重溫」（relive）特定事件所依賴的記憶類型：例如記得被接納入族的時刻，還有結婚或大學畢業的時刻。對比之下，基翁組織的教導與實踐做法，並沒有連結上特定的事件。隨著時間推移，參與者們的記憶會相互交融，乃至於人們精神上呈現日常儀式（例如在墓廟擺放供品）的方式，更像是某種行為的通用模板（generic template）。也就是說，人們不用去記憶某次獻上供品的特定事件，只需要回憶通常會出現的要素，比如清潔與擦拭碗盤餐具、用鮮花裝飾桌面、完成各種其他儀式化任務與規定。心理學家將這種記憶稱為「語義記憶」（semantic memory），語義記憶包含的是我們對這個世界的一般知識，比如在公車上如何舉止，或者知曉巴黎是法國首都的事實。[9]

在我自己看來，將這兩種記憶方式應用於共同經驗——也就是定義我們所歸屬的群體者——時，會產生兩種差異極大的集體認同思維。經歷成年入族的戰士們，他們的小群體認同（small-group identity）是奠基於共同經歷儀式的特定事件記憶。誠如第三章所述，群體學家如今將其稱為身分融合或認同融合。然而，這些戰士作為基翁組織成員的大群體認同（big-group identity），主要是基於涵蓋日常生活通用特徵的語義記憶，比如規律的儀式和講道。令我訝異的是，這種記憶方式竟然能產生「識別認同」（identification），這種群體看齊形式在社會心理學界已經有大量的研究成果。[10]

我覺得，關於「識別認同」的學術研究成果缺少了一個關鍵重點：即此種群體認同形式是根植於語義記憶的這項事實。我感到很震驚的是，當我們在認同自己所處的「內群體」（ingroup）時，我們不是在反省特定的事件記憶，而是在想著儲存於語義記憶中的通用身分標記。舉例來說，想想你所屬的國家以及能標示出此等國家認同的事物：比如國旗國歌，也許還有特殊的民族傳統服飾，或者某種宗教或種族類型。這些思考認同的方式，都未必要連結上任何人生歷程中的特殊事件，而我們通常也不會記得自己是在何時第一次意識到，自己的國家擁有特殊的國旗和國歌。[11]

當我們對一群體有強烈的認同時，很容易就會產生偏袒偏愛的表現：我們關心自己「部落」的成員，對於非我群體的外人則容易產生競爭乃至於敵對的態度。[12]想像一下這個情境，有對姊妹各有狂熱支持的足球隊，一個支持兵工廠隊（Arsenal FC），另一個支持托登罕熱刺隊（Tottenham Hotspur）。兩姊妹一旦談起足球，便會演變成哪一隊比較厲害的論戰，爭得難分難捨，始終僵持不下，最後只能以各持己見結束談話。可是，只要不談足球，她們之間幾乎沒有爭執。情況似乎是，只要注意力放在兩人各自的生活，她們便能相處愉快，一旦群體認同變得顯著，她們就要吵嘴。

在這方面，「識別認同」和「融合」有著根本上的不同。如同前文所述，身分融合牽涉的是與群體分享那些能定義自我的事物：無論那是強烈的記憶如成年入族儀式，抑或生物學性質的紐帶（biological bond）如兄弟情誼皆然。如此，身分融合乃與我們最深刻感知的「自傳性自我」（autobiographical self）意識，有著密切的關係。在另一方面，識別認同與我們對於自己作為獨特個人的感受幾乎沒有關係。要讓這些識別認同變得更為突顯，去回憶具有人生重大意義的個人經驗其實無甚幫助，我們只需要更加通用的符號或象徵如旗幟、圍巾、隊服，就能被提醒我們的身分認同是什麼。

事實上，識別認同通常完全不會啟動我們的個人認同。[13] 恰恰相反的是，假如你強烈認同某個群體，好比你的國家或支持的足球隊，你就愈會去思考國家大事和聯盟賽事，反而比較不會去著想你的自我意識變成什麼模樣。舉例來說，假使我是兵工廠隊的足球迷，那麼你愈讓我感覺到你支持托登罕熱刺隊，我就對於自己是兵工廠隊支持者的身分愈有自覺，而且我的寬容隨和之心也會愈見稀少。反過來，你就會發現你現在交談的對象，是另外一個部落的成員，這傢伙蔑視競爭的其他部落，很容易對它們加諸負面的刻板印象（stereotype）。[14]

心理學家將這種情形稱為「去個性化」（deindividuation），在此等狀況下，我們的個人認同與動機可能會變得難以碰觸，而且我們會感覺自己被迫依循社會提示（social cue）行事。[15]例如具有高度認同的人就很容易遵守命令，因為這就是一個原型群體（prototypical group）成員應該做的事。[16]要誘發去個性化並非難事，單是穿著制度這麼一件事，就足以讓許多人比沒有穿著制服者承受更長時間的電擊。假如這套制服與縱容暴力的規範有關聯，則上述效果會特別顯著。比如一個人穿上三K黨（Ku Klux Klan）服裝，他能承受電擊的程度就會比穿著護士制服還要更高。[17]

識別認同在複雜的大規模社會當中尤其重要，在這樣的社會裡頭，所有人都頻繁地與陌生人接觸，好比在繁忙的都市區市場裡面討價還價、向國家官員表達抗議，或者是去理髮店剪頭髮。在這類互動之中有許多情況，我們可以假定相當平面的身分（two-dimensional identity），例如顧客、公民、客戶等等。在極端的案例中，我們的社會身分似乎全面壓倒我們的個體意識。我們彷彿就這麼消失在人群當中了。

去個性化、貶低外群體（outgroup derogation）、對外群體增加敵意的可能性，這些因素全都是軍事群體的潛在資產，能夠激發出人的戰鬥意志。識別認同使我們想要贏過其他群體的成員。然而麻煩在於，識別認同能造成的效果也就只有這麼多了。識別認同肯定能讓人們願意貶抑外群體並支持內群體，但是，識別認同似乎沒辦法讓人願意為了內群體拋頭顱灑熱血。[18]由於識別認同沒有觸及強烈的個人記憶或深層的自我認知，於是其群體導向的要求有可能會被比較自私的考量所取代。從個人的角度來看，人可以想像的最強大指令莫過於保住小命，即便這會違背群體對我們的期望。對許多人來說，處於危險情境當中極其自然的反應，就是嘗試隱身於群眾之中，或是抓準機會逃之夭夭。

根據這番推理，倘若遇到需要冒生命危險的情境，識別認同便不足以驅策人對於外群體採取暴力敵對的行為。支持此說的證據來自，直接比較融合及識別認同二者影響為群體犧牲自我之意願的效果研究。[19]此處僅舉一例說明，我與同事曾經對生活在英國和比利時兩百多位穆斯林進行一項調查，詢問他們身為宗教少數族群成員受到歧視的經歷。調查結果顯示，識別認同對於保衛其他穆斯林同胞而不惜犧牲自己的意願，其作用遠遠不如融合。[20]

不過呢，這項針對穆斯林少數族群的研究，只是假設性地詢問他們對於為群體犧牲自我的行為意願如何。在其他的研究裡頭，我們不只是從理論下手，還比較了識別認同與融合在現實中對於人置自身於險境的意願有何影響。舉一項針對約一百位澳洲橄欖球迷的研究為例，這些球迷們支持的是雪梨兩支彼此競爭的橄欖球隊，我們企圖比較的是識別認同和融合，對於人向外群體表現敵意分別有多少驅動力。這次研究的樣本是敵對的球迷群體成員，他們曾經因為向海灘投擲信號彈、破壞體育場座椅、與敵對球隊球迷打架的行徑，而遭到媒體批評。我們的研究成果發現，對自身足球隊的識別認同與針對外群體的「偏見」（prejudice）有關聯性：意思是說，研究對象傾向告訴我們，他們討厭敵對足球隊的成員。然而，相較於識別認同，融合更有可能和與敵隊球迷爆發實際暴力行為有關聯，相較於單純抱持有偏見的態度，那樣的暴力行為當然暗示當事者必須承擔更高程度的個人風險。[21]

因此，假如你想要建立一支成功的軍隊，那麼身分融合肯定是非常有效的工具，倘若你真的和一支軍隊相融合，那麼無論它的作戰計畫有多麼艱鉅凶險，這都會成為你個人的目標。麻煩在於，隨著軍隊規模擴大，軍隊成員也會愈來愈匿名（anonymous）。群體紐帶的基礎不再是直接共同經驗，而是變成共有認同的符號和象徵。如此一來，小群體融合就會面臨被大群體識別認同取而代之的危險。

然而，數千年以來，世界史上的軍隊似乎找到了可以克服此問題的方法。自從最早的古代軍隊為了防範暴戾鄰居而組建以來，軍隊就有辦法說服大量人口為其而戰而死。這是怎麼辦到的呢？問題的答案，是一種規模可與識別認同媲美的融合形式，我們將它稱為「延伸融合」（extended fusion），而延伸融合乃是複雜社會歷來最危險的發明之一。

延伸融合與戰爭

二〇一一年，也就是阿拉伯之春那一年，我在利比亞接觸到的革命分子，與其營中其他人有著深厚的融合感。這些人是他們親身認識，並且在殊死戰鬥、在躲避坦克攻擊、在炸彈空襲之中共患難的人。那些正是我們長久以來知道會促成身分融合的強烈個人經驗。但是，這些革命分子也同時表明，他們對其他營的成員也擁有高度融合感，可是那些人其實是他們本人完全不認識的陌生人，大家固然都經歷過類似的磨難，但並不是面對面在現場共同經歷的。分屬不同大群體的人們實際上不相識或甚至沒見過面，但彼此之間卻能產生身分或認同融合，這正是「延伸融合」的本質。可是，在缺乏共同親身經歷的情況下，延伸融合又是如何產生的呢？

起初，我們認為延伸融合的關鍵，是將本地紐帶（local tie）投射至擴大的範疇，前者好比你當下所處的作戰單位，後者好比你所屬的整個營。也就是說，我們的設想是，若要與非常龐大的群體融合，你需要先從你本人認識的小群體成員（比如家人）那邊汲取融合感，然後將這股融合感「投射」至更廣大的共同體。對於這個假說，我們已經發現了一些支持的證據。舉例說明，我們發表最初研究本地融合（local fusion）和延伸融合二者關係理論與

「投射」（projection）歷程成果的隔年，波士頓爆發了一場殘暴的事件，恐怖分子在二〇一三年度馬拉松比賽接近終點線處，安裝並引爆了兩顆土製壓力鍋炸彈。這次恐怖攻擊有數百人受傷，十七人斷手斷腳，三人傷重不治。當時我們研究團隊的一員麥可．布爾梅斯特（Michael Buhrmester），碰巧就在攻擊事件發生的幾天之前，開始向一群波士頓的受試者們蒐集他們對國人同胞延伸融合感的資料。炸彈攻擊的新聞一傳出，布爾梅斯特立即建議調整研究方向，改為觀察原先對美國同胞有較強融合感的波士頓受試者，會不會比較願意將口頭化為行動，慷慨解囊幫助受害者。[22]研究發現，對於本次恐怖攻擊受害者抱持強烈心理親緣（psychological kinship）感受——也就是感覺美國同胞有如家人——的波士頓人，在「身分認同」程度上得分較高，也比較可能實際捐款給救濟活動。我們認為，這樣的反應是根源於生物學上的融合途徑（biological pathway to fusion）。現實中對家庭原先就存在的融合感，獲得擴充而推展至更大的「家族」，也就是包含全國公民同胞的大家族。

然而，我們慢慢意識到，這並不是通往延伸融合的唯一途徑。與本地融合類似，延伸融合也經常是透過共同經驗創造，只不過那些是屬於大規模匿名群體的共同經驗。現在我們已經有好多項研究都顯示，蛻變式經驗（transformative experience）的共享，可以增加受此經驗影響者組成的大規模匿名共同體之融合程度。[23]現在已可以清楚看見，延伸融合——無論是根據對共通生理抑或共同經驗的大規模感知——乃是人類歷史上威力最強大的部落主義形式之一。我將延伸融合類比於火藥或飛機這樣的發明：火藥和飛機本是貌似不會有危害的革新，但最終它們不只是造就燦爛奪目的煙火與高速便捷的旅行，而且還造就出效率駭人的殺戮機器。最良性的延伸融合可以促成鼓舞人心的活動，好比世界盃足球賽和拯救生命慈善音樂會（Live Aid concert）。然而延伸融合的黑暗面，便是此種新型部落主義對人類歷史上最具破壞性的戰爭所發揮之作用。

延伸融合在戰爭歷史中的重要性逐漸提升，關於此事的最初跡象可見於古代世界的軍隊當中。例如有證據顯示，古希臘最有戰力的軍隊，其勇氣與決心乃是源自戰場上的心理親緣感。西元前四世紀的戰術家埃涅阿斯（Aeneas Tacticus）曾論，最強的軍隊就是「為了對他們而言最珍貴事物」而戰之人所組成的軍隊。埃涅阿斯寫道，當士兵是為了「神殿和祖國、為父母與子女、為他們擁有的一切」而戰，「對於敵人予以有效堅決的抵抗，將會使他們的敵人對其心生畏懼，且使未來更不可能有外敵入侵之事發生」。[24] 換句話說，最強大的戰鬥部隊具有高度凝聚力，絕不承認敗戰的心態驅動著他們前進。[25] 從延伸融合理論的角度看來，特別令我們感到有興趣的，是埃涅阿斯強調，有戰力的士兵不只是受保護家人的願望，而且是受守護自己國家與宗教的意念所驅策，這些想要保護的對象構成一張龐大的親緣網：

此即「祖國」。

共同的作戰經驗也會使古代城邦中的戰士與其同袍緊密融合，此情在攻城與圍城戰興起之後尤然。戰術家埃涅阿斯撰寫了世界上已知最早的軍事著作，其標題《如何於圍城戰中生還》（*How to Survive Siege Warfare*）甚是巧妙，他在書中指出，欲達成軍事成功之關鍵就是強烈的凝聚感和共同目標。埃涅阿斯生活在一個城邦林立的世界（據估計古希臘的城邦數量超過一千座）。雖然有些城邦最終得以宰制其他城邦，比如雅典（Athens）、斯巴達（Sparta）、科林斯（Corinth）、底比斯（Thebes）、敘拉古（Syracuse）、羅德（Rhodes）等，但古希臘人主要的效忠對象還是自己所屬的城市，而不是希臘眾城邦的集合體。即便如此，這些古代城邦的規模還是大到不足以讓其中成員人人彼此認識。若要讓軍隊願意為了保衛城邦奮戰犧牲，那將會需要非常強大的凝聚力，其凝聚的力量可以延伸至匿名的眾人。

延伸融合在現實戰役和戰爭中的作用為何，也可以透過古希臘歷史學家波利比烏斯（Polybius）的著作得知，作戰有助於抑制個人自私自負的傾向，並且激發對更大群體的投入信念與合群態度。波利比烏斯認為，與羅馬人對抗的眾多軍隊之所以落敗，是因為他們使用了僱傭兵，故而欠缺武裝民兵保家衛國的凝聚力。[26]相對地，吾人也可以從古代軍事戰略家對於古希臘時代斯巴達軍隊和雅典重裝民兵之間戰鬥的描述，得知這些戰略家是如何受益於延伸融合的效應。斯巴達軍隊相較於雅典對手，顯然前者的訓練、組織和指揮都更加優秀。但是，雅典人固然欠缺訓練和指揮鏈，但他們卻能透過群體凝聚力彌補這方面的缺失，此等凝聚力包含過往戰役共同經驗造就的紐帶。雅典評論者對於這種情況亦有留意，比如資深指揮官色諾芬（Xenophon）就曾企圖說服同胞，有必要將延伸融合和斯巴達模式相結合，以求駕馭延伸融合的威力。[27]波利比烏斯對於漫長的城市戰爭有親身經歷，其中包括著名的迦太基圍城戰（siege of Carthage），[28]他特別指出，共同苦難乃是軍事凝聚力的基礎。這些歷史紀錄以及更多其他證據，都呈現古代軍隊當中的延伸融合，是以對共通生理以及間接共同經驗二者的意識為根基。

神聖價值與帝國主義之興起

當人們融入一個群體時，他們個人的群體認同在功能上會變成等同，假如你攻擊其中一個人，你會激發整個群體的怒火，假如你攻擊整個群體，群體成員會將這件事當成個人恩怨。這就是為什麼已達成融合狀態的軍隊，可以成為一支可怕的勁旅。如此一來，我們就很容易理解，在國家或帝國遭遇攻擊之際，延伸融合是如何驅策人類史上第一批大軍義無反顧地衝向戰場。無論是本地融合還是延伸融合，當武裝群體陷入絕境之際，融合的力量便會發揮出來。

誠如前文所示，融合可以啟動心理親緣感。在昇平時期，珍愛自己家族的人並無意願摧毀其他家族，他們更大的期望是大家和平共處、相安無事。同樣地，融合也只有在當事者珍愛的群體或其成員受到威脅之際，才會觸發極端的自我犧牲表現。我在利比亞訪談過的武裝革命分子們屢次告訴我，他們第一次拾起武器的契機，是他們聽聞格達費的軍隊在強暴乃至謀殺平民女性，並意識到自己的妻子、母親、姊妹可能淪為下個受害者。在他們眼中，所謂叛亂根本上就是自衛行為而已。無論是我們將其稱之為自由鬥士、部落戰士、傳統軍隊、恐怖分子，你若去聆聽這些志願者之所以參戰的原因，上述理由是非常普遍的說法。

但除此之外，人們產生發動戰爭的意願似乎還有另外一個源頭，表面上看來，這個源頭似乎既有侵略性又有掠奪性，因此很難將其解釋為融合的結果——無論是歸諸為本地融合抑或延伸融合。具體而論，我們該怎麼解釋帝國主義式帝國（imperialistic empire）在未受挑釁之情況下從事掠奪與征服的行為，為何如此盛行呢？自古至今，這類帝國所在多有，先是古代橫跨歐亞的大帝國，再到前現代撒哈拉沙漠以南非洲與中美洲的帝國，然後有時間更接近現代的歐洲、美國、日本帝國。若說融合本質上是受自衛思考，而非進攻思維所驅動，那麼單憑融合並沒有辦法解釋帝國主義何以出現。所以，帝國主義背後的心理究竟是什麼呢？

早期嘗試回答此問題的人，有十四世紀阿拉伯歷史學家伊本．赫勒敦（Ibn Khaldun），他在著作當中企圖解釋部落主義和戰爭如何隨著時代演化。[29] 赫勒敦闡述了許多我也在試圖描述的歷史長期變化歷程：首先出現的是部落群體內部形成的本地紐帶，然後變化為城邦層級的大規模共同認同，最終在更大型國家與帝國層級形成有緊密牽絆的軍隊。赫勒敦特別強調，造成強烈情緒的儀式在締造「團結」（*asabiyyah* or solidarity）一事中的重要性，尤其是擊鼓、吹響喇叭和號角之類的軍樂，還有使用旗幟等視覺符號。雖然赫勒敦並沒有明白將「團結」描述為個人身分和群體認同的融合，但他顯然與我同樣認為，強烈的共同經驗可以生成社會凝聚力。

不過，赫勒敦還補充了另一個與帝國權力關係特別密切的方面，而此事對於理解軍事征服的原理至關重要。赫勒敦認為，帝國征服背後存在一種道德性命令（moral imperative）。他在著作中寫道，帝國若要成功，便需要將其征服的眾部落統合起來，形成一套海納百川又中央集權的政治結構，此結構是由更高層次的價值所鞏固，並且能夠將「團結」的力量擴展至整個帝國。赫勒敦主張此事不僅必要，而且合乎道德。建立這些文明教化的美德之後，軍事擴張便應當成為一項「普世任務」（universal mission）。換句話說，殲滅異教徒與不信仰者成為了神聖的責任，其與帝國命令的關係如膠似漆。赫勒敦講述了一位穆斯林軍事指揮官的故事來肯定上述觀點，這位指揮官發現某個印度人社群在執行穆斯林律法禁止的儀式和行為之後，居然對其進行大屠殺並砍下當地眾位領袖的首級示眾。

人類史上的大帝國懷抱著傳教般的熱情，致力將它們的律法和價值觀加諸於其侵略的土地上，這是世界歷史進程當中一項關鍵性的發展，需要特別予以解釋。認為這個世界上只有一種對的世界觀，其正確放諸四海皆準，其道德高於其餘所有觀點，這樣子的觀念是在帝國主義式帝國開始擴張時才出現。正確世界觀只有一種的想法，也與道德化宗教的興起與傳播關係緊密。在大多數古代城邦當中，比如兩河流域或克里特島等區域，區域凝聚力是與專屬其城邦的地方神祇及神廟有強烈聯繫。相對於此，道德化宗教則堅持放諸四海皆準的普世原則，無論各地相信的宗教信仰為何。於是，與普世信念有直接牴觸的地域信仰，便會被視為不道德且具顛覆性，而這經常成為鎮壓或消滅地域信仰的正當化理由。

上一章結尾處提出的那個問題是：最早成形於軸心時代的普世主義（universalist）暨道德化宗教，為何會被用來為暴力征服行徑正當化呢？伊本・赫勒敦的著作率先點出了這個答案的端倪：作為這些宗教核心的道德性目的感，可以被用來合理化帝國擴張領土之舉。在此脈絡之下，征服已不只是掠奪行為或宰制力的表現而已，而是一項神聖的責任。這便是為何帝國擴張不再只是追求某些物質目標如掠奪較弱族群資源之手段而已，帝國擴張還變成一項道德性的追求，經常伴隨有神意授命或上天認可的加持。

帝國主義式征服的目標是要宣揚真理與散播光明，同時，剷除不信者的行動通常會被描述為「聖戰」（Holy War）。史上最早發動這類聖戰的例子，有些來自西元前第一千紀的古代以色列人，時間上契合世界歷史的軸心時代以及上一章探討的道德化宗教傳播時期。[30] 大約同一時段，中國的漢王朝開始將儒家思想納入帝國主義的宏圖大業當中。基於道德化價值觀建立神學式霸權的行動，有其歷史發展的興衰起伏。即使如此，致力樹立神聖價值的至尊地位，最終成為了世界上諸多最大帝國的戰爭標誌。

最著名的「聖戰」概念，也許是和基督教十字軍以及伊斯蘭教聖戰（*jihad*）有關的概念。然而，正義戰爭或義戰（just war）的概念也存在於印度教和錫克教的思想中，以宗教之名發動戰爭的例子，在世界上多到數不清的國家裡頭也是不勝枚舉。但是，若我們將這些事情視為本質性的宗教現象，那可就搞錯了。事實上，聖戰觀念與部落主義關係之密切，遠遠高於其與信仰的關係（這也是我不是在前一章，而是在此聚焦這個課題的原因）。事實上，我們可以說二十世紀就是受到共產主義和資本主義之間的世俗性聖戰主導，這兩種表面上非關宗教的世界觀，結合了雙方彼此對立的、各自視為神聖的價值觀，與千百年來十字軍、聖戰士等等宗教狂熱分子所作所為如出一轍。在全數這類案例當中，有一股「道德十字軍」（moral crusade）的意識扮演了重要角色。但是這股意識究竟源自何處，它對於群體之間的暴力又造成什麼樣的效果呢？

這個問題的答案，或許存在於所謂「神聖價值」（sacred values）的理論之中。神聖價值是神聖不可侵犯的原則，其內容包含抽象觀念如變質（transubstantiation）的信仰，乃至絕不可褻瀆之物如旗幟或聖經。神聖價值的關鍵特徵是其凌駕一切物質、金錢或現實考量，在任何環境條件下都沒有妥協的餘地。人類學家史考特．阿特蘭（Scott Atran）主張，由於神聖價值神聖不可侵犯，故往往在解決或仲裁群體之間衝突時成為分歧點。[31] 阿特蘭與其同事們提出非常有分量的證據，證明在群體衝突談判中提供物質性誘因以使人對神聖價值妥協，經常會造成反效果。物質性誘因不但沒有促進和平協議，反而會激起道德憤慨，惡化群體間的仇恨，釀成比從前還要糟糕的暴力相向。對神聖價值的信念不是可以秤斤論兩的商品，不容買賣。

融合程度極高的個人，願意為了保護同袍縱身蓋住即將引爆的手榴彈，同理，人們往往願意為了捍衛他們的神聖價值而奮戰乃至捐軀。阿特蘭認為，當今的自由主義民主政權，經常忽略這件事情。[32]比如說，美國對外政策沒能預期到，越南、伊朗、伊拉克、阿富汗等軍事力量弱小的敵手，居然擁有如斯戰鬥意志。軍事思維似乎認為，只要透過最初的實力展示灌輸「恐懼與敬畏感」，那麼抵抗只會徒勞無功的情勢應當非常明顯，對方的士氣理應崩潰才是。但事實卻屢屢呈現，軍事思維的推理並未成真。阿特蘭指出，過往帝國的領袖人物如拿破崙、希特勒等，也曾犯過類似的錯誤。這類例子的情況往往是，人數處於弱勢的群體在經歷最初嚴重的挫敗和傷亡之後，又帶著更加堅定的決心繼續投入戰鬥。

二〇一一年造訪利比亞之後，我開始思索阿特蘭的觀點是否有助於解釋帝國主義的源頭。在我看來，身分融合與神聖價值之間，存在緊密關聯或者交集重疊。情況會不會是這個樣子：人們對於某群體的忠心奉獻以延伸融合的形式展現，而此等忠誠開始與某些價值產生聯繫，從而將這些價值「神聖化」（sacralizing），乃至於願意為其捐軀殉道。

這顯然是一段非常複雜的思考過程，需要爬梳釐清。如同我親眼所見，融合的內涵是對擁有重大人生意義共同經驗的他人秉持忠誠，無論對方是直接認識的人（本地融合的情況），還是更廣大的共同體（延伸融合的情況）。對比之下，我原先認為價值觀和信仰不是融合的基礎，而是識別認同的基礎，也就是說，群體認同之形成並不需要本人親身經歷過蛻變性質的事件。但是，假如某些價值變成與融入群體中的人們產生強烈的連結呢？假如這些連結變得十分強大，導致成員珍愛的群體與其神聖價值已經達到密不可分的程度呢？我第一次產生這個想法，是我某次參加大學晚宴之後，於返家途中駐足望著牛津市中心的殉道者紀念塔（Martyrs' Memorial）之際。眼前這幅景象其實我再熟悉不過，但那次我發現自己凝神注視殉道者紀念塔的程度比平常更深。這座建築要紀念的是拉德利（Radley）、克蘭默（Cranmer）、拉提默（Latimer）的英雄事蹟，他們在一五五五年因為堅持不放棄新教信仰，被燒死在火刑柱上。對這幾個人來說，他們要捍衛的神聖價值正陷於危急存亡之秋，為其捐軀在所不辭。但是，這是因為基督新教信仰與他們融入的群體，本質上已經合而為一的結果嗎？

為了能更深入探索這些課題，我邀請身分融合理論的原創者威廉．斯旺恩（William B. Swann）、安赫爾．戈梅茲（Ángel Gómez），與我和阿特蘭在牛津晤談。不過，這次會面的討論最終卻沒有達成任何結論，原因是我們對於神聖價值、融合、識別認同之間關係的概念理解各有不同。我個人對於這些觀念如何一同運作的想法是這樣子的：融合是以共享定義自我的經驗為基礎，融合會驅使人們捍衛自身群體，但此種情況只會發生在群體遭遇攻擊時；識別認同是以共有認同的標記為基礎，識別認同驅使人們對於外群體採取競爭的態度和行為，無論自身是否有遭遇攻擊；神聖價值則是上述兩種歷程的結合，可以確定的是，神聖價值是共有認同的標記，是向全世界宣告我們歸屬於什麼群體的價值。新教價值就是個很好的例子，這些價值是一整套——拋棄羅馬天主教會諸多觀念之下——關於如何透過信仰耶穌而得救的信念。然而，使新教價值變得神聖的原因，是因為它們能夠使個人定義自我，其途徑好比是透過某種啟示、頓悟、皈依，又或者是透過受迫害的共同歷史，摯愛的群體成員因為相信新教價值而受苦受難。經由這樣的方式，我們會變成與那些價值相融合，將其提升至神聖的地位，值得為之殉道犧牲。

神聖價值源自於群體融合感，以及對作為群體標記的整套價值之識別認同二者的結合，若是此想無誤，那就意味著我們會獲得一種雙重效應；這股雙重效應是將對內群體之鍾愛與對外群體之貶低結合，所形成的強大混合體。一方面，我們個人的自我與擴大群體（如我們的國家或帝國）產生很深的牽絆，這便是融合的元素。另一方面，與擴大群體相關之標誌、符號、意識型態及其他特殊的認同標記與價值（此為識別認同的元素），被視為我們融入之擴大群體的必要內部要素。至此，這意味著我們不只有甘冒生命危險保護群體的準備，我們還願意無所不用其極支持此群體的意識型態，若有必要則訴諸暴力在所不惜。在我看來，此等價值之神聖化正是帝國主義與暴力極端主義的核心所在。

阿特蘭和其同事已經證明，對神聖價值的信奉與投入，可以解釋世界上最動盪的某些區域中，包括伊斯蘭國（ＩＳＩＳ）被驅逐後的伊拉克摩蘇爾（Mosul），還有先前曾發生恐怖分子炸彈攻擊的摩洛哥都市社區等等，為何會出現那些「神聖的」暴力行徑。他們在研究調查的所有人群中發現，為群體奮戰捐軀的意志，與他們所稱的「精神威力」（spiritual formidability）有關，其定義是「個人或群體在衝突中為達其目標而奮戰，所擁有的信念或非物質性資源（價值、信仰力量、品格）」。[33]他們還發現，這種精神威力與延伸融合相結合時，就是極佳的暴力行為預測指標。

神聖價值會導致我們認為，對外群體使用暴力不只是自衛的行為，還是掃除異端與不虔誠者的道德義務。在歷史上的諸多帝國主義式群體中，帝國的共同象徵已經被視為絕對至高，那已不是區域性的認同標記，而是神聖不可侵犯的普世真理。從基督教十字軍對穆斯林聖戰士，從納粹占領歐洲到俄國入侵烏克蘭，帝國主義似乎觸碰到古老悠久的融合之力，也牽涉對教義體系和意識型態的認同歷程。如此，帝國主義將群體最寶貴的價值加以神聖化，而這便是驅動各種掠奪式暴力型態——如自殺式恐怖主義、十字軍、大屠殺、種族滅絕——的關鍵力量。

本書第二部的目標，是要描述三大古老的成見或傾向，也就是從眾性、宗教性和部落性，隨著社會體系的演化愈來愈龐大且複雜，是如何被塑造及駕馭的。有些社會充分利用了儀式性立場與工具性立場兩者，在革新與傳統之間找到最佳的平衡點。這些社會甚至創造了更具有未來思維的制度和哲學。它們還發展出教義式宗教，其面貌與人類祖先的「野生」宗教已截然不同，教義式宗教培養出新型態的由上而下管理以及同儕彼此監督。暴戾的部落性本能，愈來愈在導引之下被用以創建多民族帝國與廣大的貿易網絡。

前述這些世界歷史上的革新，都成為人類的集體遺緒，最終構成今日我們所處的地緣政治局勢。縱觀人類歷史上的重大衝突，從古埃及和古波斯人發動的戰爭乃至於蒙古的侵略和羅馬城慘遭洗劫，軍隊的驅動力量不只是領袖人物渴求權力之下的貪婪和野心，還有軍隊成員彼此共患難的延伸融合。史上最強大的那些帝國，採納世界性宗教作為自身造就延伸融合的利器，並且推行新的神聖價值，可以成為各種不同族群的匯集點。世界性宗教與其直接的先行宗教，讓具有帝國主義野心的軍閥和君王，有了統一與驅策不同種族、階級、疆域人民的新方式。這件事情後來成為了現代政治的印記，二十世紀最慘烈的兩次世界大戰亦不例外。由此觀之，近代意識型態極端主義（ideological extremism）的猖獗，包含五花八門的法西斯主義、革命式共產主義、戰鬥型民族主義、聖戰主義（jihadism）在內，其實只是人類朝向延伸融合、帝國主義與激烈自我犧牲方向發展這股趨勢的自然延續而已。

斯巴達方陣、蒙古騎兵、日本武士、毛利戰士、廓爾喀族（Gurkha）士兵、神風特攻隊，以及人類史上無數的戰士部落，即便面對無法克服的障礙依然堅不投降、寧死不屈。激烈自我犧牲的行為，記載遍布史冊。然而，在當代的世界中，跨越國族藩籬的宗教和意識型態創造出延伸融合與神聖價值的混合體，極其易燃，其信奉者們不僅願意為了保衛群體而死，還願意為了守護群體神聖不可侵犯且絕不妥協的教義而獻出生命。如此，現在我們正站在世界歷史新十字路口的邊緣。如何在現代世界當中導引這些複雜卻有致命潛力的人類心理特徵，這便是本書後續數章的主題。

第三部

Part 3

重新構想的人性

第七章 從眾性與氣候

二〇一一年夏季，正值加泰土丘的考古挖掘季。那時我正在喝茶休息時間與同事們聊天，忽然聽見外頭傳來一陣騷動。有人大喊道：「失火了！」我們轉身走向窗前，看見人們匆匆忙忙地朝著東土丘的頂部急奔。我們連忙跟了上去，趕到挖掘現場時已經氣喘吁吁，此時整片天空都被瀰漫的濃煙遮蔽。一場野火在風力協助下肆虐整片大地。我身邊每個人心裡都盤旋著一個問題：火勢會不會朝著這邊來？有一萬年歷史的無價考古遺址，難道就這樣付諸一炬了？

有人說，這場大火可能是當地農民想要節省整地成本放的火。就算真是這樣，這些農民也不會承認的，他們會說這場火災是自然的野火。事實上，加泰土丘周圍的土地簡直是個火種盒，隨手扔個菸屁股或是一道閃電就能點燃，星星之火便足以燎原。康亞平原（Konya plain）曾經是世界上最肥沃的文明搖籃區，但此地如今逐漸變作沙漠。本次大火過後幾年，隨著二〇一五年的《巴黎氣候協定》（Paris Agreement）簽署，土耳其政府遂同意處理安納托利亞這片地區的沙漠化問題，只不過在此地區曾與我聊過的考古學家，對未來都難以抱持樂觀。

我佇立在山坡上，眼睜睜望著乾燥焦黃的田野被熾熱的紅光吞噬，化為一片火海，濃濃黑煙盤旋竄入湛藍的天空，此情此景頓時提醒我，我們和新石器時代首次定居於加泰土丘的人群之間，依然有諸多共通處。那些新石器時代居民和我們一樣，都是熱衷的從眾主義者，他們的農業習俗充滿了不容置疑的規範及儀式，共同形成塑造其土地利用方式的傳統。然而，如今將我們逼向毀滅邊緣的，竟然恰恰是與先人一模一樣的傾向。

根據聯合國發布的二〇二二年《全球排放差距報告》（Emissions Gap Report），全世界必須在二〇三〇年之前減少四五％的溫室氣體排放量，才能避免無可挽回的環境災難。[1]不幸的是，情況很有可能朝著相反的方向發展，也就是說我們的全球排放量不但沒有減少，反而是增加。怎麼會這樣子呢？因為要減碳而必須做出的改變，在政治上不受歡迎又相當有爭議。經濟學家和氣候專家一致保證，再這樣下去，全人類都要遭殃。據估計，以推算的人口增加速度來看，到二〇五〇年時，全世界需要生產比現在多出五〇％的糧食供應，人們才能活下去，可是氣候變遷對於農業的衝擊卻會降低其產量，而不是提高。[2]

當然，就某方面來說，大家都知道造成這個情況的原因是什麼。選舉出來的政治人物任期相當有限，為了追求連任或繼續掌權，他們要將資金投注於區域問題來實現短期效果。同樣地，商業和貿易的標準也是優先追求短期利潤，將長遠利益放在次要地位。氣候危機是個全球性的問題，但人類卻沒有一個全球政府。反之，這世界上有幾百個國家各自行使它們的主權，以本國利益至上各行其事。

然而，就另外某方面來說，大家對於這個情況的原因，似乎又沒有一點頭緒。從我的人類學專業角度去看，氣候變遷對我帶來的震撼是，氣候變遷的核心深處，居然存在從眾性、宗教性和部落性的古老成見。那曾經建立起文明的人類本性自然呼喚，如今卻造成最具危險性的威脅。即便我們自身的政治體制或盛行的市場規則不可能說改就馬上改，但顯然我們愈早開始改變愈好。人類就像是個走在懸崖邊緣搖搖欲墜的物種，我們得著手好好控制自身本性上的從眾性、宗教性和部落性，否則我們很可能會集體墜崖。

人類祖先也經常要在懸崖邊緣般的處境下做出艱難的抉擇，但是其選擇的結果通常不會那麼顯著。我有時候會想，哥貝克力巨石陣是否更像是古代採集狩獵世界消滅前的最後痛苦掙扎，而不是古代採集狩獵世界的巔峰表現。或許，那些雕刻在巨石碑上的野生動物圖像，是人們出於絕望之下企圖保存對大自然神祕力量之信仰的努力，是在舊有生活方式和價值觀開始受到質疑之際，企圖加以捍衛的最後一搏。無論如何，那些堅持採集狩獵生活方式的人們終究會消失，接下來的世代漸漸被新穎的農耕和畜牧方法所吸引。這番過程中的最後贏家，竟不是巨石的樹立者，而是在青銅器時代創建普及持久文化體系，以及後續締造出大帝國的農耕者。現在，人類世界再一次站在十字路口處，但是這一次我們已經不能找藉口，表示我們不知道哪條路通往存續、哪條路會使我們墜入深淵。假如人類繼續朝著汙染與資源耗竭這樣無可永續的方向前進，環境浩劫肯定遲早要降臨。

在人類過往的歷史中，那些需要超越個人生命尺度的大規模合作與前瞻思維才有可能解決的問題，是透過發展出更具合作性質的文化、更有展望未來思維的宗教和政治體系來加以化解。然而，要讓人類擺脫今日在懸崖邊緣搖搖欲墜的危境，那麼有許多我們對於自己與自身社會的最基本假設其實需要重新反省，而且反省的速度必須加快，得比從前所有時代都還要快。大家都知道，想要以所需的規模和速度來改變人類集體走向，那就必須依靠公共政策的革命性變革，好比推行碳稅（carbon tax）制度、大幅度改善農業與基礎設施的效率、交通運輸全面電氣化等等。所有人都看得出來，要讓我們的社會進行如此徹頭徹尾且耗費成本的轉型，其中的障礙肯定非常巨大。可是，其中有些最頑固的障礙其實是心理障礙，而且這恰恰也是最常被人忽視的部分。

讓我們思考一下人類偏好短期思維的成見或傾向。如今大多數人都很清楚，現行經濟運作方式若無出現重大變革，那麼氣候危機一定會迅速惡化，而且大多數人也有注意到，避免氣候危機惡化的行動太過零散而緩慢。可是，我們卻往往未能意識到，這種短期思維的傾向在人類演化形成的心理當中有多麼根深蒂固。從演化心理學的角度看來，我們所繼承的自然傾向，不僅是優先解決眼前問題，先不著想充滿不確定性的未來問題，而且是環境愈艱難，就愈會把注意力放在短期問題上。

如果想在這些課題上真正有所突破的話，只憑理性與證據是不夠。二〇二三年，我在牛津大學裡頭，對著自己的電腦螢幕錄製了一系列講演影片呼籲眾人必須團結一致處理氣候危機。在每支演講影片中，我的措辭基本上都一模一樣，只有中間一段會引用不同的理路去證明我的結論。在第一支演講影片中，我使用了廣為媒體採用的標準科學論點，但是在其他的演講中，我訴諸的則是演化形成的人類成見或傾向。接下來，研究團隊邀請了約一千位英國一般民眾來觀賞我的小短片，觀賞完畢之後，參與者會有一個捐款給某環保慈善機構的機會。這次研究的關鍵發現之一是，相對於完全沒聽過演講的情況，訴諸共有精粹概念——而不是闡述科學論點——能夠非常有效地激發人對全人類的融合感，以及驅策人對氣候危機採取實際行動。在本研究的後續版本當中，演講者改成南半球的一位知名政治家，從結果可見，訴諸共通生理的演講激發對全人類融合感之效果，遠遠優於其餘的演講。[3]行動主義者和領袖人物應當認識到，以科學證據與理性論據為基礎的推理，或許不足以促成對抗氣候變遷所需的重大變革。光是知曉我們必須怎麼做、為什麼該這麼做，並不足以激勵群眾改弦更張。我們還需要改變我們的文化體系，這就意味著要以新方式且大規模訴諸我們的自然成見。

我將在後文中論證，我們如今需要的文化革命，只能透過深入理解「儀式如何建構我們的日常生活」以及「如何對儀式加以改造」來達成。我在本書第二部當中已經說明，常規化和例行化是隨著農業的普及而出現，大規模群體認同因此得以傳播和穩定。經歷了將近一萬年的重複儀式，如今正是思考此等儀式可以將人類帶往哪裡的時機，這也是這一章要處理的主題。這種跳躍時間的方式，讀者看來或許會覺得奇怪。然我的重點並不是要說，儀式自從新石器時代至今始終不變。顯然有許多常規化和例行化的形式，是現代才有的特殊現象，這些做法利用了擴音機、無線電廣播等等相對新穎的科技，且其運行的規模之大絕對是古代初期農民無法想像的。然而，我要論證的是，從古代初期農民最早的想像共同體乃至於太空時代的超級強權，常規化的基本效果在世界歷史進程中持續存在。本書第一部所描述的那些成見和傾向，至今仍然控制著我們的合作方式，或者是合作失敗的方式，而這些成見又在本書

第二部敘述的大規模社會崛起過程中獲得轉型且受到駕馭。這些過往人類演化的產物——也就是現代人類之繼承——構成了某種「金杯毒酒」（poisoned chalice），極為誘人卻又有其害。當人類本性的自然衝動與現代世界的科技能力結合，然後擴大至七十多億人口的規模時，此時本能衝動已經對人類這個物種構成生存的威脅了。關於此事的最大例證，就是人類的大規模群體行為正在將我們逼向環境浩劫的爆發邊緣。然而，水能載舟亦能覆舟，常規化固然可能導致人類的毀滅，它也可以是人類獲得救贖之道。

這一章要專注的重點，是現代世界之中的常規化，如何形塑人們取得資源、創造出產品和服務、再以商品形式買賣產品和服務、產生利潤並進行投資的方式。前面說的這套體系被稱為資本主義，資本主義創造出如此普及的思考與行為模式，乃至於人們經常錯誤地假定資本主義是根深蒂固的人性。然而，當我們從人類學角度審視資本主義體系時，會發現資本主義其實只是大眾從眾性（mass conformism）的另一種例子，並且穩定地促使人們朝著可能永遠無法挽回的氣候危機前進。唯有將人類當前遭遇的環境問題放到更為長遠的時間框架裡頭去省思，吾人才有可能真正認清並且處理問題。

資本主義的非自然性

歐洲列強於十九和二十世紀對巴布亞紐幾內亞的殖民，造成當地原住民生活出現劇烈的轉變。殖民者在先前彼此爭戰的各部落之間帶來相對的和平，並設立急救站及醫療所治療病患拯救人命；殖民者還引入鋼鐵製工具，使從前需要用石斧從事的辛苦工作負擔減輕不少；殖民者提供了廉價的蛋白質來源（例如魚罐頭）以及可儲存的碳水化合物（如稻米），有取代獵物和辛勞種植之根莖類作物的吸引力。然與此同時，殖民者又以武力強行實施法律與維持秩序，強迫當地人淪為勞動條件苛刻的契約工，還宣告原住民信仰與生活方式既邪惡又落後。在殖民活動造成的變化當中，最令人深惡痛絕的就是為了開闢道路並為伐木公司與商業種植園闢地而破壞雨林。

我曾經在巴布亞紐幾內亞與其共同生活的拜寧人，在企圖理解殖民者帶來這一切變化的過程中，對於自身諸多儀式傳統產生了質疑。他們向我描述這件事情的方式，有一些真的令人痛心。拜寧人告訴我，歐洲人出現之前，人們認為自己的傳統服飾非常完美，但是基督教傳教士卻教導他們，女性裸露胸部是種罪惡，他們因而開始對於自身文化引以為恥。拜寧人於是放棄許多本地習俗並對剩餘習俗加以修改，某些情況甚至全面採用新習慣，比如改穿歐洲服飾。許多拜寧人將這段歷程視為通往救贖的道路，是在打造先祖歷史與未來救贖之間的新關係，但也同時是充滿創傷與艱困的一段歷程。我在拜寧族群中的一位好友是這麼說的（以下為我的翻譯）：

我們要回顧過去，因為我們之前在白人知識的世界裡頭迷失了。回想我們的祖先亞當（Adam）和夏娃（Eve），他們在樂園中的生活是美好的，但他們卻犯了罪，如今的我們因此必須辛勞受苦。現在我們在困惑之中自問：「我們該往哪裡去？何處是我們的家園？」白人的一切知識，使我們對於自己曾經擁有的視而不見。今日傳教士告訴我們，耶穌將來會在我們所有人——無論是活人還是死者——面前顯現。所以我們得自問：「誰會將我們的祖先帶回來呢？有那麼多人在追求知識，但我們……我們卻是最後一群獲得知識的人。所以，誰能將舊世界轉化成為新世界呢？」[4]

我在這個拜寧社群居住的期間，有一種化解這個矛盾的新解答正在成形。這個解決之道，已經超越二十年前基翁創建時的最初願景，但許多人認為它仍然符合基翁運動初期的激進精神。這套化解之法便是在維持融合天主教色彩之基翁宇宙觀的同時，以甩脫歐洲服飾、回歸傳統服裝的方式表達抵制現代性和全球化的獨特抗議形式。支持回歸傳統服飾的人們，也開始執行各類儀式幫助自身重新與祖先建立連結。許多遭到後人遺忘的前殖民時代傳統獲得復興，但也有一些傳統受到刻意調整，以求適應變遷後的環境。伴隨上述歷程出現的是對儀式本質與意義的深刻反省——無論那是古代還是現代的儀式、無論那是土著抑或歐洲的儀式。

這確實是拒絕傳教士傲慢和資本主義靈魂空洞的有效途徑，不過，並非所有當地傳統都一概獲得復興，好比部落戰爭與痛苦的男性成年入族儀式就沒有復舊。人們選擇了一條新的道路向前邁進，這條路線既能維持和平、法律和次序，又能發展獨特的基翁哲學。這條新路線擁有兩種面向，其一方面扎根於和土著祖先的神聖關係，以一九六〇年代基翁運動創始者兼精神導師科里亞姆（Koriam）為模範；另一方面則以務實的政治為本，由一群受到高等教育的土著領袖引領這股政治力量，他們誓言捍衛基翁成員的權利還有雨林，不受榨取資源的資本主義所破壞。法蘭西斯．科伊曼雷亞（Francis Koimanrea）便是後者的典範人物，他日後當上了東新不列顛省（基翁運動發源地）的省長，致力保護雨林並引領全國起而應對環境浩劫。在這些領導者協助之下所建立的信仰和習慣體系，促成了一個和平守法的社群，其規模之大在巴布亞紐幾內亞堪稱稀奇，因為遺憾的是，巴布亞紐幾內亞其實是世界上暴力犯罪率最高的國家之一。在此背景之下，基翁運動的成就更顯難能可貴。

那麼，基翁運動的追隨者為何能夠達成非同尋常的合作成績，但巴布亞紐幾內亞國內其他地區卻辦不到呢？答案某種程度在於基翁運動成員從自身歷史與傳統之中汲取資源，敢於質疑資本主義的基本假設。自一九六〇年代興起的基翁運動，有助於確立永續的環境保護之道。該運動的領導者善用常規化和例行化，傳布並穩固一套既能保存又能調整祖先生活之道的信仰和做法，將人們團結起來共同反對伐木公司和採礦活動對環境造成的破壞。

基翁運動的經歷深刻提示著，如何將環境永續的信念和做法嵌入人們的生活當中。雖然世界上有很多人注意並感慨全球化資本主義帶來的破壞和衝擊，但願意深思我們該如何應對的人卻是少之又少。中央集權政府和資本主義市場只不過是一種生活方式、不是人類最佳或唯一的生活方式，但這個道理未必總是昭然若揭。那群T恤、監獄、推土機與鋸木廠的輸入者鮮少認真思考，他們強行占領地區的原住民，是否有自己值得學習的思想和觀念。人們之所以難以質疑全球化的那些標準，是因為這些標準已經廣泛常規化了。今日世界各國日常生活的核心處，存在一套關於經濟生活的共同觀念，這些共同觀念使人感到無所逃於天地之間，人們難以想像沒有這些觀念的生活怎麼過得下去。當儀式常規化達到如此廣泛普及的地步，它們造成的思考及行為方式可能深深嵌入人的日常生活結構當中，使我們不會察覺它們其實非常奇怪。

「萬事萬物都有價碼」、「時間就是金錢」、「你得靠錢來錢滾錢」，這些話都是人們再熟悉不過的陳腔濫調，其背後的觀念簡直理所當然到無庸置疑。可是，對於我曾經在巴布亞紐幾內亞雨林共同生活的那群人來說，事態幾乎完全是另一幅光景。在地球上的那片區域裡頭，很少有用品是有標價的。此處房屋建材取自周圍樹林，糧食產自當地田園或是漁獵。咖啡和可可固然有金錢價值，但卻沒有其他用途。需要現金種植作物的人，可能會種咖啡樹和可可樹，然後將果實買給中間商，但很少有人會去關心自己售出農產的日後去向。原始狀態的咖啡豆和可可豆顯然不能食用，但當地村落的人既不喝咖啡也不吃巧克力，所以在當地人看來，這些原料做出的最終產品，製作過程很神祕，卻完全沒有價值可言。

種植作物獲得的現金可以用來購買一些所需的物品，比如鋼鐵製的工具（如開山刀和斧頭）和進口的耐儲存食品（如魚罐頭和稻米）。不過，只有特殊場合才會出現這類金錢支出，好比多年磨刀導致刀身變窄而最終斷裂。人們唯一頻繁使用金錢的場合，是將錢裝在容器內當作贈送祖先的禮物。在村落墓廟的特製容器裡頭，錢幣愈積愈多，但這些儲存的錢幣卻不是要用來投資獲利的，反之，累積到一定數額之後，這些錢會被送往基翁總部，最終投注於能幫助全體社群的公共工程，例如急救站或學校。曾經有一次，這些錢被單純用作慈善捐款，幫助遠方的澳洲颱風受災戶，即便這些對象其實比捐助者富裕許多，而且大多有保險並普遍獲得國內慈善機構和政府的援助。

回顧數千年來人類的物質生活，將經濟成長視為目的本身竟是人類歷史最晚期才出現的特徵。人類不是天生的資本主義者，我們是覓食者。無論身在何處，人類都喜歡在灌木叢裡頭摘採漿果，然而這種自然的傾向如今卻是被賭博業冷漠地用來設計成吃角子老虎機上頭的水果圖案，賭客在機器排列出相應的水果圖案就能獲得獎勵。狩獵是人根深蒂固的本能，這件事不僅體現於實際獵捕動物的獵人和漁民身上，賞鳥人士和火車迷也體現了這項本能，只不過他們僅是追蹤獵物而無須加以獵殺。雖然人是天生的生產者和消費者，但我們是否為天生的儲藏者就不好說了，我們的覓食本能是在一個食物易腐且難以儲存或攜帶的世界當中演化而來，而在那樣的環境當中，囤積的本能並沒有多少意義。

隨著社會規模擴大，人類與物品的關係也變得愈加複雜。從事農業使人必須定居，剩餘資源的生產使得儲存積累財富的可能性大增。可是，這些發展不必然釀成今日人類的處境。因為現在的經濟學核心觀念極其奇異，亦即認定人為效益最大化者（utility maximizer）。

這個觀念源出於十九世紀英國哲學家邊沁（Jeremy Bentham）和彌爾（John Stuart Mill）的效益主義哲學，效益主義哲學認為善行應該將善行對福祉的貢獻（此即善行之「效益」〔utility〕）最大化。在維多利亞時代（Victorian）晚期和愛德華時代（Edwardian）早期的英格蘭，經濟學家阿爾弗雷德・馬歇爾（Alfred Marshall）遂將此觀念設為經濟學的核心，從此之後，它便成為絕大多數經濟學者思考人類行為的基本觀念。在此觀念的架構中，人取得的物質產品愈多，人所獲得的效益（或至少是潛在效益）也就愈高。

然而，關於此觀念的通則性和連貫性，學界其實一直存在爭議，研究缺乏貨幣化市場（monetarized）之社會當中經濟行為的學者，對此尤其不能苟同。我個人專業的社會人類學領域自一九五〇年代以來，就對於前資本主義經濟（pre-capitalist economy）當中是否存在效益最大化原則一事爭論不休。辯論的一方是「形式主義者」（formalist），形式主義者認為只要將「效益」用廣義多樣的方式加以解釋，也就是指效益不僅包含自私的財產累積，也包含對社會性目標之達成（比如以交換或慈善援助原則為基礎履行對他人之法律或道德義務），則前資本主義經濟中確實存在效益最大化原則。辯論的另一方則是「實質主義者」（substantivist），實質主義者認為「效益最大化」就是個民族中心主義的（ethnocentric）概念，是關於如何在資本主義市場經濟中進行決策的思考方式，故完全不適用生產自給自足、禮物交換、領袖重新分配資源（chiefly redistribution）導向的傳統社會。

我長久以來便在思索，這會不會是一種錯誤的二分法。我自己的印象是，所有社會當中都存在高度成果導向、效益最大化的傾向，也存在高度儀式化、非效益主義的傾向。但是在我們現代人的社會裡，這套方程式當中「效益最大化」的那一側，已經占據主宰地位太久了，而此情可能對於環境造成惡劣的衝擊。解決之道其實近在眼前：它隱藏在殖民者未能向被殖民者學習的模式之中，也隱藏在當代世界未能從歷史學習教訓的模式當中。

經濟生活的隱藏儀式

二〇二三年初，我和好幾位大平洋島國的政治人物搭著小船前往伊利利奇島（Iririki），那是萬那杜首都附近離岸的一座小島。我們此行的原因是兩場直撲萬那杜而來的大型氣旋，導致該國基礎設施嚴重破壞，許多房屋沒了屋頂，諸多家庭的食物供應短缺也沒有自來水。我們參加的這次活動，是由負責處置氣候變遷問題的萬那杜部長勞爾夫・雷根瓦努（Ralph Regenvanu）籌辦，雷根瓦努正在推動太平洋島國淘汰化石燃料的運動，成果相當驚人。這場活動最終呼籲眾人一起努力讓太平洋地區不再使用化石燃料，並且譴責氣候危機「是剝削式產業及其營運者的貪婪釀成」。[5]

我在伊利利奇島見到的那些政治人物和行動家，令我有理由相信，富國單方向對窮國施加全球化影響力的潮流終於要改變了。本次活動過後兩週，雷根瓦努部長就去到紐約的聯合國總部，要求聯合國大會投票表決，國際法院（International Court of Justice）是否應當對於氣候責任問題發表法律意見，以確立世界各國應保護受氣候變遷嚴重影響之人民及生態系統的法律義務。這真的是歷史性的一刻。在此之前，所有企圖讓國際法院關注氣候變遷議題的努力，均因欠缺外交支持而石沉大海，但是這一次居然有了結果。本次表決案得到一百三十二個國家共同提出，並且最後以共識的形式成功通過了。萬那杜群島是許多原住民語族的家園，令人無比訝異的是，他們的祖先全部都可以追溯到我曾在巴布亞紐幾內亞一起過生活的拜寧人。[6] 誠如拜寧人設計出保衛自家雨林不受資本主義入侵破壞的方法，[7] 拜寧人在萬那杜的遠親們如今活躍於國際舞台之上，引領全球對抗氣候變遷。

商業利益與原住民族群之間的文化衝突，根本問題在於相反的經濟生活理論。殖民者與企業集團就像是那些人類學領域的形式主義者，以市場經濟學的角度看待這個世界。原住民族群則像是人類學領域的實質主義者，認為經濟是深植於更為廣大的社會體系中。但是，假如我們能將第一章介紹的儀式性立場和工具性立場引入其中，那麼這整場論辯便可以徹底重新建構。簡要回顧一下，當我們將注意力放在行為如何合理達成最終目標時，我們採取的就是工具性立場；當我們認定行為背後沒有因果關係結構，並將注意力放在如何重現既有習俗與完成社會義務時，我們採取的則是儀式性立場。工具性立場的原動力是達成物質成果之渴望，儀式性立場的原動力則是與他人維繫親密關係。

一旦我們意識到這兩種立場都存在於人類社會生活當中，就能更容易將形式主義和實質主義雙方的觀點加以調和。形式主義觀念的正確之處在於，工具性推理（instrumental reasoning）不只是在資本主義社會中，而是在所有人類社會當中驅動效益最大化。實質主義觀念的正確之處則在於，一切經濟行為的目標並不是理性效益最大化。對於儀式性立場的理解使吾人得以意識到，我們的行為未必總是要有所掠取和採取物質導向，反之，人類行為有很大一部分是受到融入群體的渴望所驅使。

然而，雖然儀式性推理（ritual reasoning）和工具性推理似乎在所有社會的經濟決策中皆有其作用，但此二者的平衡關係顯然視情況而有顯著差異。舉例而言，在許多缺乏通用貨幣和商品市場的傳統社會當中，經濟活動的儀式性動機和工具性動機二者之間的平衡狀態，會更加偏向前者。也就是說，製作產品以及參與交換及再分配體系（system of exchange and redistribution）的動機，很可能受到從眾心理、傳統、尊崇祖先等因素的強烈影響，其影響根本上是關於維繫長時間的社會關係。對比可見，在現代城市中，包含從超級市場購買食物、從消費者與顧客處獲取利潤的經濟交易活動，很可能是短暫而空洞的，此種經濟交易的基礎是工具性推理，而不是想要深化及拓展社會關係或維繫制度的渴望。

將經濟體制置於單一連續體——此連續體的一端是會更具儀式性（如傳統主義）、另一端則會更多工具性（如資本主義）——之上固然有其吸引力，但是現實情況顯然是複雜許多。我們可以說，大多數社會，甚至所有社會都是同時圍繞至少兩種經濟生活方式建構起來的，一種經濟生活是要獲取具有物質性價值的事物，另一種則是要追求具備社會性價值的事物。「庫拉圈」（kula ring）便是能簡單說明此事的例子，庫拉圈是社會人類學一大奠基者布朗尼斯勞・馬凌諾斯基（Bronislaw Malinowski），描述新幾內亞初步蘭群島（Trobriand Islands）實行的交換體系所給予之稱呼。傳統上，庫拉珍品通常是製作精美的手環或項鍊，在太平洋諸島之間來回貿易，創造出龐大的交換環狀體系，項鍊貿易是以順時針方向流轉、手環貿易則是逆時針。船隻在島嶼之間航行，除了攜帶可以交換的貴重庫拉珍品之外，也會運送能夠以物易物的用品。以物易物的重點就是要確保能換到最好的東西，任何市場交易其實都是這樣。生產者和貿易者的動機基本上是工具性導向，也就是要進行最值得的交易。然而，庫拉珍品的交換才是每次航行的社會亮點，其更受到公眾注意且其儀式性更加複雜。交換庫拉的動機是獲取社會地位，其策略是將自己最貴重的物品送給擁有更貴重物品的所有者，迫使對方將更有價值的物品回贈，否則他就會很沒面子。最為尊貴的庫拉珍品所有者，在整片區域內都是大名鼎鼎的人物，雖然要長時間保有這些庫拉珍品頗具難度。庫拉交換體系是由儀式性立場主導，其宗旨是建立贈禮者和收禮者之間的關係，並且透過普遍接受的傳統所設下之規範，最終鞏固島嶼之間的聯盟紐帶。

在初步蘭群島島民經濟生活當中，儀式性立場和工具性立場之間的平衡關係難以量化，但是這兩種觀點都是交換和交易活動的普遍特徵。以物易物的目標是高度效益取向：此即取得具有物質實用性的產品以供消費。然而，交換庫拉的目標卻有極高的儀式性質：取得尊貴有名的物品然後盡量長時間持有，以此與輝煌的歷史過往維持聯繫。此二者強調的重點不同，在以物易物的世界裡頭，強調重點是更為純粹工具性的思維，其目標是滿足物質性需求，而不是建立強大的社會關係。但是在交換庫拉的世界裡，繁複的禮節規範更為突顯，強調的重點是交情、聯盟、政治整合，而不止於單純的物品消費。

當然，今日全球大多數人（包含初步蘭島民）都已經處於資本主義體系當中。我們若欲理解資本主義體系當中的經濟行為，此處隱藏著一大關鍵。透過商業模式的角度去看，市場當中行為的屬性都是受工具性立場驅使的物質主義取向。但是，這其實是以片面態度看待人類行為所得出的結論。若你願意換個角度，改採我所說的人類學視角更貼近些去觀察經濟生活的世界，你將會看到一幅相當不同的景象。從人類學觀點出發可見，即便是資本主義程度最強的體系，儀式性立場的邏輯仍然普遍存在到令人訝異的地步。舉例來說，只要對英國階級體系稍加觀察，吾人便能發現其核心邏輯與庫拉圈的核心邏輯並無二致。[8]

就英國貴族而言，與庫拉手環和項鍊對應的事物，是與顯赫血統（理想上是指與王家的關係或王室血緣）有關聯的土地和藝術品。這類物品全都可以透過繼承、占有或征服的機制而在不同所有者之間轉手。就像是初步蘭群島的酋長們企圖與最尊貴的庫拉珍品產生聯繫，並與擁有庫拉的傳說祖先沾上關係，無論是在什麼地方，新興暴發戶總會想要用古老貴族血統的光環來自我妝點。舉例而言，在我居住的牛津郡地區，來自倫敦市（City of London）的新興金融富豪前來此地購買最具歷史重要意義的昔日貴族房產，已經形成一項悠久的傳統。看起來，即便是追求利益最大化、最精打細算的人，也免不了想要擁有與顯赫歷史有關聯之資產所帶來的地位。與此幾乎一模一樣的表現是，跨國企業紛紛大力購買名家藝術品，來裝飾自家公司的董事會會議室和大廳。就和初步蘭的酋長類似，資本主義者在藝術品蒐集的聲望經濟（prestige economy）中所追求的目標，就是取得與傳統有所聯繫而能帶來地位與正當性的物件。

或曰經濟學者對資本主義社會當中的理性行動者加以理想化，其主要動力是要創造財富，即便我們接受此種說法，但這顯然不是事情的全貌。積累財富或許是商業領袖最關心的效益，但即使是如此，這也不會是他們唯一的動機。同樣地，人類最自然或最出於本性直覺的目標，也不會是積累財富。最「工具化」的資本主義社會和最「儀式化」的禮物經濟（gift economy）此二者之間的差異，其實說到底只是程度問題而已。若能留心歷史背景和民族誌背景，我們便能開始從不同的角度理解資本主義看待物質及與其互動的方式。在我看來，這個見解最根本的意義在於，資本主義的核心受到物質主義文化支配，此情既非自然、亦非天授，而且，比較不「工具性」的存在方式其實始終潛藏於表面之下。

這麼說來，那就意味著人類的生活方式與目標是可以改變的啊。事實上，我們可以用極為不同的習慣來取代現有的生活方式和目標，透過練習、實踐與努力，很快便能建立一套「新常態」（new normal），也就是關於經濟生活的一系列思考方式，此等新常態可以深深嵌入日常生活之中，與如今主宰我們生產消費、市場行銷、買賣交易體系的常規化儀式達到同樣根深蒂固的程度。我接下來會好好說明此事，而這也是我曾經親眼目睹的現實情況。

從眾性與資本主義

該如何保衛雨林不受資本主義蹂躪呢？基翁運動的處置方式既巧妙又簡單。基翁的領導者們建立了高度常規化的金錢捐獻體制。某種層面上，捐獻一事的目標單純是工具性質。透過這種徵稅體制，基翁成員共同累積出一筆集中的金錢，這筆錢可以用來贊助基翁運動的環保目標，例如支持基翁領導者競選省政府乃至全國政府的職位，或是吸引能契合拜寧人保衛祖先之地願望的外國投資。然而在另一層面上，捐獻的目標是被放在一套精密的道德結構之中去加以理解，此時捐獻行為是在儀式性立場的角度之下獲得詮釋和解讀。每一筆捐贈都是要獻給族群的祖先，其行徑類似於在墓廟裡頭奉上食物供品。還有，所謂吸引外國投資，基翁成員對這整個概念有更深層次的解讀，這意味著他們的捐獻將能說服祖先歸來。「外國投資者」其實根本是祖先的代號。當這些「投資者」祖先們歸來的時候，他們將會帶來政治與經濟的影響力，那是抵擋資本主義剝削的破壞效應所必需者。屆時，在那座人間新天堂中，基翁虔誠信眾將能過著豪華又自在的生活，從此不再有痛苦、疾病或死亡，而那些竊取他們土地與資源的外來者將會受到懲罰。

許多外來者對於基翁組織的標準反應，是將它視為荒誕不經的信仰，竟將所有對未來的希望盡數寄託於永遠不會發生的超自然力量干預。然而，這種看法卻忽視了有關基翁更深層且更重要的真相。基翁為基層成員提供強勁的動力，讓他們願意為了保護古老雨林的新政治經濟體系做出貢獻。世界其餘地區都可以向基翁的榜樣學習，但要學的不是散播千禧年末世信仰，而是超越基翁祖先回歸的信仰，看見此運動與其推行方法背後更加基礎的目標。基翁運動的成就在於，它將常規化儀式與工具化思維結合成為強而有力的集體行動計畫，處置愈來愈迫在眉睫的環境問題，而正恰恰是資本主義市場難以辦到的事情。

畢竟呢，資本主義世界對於更好的經濟體系應當是什麼模樣，從來不缺乏點子。比如自覺性資本主義（conscious capitalism）的概念，便主張財富創造的本身應當是打從一開始就訂定有益社會之目標的過程。[9]或者，我的牛津大學同仁凱特．拉沃斯（Kate Raworth），也有提出能改寫經濟學的類似新穎提議。和一九五〇年代的人類學界實質主義者類似，拉沃斯主張應當將經濟理解為深植於較大的社會體系之中，而且此情不僅適用於傳統的禮物經濟，也同樣適用於商品市場。拉沃斯認為，強調透過市場交易以及將政府干預降至最低來達成國內生產毛額（GDP）最大化的主流經濟學，實在過於偏狹且難以為繼，因為它忽視人類經濟依賴的是不可再生的有限資源（遑論基礎建設與養育小孩等隱藏成本）。拉沃斯提出的解決之道，是將世界經濟想像成一個中間有洞的甜甜圈。[10]甜甜圈的內圈是公道社會（just society）的最低條件：能夠滿足人們對食物與水、住宅、能源、就業、公共健康、教育和平等等條件的需求。甜甜圈的外圈代表的是一系列生態限制，一旦違背將會危及人類生活的基本條件，諸如穩定的氣候、具保護作用的臭氧層、充足的淡水、乾淨的空氣、健康的海洋等等。任何經濟體系的理想定位，就在這個甜甜圈的可食用範圍之內，不可放肆侵入周圍的空間（汙染海洋、破壞臭氧層、釀成氣候變遷等行為），也不要掉進甜甜圈的中間空洞區域（未能供應人的基本需求）。

所以，在我看來，我們現在面臨的問題，不是缺乏理論上對較佳經濟體系為何的高瞻遠矚，而是更棘手的難題，那就是現實上如何將這些崇高的理論付諸實踐。自由思想家如拉沃斯等人得面對的挑戰之一，就是如何說服企業領導者打破行之已久的市場準則。資本主義的核心具有高度的儀式性，資本主義的根本價值其實是由常規化儀式支撐著，微妙地在董事會會議室和商業會議中發揮作用，然而，這些常規化儀式的源頭卻是人類成長初期發展出現的恐懼，也就是對於被嘲笑與被排斥的恐懼，這種害怕甚至可以見於學齡前的兒童。從極為稚幼的年齡開始，人便渴望被群體接納、恐懼被排擠。商業人士也不例外，假如他們開始追求傳統成功衡量標準（市場占有率、銷貨收入、投資報酬率等等）以外的其他目標，別人會怎樣看待他們呢？

假如常規化確是人類問題的癥結所在，常規化也必然是問題解決之道的一部分。基翁追隨者既然能以採用新儀式的方式，來轉化眾人的集體行為，那我們應該也能辦到才對。回想一下，在許多人認定不可能的情況下成功改變集體行為的例子其實有很多，甚至有不少還是記憶猶新。我在一九八〇年代念大學的時候，在大學教室裡面吸菸是很正常的事情，人們在公車、火車、飛機上吸菸也是稀鬆平常。那個時代的足球比賽看台上，觀眾不時叫喊種族主義和大剌剌的法西斯主義口號。當年，人們無法想像同性戀婚姻居然會有未來。然而在某些案例中，好比英國，人們的習慣出現了巨大轉變，當新的行為足夠普及並且獲得常規化之後，人們很快就會覺得這是天經地義，好像事情從來都是如此。來到今天，以我的家鄉牛津為例，假如還有人膽敢在教室或公車上抽菸，旁人肯定會大吃一驚；此時若要去回想從前人們不是這個樣子的時代，還得費些力氣才會想得起來。

事實上，要讓人們改變思維，其中有大量的工作是讓人採用新的儀式和規範。在個別的企業和組織裡頭，這類新儀式可以透過引領潮流之人來傳播。設想以下的情況：好比說，餐廳菜單慣例上一概在卡路里數值旁邊加上碳足跡的估算值；或者是，要求學校必須教導學生消費選擇對於氣候變遷的影響。又例如，假如根據宗教而來的飲食禁忌（比如禁吃豬肉）被環保思維重新建構，比如禁止吃牛肉（畢竟養牛是地球上嚴重碳排放的大宗）。又假如，人們可以考量氣候危機的急迫性與其全球性影響，將世界各地的大型節日和儀式慶典重新設計，納入有益於環境的元素。

吾人必須記住，儀式常規化絕對不是一種獨特的宗教現象。蘇聯共產主義便以類似的方式推行大量內容重複的革命節日、紀念慶典和特別假日，並且將日常生活諸多方面加以儀式化，以此促進人民對國家的忠誠。[11]同理，中國共產黨建立了許多新儀式來取代更古老的民俗傳統，包含標準化的口號唱頌與軍隊整齊劃一的行進。我還記得二〇〇八年到中國旅行的時候，還能聽到這一類的公共廣播，廣播的聲音有些奇異，會令人聯想到伊斯蘭教叫拜塔（minaret）上的呼喚，這些中國的公共廣播透過喇叭放送，我旅程過程每天早晚保證都會聽見革命歌曲播放。透過這樣的方式，共產黨有效地將民間宗教儀式系統化，使其成為新意識型態結構中的一部分，而此新意識型態結構已深深植入人們的日常生活習慣當中。[12]面對這套能夠誘導人們的邏輯，現代西方社會也無法免疫，只是其造成的效果會比較微妙一些，好比在購物中心和商業大街服裝店裡面播放的音樂，會在我們選購新衣服和裝飾配件的過程中影響我們的消費行為。如果當今世俗性機構能利用相同技巧將集體儀式常規化，來創造更環保永續的生活方式，那會是什麼景象呢？即便我們無法想像自由主義民主政府採用蘇聯風格，在公共空間裡頭放送環保口號，但我們也許可以設想將這類訊息透過娛樂產業傳達的可能性。

名人名流藝人明星對於人們的從眾性能夠發揮非比尋常的影響力：人們之所以願意追隨他人，不是因為工具性利益，而是因為想要變得和對方一樣。從氣候危機的觀點出發，這件事的意義或許是要人們超越來自科學的工具性論點，更去關注我們想要模仿的對象。

如果你是宗教信徒，你想模仿的對象可能是你的精神導師；倘若你是足球迷，你想模仿的對象是球隊中的明星球員；假如你是流行音樂歌迷，你想模仿的對象可能是某位歌手。不過，目前我們的模仿榜樣名人當中，僅有極少數人對於地球環境危機足夠關心，乃至於動員粉絲、追隨者、模仿者們也一起來關切。雖然這些名人們身處極為多樣的道德和文化環境之中，他們仍具備充足的力量幫助人們依據共同目標進行協調合作。為什麼我們的社會之中沒有成熟穩固的制度性論壇，可以善加利用這些具有潛在影響力的地位呢？為什麼沒有相當於封聖（canonization）、足球世界盃獎盃、葛萊美獎（Grammy awards）的機制，可以表揚那些引領大家行動面對氣候危機的名人呢？為什麼思想領導者和媒體供應者，沒有持續努力推動、勸誘、引導那些人們最想要模仿的人物，認真地承擔起這個責任呢？

這些想法聽起來也許太過樂觀。然就理論來說，這些事情確實可以迅速執行，其方法類似於催生出曾經造就大眾民權運動或拯救生命慈善音樂會的領導力量。目前這類行動主義者的領域，尚有許多空缺有待填滿。氣候危機迫切需要人們採取行動，且大規模改變人們（尤其是富有國家的人民）的行為必須是解決方案的一環，此等意見如今已成為廣泛共識。所以，這場戰役其實已經贏了一大半。可是，要使人們集體思考與行為產生變化，必須要有勇敢的領導者在社會各層級中——尤其是針對有機會成為文化性榜樣的人們——推動改變，協調行動並引導眾人朝著正確方向前進。那些追求選票的政治人物，大多只是民意輿論的迎合者，而不是引領者，即便如此，我們的文化偶像人物是可以承擔更多風險的。而且，實際這麼做的風險，不如表面上看起來那麼高。今日絕大多數人是全球資本主義的參與者，我們就像是一大群羊，現在羊群已經出現騷動，我們準備好要迎接未來方向的轉變了。

儀式與展望未來思維之重生

要是傳統美拉尼西亞眾酋邦當中存在狗仔隊的話，狗仔隊的相機閃光燈肯定對準了豪華手環項鍊交換的公開場合，那便是初步蘭群島島民庫拉航行的精彩時刻。不過，在這些光鮮亮麗的交換行為背後，較不突顯或較為世俗的商業買賣也在進行。商業交易的重點是實用物品在群島間的流通，而不是偉大工藝品易主、發表演說、儀式對島嶼間聯盟和義務之影響。就其物質性目標和動機而言，這些平凡的經濟活動乃是以工具性為主，因此這些買賣是根據短期思維進行的，商品根據人們當前的需求而交易轉手，並沒有著眼於長期目標。反觀庫拉珍品交換則恰恰相反，所有的贈禮和回禮都經過精打細算，以求將未來締結義務的機會提到最高。隨著時間推演，庫拉交換能夠迫使對方將最尊貴且擁有豐富歷史的物品拿出來，促成相距遙遠的島嶼之間建立起強壯且持久的相互義務和政治聯盟。這樣展望未來的思維，對於眾酋邦之和平共存至為關鍵。

以物易物與資本主義有某種程度的相似，因為此二者往往是由相對短期且自私的決策所驅動，而不是以對未來展望與社會利益的關懷為動力。確實，在資本主義經濟之中追求利潤，涉及對未來的規劃和投資，但是其目標通常是帶來難以環保永續的成長型態，故而難以由此期待未來的繁榮。擁抱自我中心的工具性思維——而不是採納連結上群體歸屬感與社會利益的儀式性思維——正在將人們變得更加短視近利。

理解此等情況，可以對於人類如何處置地球環境的方式帶來重要影響。吾人今日所作決策，可能在未來數十年，乃至數百年間對地球造成無可挽回的破壞，有鑑於此，政府應對問題的短視與猶豫實在令人憂心忡忡。因此，關鍵問題是，我們該如何在全球規模的層級上，減少人們的短期主義心態（short-termism）並強化全體人類採納新生活方式的決心呢？同樣地，常規化儀式或許能夠提供此問題的解決之道。我在第四章業已論述，在過往諸文明當中，群體習俗、信仰、做法的頻繁重複，是如何幫助人類祖先變得更具備展望未來的思維。我們看到加泰土丘歷史家屋的例子，人們透過歷史家屋而將自己認知為更深厚傳統的一部分，而傳統之悠久遠遠超出個人的短暫生命。此外，我們也發現，儀式生活步調之加速，更能夠激發展望未來的思維。

這些論點不是憑空臆測，事實上，我們已經獲得扎實的經驗性證據，證明定期以儀式性角度審視集體生活，既能夠提升人的自我控制，還能夠提高延遲滿足的能力。我們的主要目標是要找出，融入要求參與常規化儀式的體系此一社會化歷程，是否能讓人們更優先較注意長期的回報，而不是較短期的報酬。我們一致認為，將現代西方國家和較儀式化的傳統社會中的人們予以比較，有很重要的意義，如此一來就能確認我們的實驗操作（experimental manipulation）是否在不同的背景環境之下都同樣有效。便是這股意識，使我們去往眾多人民繼續過著傳統生活方式的萬那杜。

我們的出發點假設是，比起單純學習一項新的工具性技能，執行常規化儀式需要更高的專注度與自我調節（self-regulation）。學習技能需要專注於最終目標，並將注意力放在學習過程的步驟如何幫助你達成最終目標。因此，你只需要模仿複製能帶來所欲成果的那些部分，其餘的則可以一概忽略。儀式可就不一樣了，前文已經說明，當我們對行為採取儀式性立場時，我們會覺得自己必須複製模仿對象所做的所有事情，尤其是那些看來刻意為之的事情，如此所需的專注程度便大為提高。這就意味著，當事者必須仔細留意所有小細節，不能拋棄那些看似「無意義」的部分。更累人的是，你必須從頭到尾都保持極高的專注度，直至徹底學會整套動作序列為止。我們的假設是，相較於學習新的實用性技能，學習一項儀式——以及日後反覆執行儀式——所需的自律，能夠讓人變得比較不衝動浮躁。如此一來，常規化確實可以引導人們形成更具未來展望的思維。

若此假設無誤，那麼最好是從小就參與常規化儀式，影響仍在成形的心智發展，則其益處才會最大且最長久。我的學生維若尼卡・雷班斯卡（Veronika Rybanska）在太平洋的萬那杜和歐洲的斯洛伐克，分別招募了大約一百名七歲左右的兒童，在他們上學期間進行為期三個月的研究。[13]

研究開始之前，每位兒童都進行了自我控制與延遲滿足能力的評量。第一項評量採用的是心理學家常用的「從頭到腳」動作組，用以評估兒童控制自身動作的能力。參與研究的孩子會接收一系列的快速指令：「摸你的頭！」「摸你的腳趾頭！」「摸你的肩膀！」「摸你的膝蓋！」等到確定孩子可以熟練執行動作之後，研究者會告知他，接下來要有系統地執行與指令內容違背的動作，例如聽到摸膝蓋的指令時其實要摸肩膀、收到摸腳趾的指令時是要摸頭等等。孩子根據事先訂好的規則執行這些刻意誤導的指令之能力，成為執行功能（executive function）的衡量指標。同時，為了測試兒童們的延遲滿足能力，研究者會給予孩子一顆糖果，並告知「如果」他能夠耐心等待，在研究者離開的過程中不要去拿糖，等到研究者回來的時候，他就能得到兩顆糖。接下來研究者就會離開，十五分鐘之後才會回來，期間這個空間內只剩下孩子跟糖果。假如過程中孩子碰觸、嗅聞或吃掉糖果，那本次測驗就宣告結束，而研究者會將孩子抗拒糖果誘惑的分鐘數記錄下來。

完成這些測驗之後，參與實驗的兒童被隨機分為三組，並在後續三個月間從事組內活動，這三組分別是儀式條件組、工具條件組和控制條件組（control condition）。分配到儀式條件組和工具條件組的兒童，某週會有兩次被領出教室活動，以八到十人為一小組參加所謂的「圓圈遊戲」（circle games），圓圈遊戲原先的設計目的，是要提升兒童的自我調節能力。每次活動期間，孩子們共會參加六場遊戲，總時長約為三十至四十五分鐘。在儀式條件組中，研究者會向孩子們說明參加這些遊戲的重點是要遵循規則，並且強調這項活動有其傳統性，比如提醒孩子們：「這些遊戲一直以來都是這個樣子。」與此相對，在工具條件組中，研究者則是強調遊戲的實用性優點以及教育性最終目標，比如提醒孩子們：「我們這樣做的話，就能認識不同的動物。」在控制條件組的孩子，則是完全沒有參與圓圈遊戲的機會。歷經三個月時間重複進行遊戲之後，研究者會再次測量兒童們的執行功能和延遲滿足能力。

雖然實地實驗向來難以執行且經常出錯，但這次於兩個國家進行的實地實驗，最終呈現相當契合的清楚結果。如同事前的預期，控制條件組的兒童在執行功能或延遲滿足能力方面的進步是最少的。有受到實驗介入而受益最多的兒童，竟然是儀式性條件組，也就是被告知不要專注於自己能學到什麼，而是注意「這些遊戲一直以來都是這個樣子」的孩子。

這是我們這個研究團隊首次獲得清楚的實驗證據，證明即便是高度世俗化的歐洲兒童，參與儀式依然能夠提高自我條件和展望未來思維。這項發現帶來的啟示深遠，假如人們原先執行的常規化儀式中止了，人的延遲滿足能力也可能降低，人對未來的注意力就更容易受到短期思維的影響。此情意味著，那些正在快速拋棄自身儀式和傳統的社會，很可能正在腐蝕自身的長期思維能力。稍微省思一下，對於世俗化的進程而言，這件事代表什麼意義。自二〇一四年以來的皮尤研究中心調查資料顯示，自一九二〇年代以降，每個世代的美國人參與例行宗教儀式的程度都低於上一個世代。在二〇一四年時，出生於一九四五年以前的美國人最有可能每天禱告並且每週至少參加一次宗教活動；戰後嬰兒潮世代（Baby Boomers）參與上述兩種儀式的頻率就比較低，X世代（Generation X）更低，千禧世代最低。[14]這樣的分布型態並不限於美國，研究顯示在許多國家，年輕成人與組織化宗教的親密度都不如年長者。[15]儀式之沒落就算不是短期主義心態如此盛行的唯一原因，但應該也是助長的因素。

另一方面，常規化儀式之恢復，是否能夠幫助人類再次具備較能展望未來的思維呢？有些具有暗示性的證據，來自對遊民規律參加教會活動造成之效果研究，尤其是關於對當事者藥物濫用的影響。[16]舉例來說，有一項針對會參與教會活動的三百八十個遊民的加拿大研究，發現更頻繁參與教會活動的遊民，其酗酒和使用鴉片及古柯鹼的頻率，明顯低於較少參與教會活動者。關於此現象，一種可能的解釋是，常規化儀式會促進吸毒者更關切未來並因此注意藥物濫用的長期傷害，而不是心心念念下一次吸食立即帶來的快感。這番發現也與另外一項探討美國人上教堂頻率的研究成果相契合，後者顯示參加教會活動的頻率和當事者的慈善及志願行為有關聯——無論是出於宗教動機或世俗動機皆然——此情反映的是當事者因而對未來更加關心，無論此未來是指此生此世抑或來生來世的未來。[17]

將人類依賴化石燃料和肉類消費過度視為某種上癮的看法，確實嫌於牽強附會。但是就像前述藥物濫用者的問題解決方法一樣，將常規化儀式重新整合到人類消費行為當中，或許就能化解我們對化石燃料和肉類的依賴。誠然，這種觀點相當有爭議性。環保運動者之間對於消費者可以改變世界的觀點，就存在嚴重分歧，有些人認為將責任歸諸個人，而不是企業和政府承擔，是一種轉移注意力的花招，使人不將焦點放在應當承擔促進眾人環保消費習慣之成本的那些對象身上。[18]舉例而言，若將化石燃料的環境破壞問題，重新構建為只能靠消費者以更負責任的態度使用交通工具，或度假者選擇短途目的地來加以處置，這會使得石油公司和航空公司能夠繼續推動刺激過度消費的市場行銷與定價策略，以維護其有害環境的企業利益。政治人物也可能樂於選擇將責任轉嫁給公民去降低個人碳足跡的政策，以此避開不受歡迎乃至等同政治自殺，卻有其實際需要的公共政策。但是我對上述觀點不能苟同，或至少有部分不同意。結構性改變確實有必要，但大多數人的準則和行為若沒有大規模改變，則結構性改變不可能成真。打著環保旗號的「漂綠」（greenwashing）作為策略，其前提其實是不妨礙汙染性產業使人們消費更多它們的產品。個人心態轉變導致眾人行為廣泛調整，才是這類產業真正畏懼的事情。英國石油（BP）這些集團之所以能挹注大量資金於支持環保消費行為的廣告活動，理由在於工具性思維對行為造成的效應相當薄弱（想想香菸盒上面的健康警示訊息吧）。對氣候變遷推波助瀾最多的強大企業既得利益者，理應要害怕眾人根植於從眾性、宗教性、部落性的龐大力量。最終可能將局勢扭轉為對抗製造汙染者的，正是這些人性本質的要素。

有一個能夠扭轉情勢的潛在出發點，就是改變我們的飲食習慣。一起用餐這個簡單的行為，數千年來就是家庭儀式的核心特色，稱之為「共食」（commensality）。同桌共食在現代沒落的最初徵兆，是所謂「加熱即食餐」（TV dinner）的出現，後來隨著智慧型手機、平板電腦、桌面電腦造成線上娛樂的興盛，共食的沒落程度來到了歷史新高點。像復興集體用餐儀式這麼簡單的一件事情，真的能幫助人變得更有未來思維，從而更加關懷地球的未來嗎？大家一起用餐能為打造新型常規化儀式——並使其服膺整體社會的利益和地球的健康——提供無窮的機會。學校營養午餐就是此情況最顯著的環境之一，它不僅能提供更環保的食物選擇，還能將眾人的用餐習慣常規化，甚至將消費和學習的環境整合起來，使學校餐廳化作支持環保議題與革新的實際學習空間和儀式場所。這些改變不必只限於小孩子，在我們的生活當中，有各式各樣的場所（如餐廳和工作地點的自助餐廳等等）充滿共食的潛力。

此外，我們還可以利用新科技來將常規化儀式重新導入人們的生活當中，比如設計智慧型手機應用程式來適度幫助消費者進行更具未來思維的生活購物決定。環境助推（environmental nudging）這門科學，已經辨別出許多能成功改變人類行為有效減少環境破壞的干預方法。近期一項統合分析（metanalysis）研究呈現，針對支持環保行為的重複性數位「助推」效果「極為成功」，能夠讓參與者對自身行為加以調整，利如縮短淋浴時間以及優化供暖系統和電力消耗。[19]這類干預能夠以各種形式呈現。我們可以思考一下應用程式 MyEarth（我的地球）的例子，這款應用程式會追蹤使用者個人的碳足跡，並每日提醒用戶其行為對碳足跡的影響如何。這套方法具有無可限量的擴充性：想像有一款應用程式，能夠即時計算購買壽命較短的廉價商品與購買有終身保固的優質產品兩者相對的優劣如何。如果這樣做可以改變消費者行為，使其選擇較為持久耐用的產品，那就能將我們的拋棄式文化（throwaway culture）逐漸導向更具生態永續性的方向前進。然而箇中關鍵之處在於，誠如我在第四章的論述，假使我們希望「助推」的效果能行之久遠，助推所推動的行為就必須透過常規化而深深扎根才行。

隨著科技日益精密複雜，將科技益處常規化的可能性也就愈高。想像一下，假如你的日常飲食帳單可以每週或每月提供回饋，持續告知你的購買模式對於環境有何影響，或你事先設定的消費目標與實際執行情況之關係，並且這些數據還可以用來自動生成預測，預測你的消費模式在數年乃至數十年間會對環境造成什麼影響。模擬功能還可以呈現，假如你的當地社群普遍採取這種消費模式，或者全國乃至全球規模都採納此模式，那會造成多麼龐大的效應。

前文業已說明，建立常規化儀式需要付出心力，尤其是在這麼一個快速世俗化的世界裡。因此，關於促成永續消費習慣常規化作為社會化歷程的一部分，教育者乃是潛在的重要角色。有能力重視品質和耐用度更勝過基於價格與便利而來的立即好處，可不是無須外力協助就能輕鬆獲得的技能，而這正是政治決策者應當大力鼓吹之事。若說正規教育的關鍵功能之一，就是培養受教者能夠抵抗廣告宣傳不良效果的習慣，那麼環保永續消費行為的例行常規，理當成為學校課程大綱的核心才是。

人的消費習慣某種程度是傳統、某種程度為技能。消費習慣是在榜樣人物與資訊供應者的影響下，透過模仿和經驗之結合所形成的集體行為模式。我們真的希望榜樣人物與資訊供應者，就是那些既得利益與消費者利益無干的產業和廣告商嗎？還是我們希望至少能有部分教導消費策略的責任，是由照護者、社區、學校、政府來承擔呢？如果期望是後者的話，那人們的消費習慣和技能便會開始展現出極為不同的面貌。

殖民巴布亞紐幾內亞的過程中，荷蘭、德國、英國、澳洲政府官員和傳教士自認為是在教化啟蒙他們眼中的原始人，但這些人幾乎不曾想過，土著族群身上也有值得他們學習獲益的智慧。我個人從基翁追隨者那邊學到了無價的教訓，不僅對於從貧窮國家處掠取資源的富裕國家而言十分珍貴，且是對全人類而言都極其寶貴。

這一章的內容大都圍繞著這些寶貴的教訓展開。例如，我正是透過基翁而首度領悟，常規化作為大規模改變人們行為以及培養未來思維集體行動的方法，實在非常重要。也許我從基翁那邊習得的最重要見解，是我們可以集眾人之力挑戰高高在上的霸權規範和權力結構。基翁組織初建之際，人們已經知道自己正佇立在十字路口處。若有意願，他們可以選擇循著殖民者的做法，穿著歐式服裝、上教堂、開辦商業性事業（如伐木公司和椰子、咖啡、可可種植園）。選擇這條道路的吸引力顯而易見，諸如取得渴望的商品、讓小孩就學、病患長者能獲得醫療照護等等。對某些人來說，這條路線更巨大的吸引力，是在商業、政府、公共服務領域與歐洲人合作共事的前景。但是，這條路也存在一些顯而易見的缺點。走現實路線所能建立的那些產業，大多會對人們向來賴以維生的雨林造成破壞。伐木公司和商業種植園對環境造成的傷害顯著到令人痛心，設計更多這樣的企業只是讓問題愈加惡化而已。更有甚者，加入殖民者和傳教士的「俱樂部」，顯然不能為原住民帶來其應得的平等。

基翁組織追隨者們於是聚首商議，想出一套更好的計畫。為此，他們採納了極為民主的歷程。於是，整個社群同聚一堂討論各種政策的優劣利弊，這類聚會不是只舉辦一、兩次而已，而是規律頻繁舉行。事實上，「基翁」一詞在巴布亞紐幾內亞最流行的語言巴布亞皮欽語（Tok Pisin）當中，意思差不多就是「會議」或「聚會」。在該運動的每一座村莊中，基翁追隨者們的聚會討論，每年都有超過一百場，也就是說全體基翁運動每年共會舉辦好幾千場會議。指導這些聚會的宗旨大綱，其靈感來自《舊約聖經》十誡，在每一座村莊的每週兩次聚會中，與會者每次會輪流討論十條律法中的一條，也就是每五週一個循環，使得人們得以探索在應對自身社群面臨的眾多挑戰時，這些律法具有什麼意義，並且最終達成極具原創性且有共識的解決方案。相當程度上，這些聚會頗類似於某些自由主義民主政權裡頭的「公民會議」（citizens' assembly）：[20]公民會議是由能代表本國一般公民者開會辯論問題的組織，會中成員聽取專家問題並且提出解決方案，其方案往往比國會議員所提出的還要更好。

透過上述審議過程，基翁運動找出了致勝的策略。基翁擁護者們得出的結論是，雨林的人民應該與其殖民統治者攜手合作，但前提是必須合乎前者設定的條件。由於加入資本主義體系將會惡化環境，他們決定限制現金作物的種植，並且下達集體禁令，不准將土地出售給伐木公司和種植園主。基於同樣的理念，他們以友善與合作的精神接待殖民巡邏官到訪，但是會內部私下處置犯罪和衝突問題，不讓屬於國家力量的公家警察操心。如此有尊嚴地與當地殖民行政體系保持距離，原住民社群得以保護自身免受惡劣的欺凌和剝削。最後，他們整合基翁成員的選舉力量，全體一致投票支持基翁領導者取得國家議會和省級議會的顯要職位，從而將勢力打入政府上層。他們的做法成效卓著，讓社群得以加入維繫法律和次序的運動，保護自身土地不受外來商業利益的侵犯，並且在政府當中爭取到能代表其集體利益的人物。

對眾人集體決策的重視，並不意味基翁全然拋棄領導者這個角色。反之，每個村落都有領袖人物在主持社群定期聚會的討論，而且基翁整個組織實為一階層體制兼權力集中的結構。只是組織的設立與實際運作方式，是透過討論和論辯來鼓勵眾人集體獻策規劃。

與此同理，吾人之未來也將取決於我們的決策體制與我們選擇的領導者二者之間的交互作用。我們需要有科學知識的領導者，為選民和公民會議提供有關因果機制的可靠訊息。但我們也需要人們可以信任，且能在有關人際關係和社會道德結構方面幫助人民解決問題與落實解決方案的領導者。基翁擁有兩種類型的領袖人物：一種是傳統的守護者，就像是能與祖靈交流並幫助人民詮釋基翁十律的科里亞姆，另一種則是像科伊曼雷亞這樣受過高等教育的年輕領導幹部，能夠進入具有潛在剝削性的政治、政府、商業世界活動。然而這些領袖人物的共通之處，就在於其人為社群共同利益發聲的勇氣，敢於告知令人感到為難的真相並且努力說服人們。領袖勇於任事所需要的信任與尊重，也是源自於共識之打造和常規化，而這件事情其實需要的是追隨者們的勇氣，勇於擁護當事者需要加以克服或會感到訝異的那些觀念，甘於承擔非基翁人士可能的排擠或嘲笑，願意單憑信念而團結往新方向邁進。如果我們真的想克服氣候緊急危機帶來的威脅，這正是我們所有人現在亟需的勇氣！

第八章　宗教性的商品化

我被好幾千人給團團包圍，許多人雙手高高舉起隨著音樂緩緩左右擺動。我們所有人的注意力都落在聚光燈照亮的舞台上，拿著麥克風的歌手們動作協調一致。舞台右側有一支由鼓手、節奏吉他手、貝斯手、銅管樂手組成的大樂隊，右側則有一隊二十人左右的合唱團。偶爾我會瞥見技術人員在舞台後方疾走，搬運設備和道具。然絕大多數人的目光，都聚焦在舞台上方的巨大螢幕，螢幕畫面中呈現出領導人物在燈光完美照射之下的細緻臉龐，畫面又透過衛星訊號傳播至世界各地。這其實不是搖滾音樂會，這是新加坡某基督教會的禮拜日例行活動。

點擊新造教會（New Creation Church）的官方網站，首先看到的畫面是一群漂亮又充滿喜樂的年輕人彼此對望並向你微笑，與此同時呈現的標語有：「歡迎加入我們的大家庭」、「我們在此等待你」。畫面中還有推廣新造教會電視台的廣告詞：「向世界傳播福音，讓眾人得以見證耶穌之愛與至善作工。」我環顧四周人山人海的觀眾，許多人確實就和網站畫面上一樣年輕俊美，穿著名牌亮眼的美國西部休閒服裝。在場每個人都嘗了代表耶穌基督血與肉的酒與餅，但是因為現場有好幾萬人，人數多到不可能排隊向牧師領聖餐。來賓領到的是聖餐膠囊，由無數志工事先分配在觀眾座位的下方，模樣看起來像膠囊咖啡機的膠囊，頂部可以撕開，裡頭裝著一塊聖餅，下半部有塑膠膜裝的葡萄酒。成千上萬顆大規模生產的聖餐膠囊，全都經過統一祝聖。

這場大聚會的場地位於大型購物中心的樓上，這座大型商場最初就是為了讓民眾可以敬拜與購物一條龍而設計建造。從光鮮亮麗的娛樂設施到驗票閘口、再到引導我們入座的服務員，這個環境中的所有事物都帶有商業化的標誌和商標。讓我震撼的是，如今居然有這麼多人看待宗教的態度與看待購物中心無異。新加坡這個國家大約有四分之三公民的種族是華人，其中多數是佛教徒，剩下的主要是基督徒和道教徒。新加坡另外四分之一人口，種族上大多是馬來人和印度人，所以國內的印度教徒和穆斯林數量也不少。此外，這些宗教內部又有很高的多樣性，所以這座「宗教購物中心」裡面的商品數量和種類極其豐富，令人嘆為觀止。除此之外，新加坡人喜歡貨比三家不吃虧。在這座龐大的會場上，我身邊擺動身體唱著歌曲的人，不少人同時也遵循自己家族的傳統中國信仰和習俗，例如祭拜祖先。[1]不僅如此，有些人還同時會定期去佛寺拜拜。有幾位與我談話的現場觀眾表示，他們之所以會來參加基督教教會活動，有部分原因是想增進英語能力，或是幫助自己的孩子學習。

我隨著人潮魚貫走出新加坡這間超級大教會（megachurch）的會堂，過程中我注意到禮品店中一排排的架子上陳列著布道類商品廣告，這些布道商品的標題是針對普遍的情緒和心理問題設計：例如「戰勝愧疚和自責」或者「將挫折化為突破」。有些布道給予獲得財富和成功的保證，或者給出健康和幸福的承諾，還有一些提出處置衝突與降低壓力的訣竅。新造教會不只是一個聆聽精神喊話和勵志演講的地方而已，那些將自己奉獻給耶穌的人們，還可以獲得各式各樣的實惠：好比取得心理治療、醫院就診、婚禮會場、兒童照顧、喪親輔導、托兒服務、媽媽寶寶團體、社會支持網絡等方面的管道。這些實惠吸引人之處，也許有助於解釋基督教靈恩派（charismatic Christianity）為何成為新加坡地區擴大速度最快的宗教，以及為何這個品牌能夠迅速在全球各地傳播開來。[2]

新造教會的商業化基督教很容易遭人貶抑，視其為利用人們輕信傾向的詭計，但是這樣的看法就忽略了福音派宗教所能提供的重要社會暨心理功能。新造教會與許多其他型態的福音派宗教，能提供包含廣泛的人類基本需求，而這些需求乃是其他體制難以供給者，或說是在宗教環境中較易獲得者。新造教會出售的產品和服務，大多屬於心理和社會性質的支持，理論上世俗性單位如諮商師、托育人員、心理治療師、自助類書籍、社交俱樂部等等應該也可以提供才是，但是基督教靈恩派卻能夠以一條龍的方式全數供應。[3]

新造教會的收入有部分來自什一稅（tithing）制度，教會成員以此做法定期奉獻。在某種層面上，什一奉獻被認定為向上帝表達感恩，感激神透過宗教組織給予各式各樣的恩惠。就像是新造教會網站上寫的那樣：「親愛的弟兄姊妹，聖經上提到，我們是透過什一奉獻與捐獻，將自我奉獻給神。我們相信，奉獻是敬拜主與感恩主的表現，是在回應祂為我們所做的一切。」[4]然在另一層面上，什一稅可以類比於俱樂部的會員費，繳費者便能使用俱樂部的各項設施。[5]重要的是，什一奉獻使人有機會接觸其他成員，而這些成員對於教會信念和價值的堅守恰恰象徵著他們是可靠的合作夥伴。[6]福音派教會為成員提供尋找可能的員工、貿易夥伴、工作機會之管道，甚至充當介紹未來伴侶的婚姻仲介。什一稅制度還允許根據個人經濟條件調整捐獻額度，以符合不同信眾的經濟能力與信仰動機，由此使教會收入最大化。奉行什一奉獻的富裕教會成員，應該要比貧窮成員捐獻更多才是。時局困頓之時，這類教會可以視情況調整要求以配合信眾的條件。[7]

新造教會這類組織對其成員無疑具有吸引力，此吸引力某種程度是它善於運用人類的宗教性成見而造就。但是此等宗教組織的目標，不能說單單是為了填飽靈恩派領導者們的錢包，成員們確實有獲得福祉。誠如第五章所述，道德化宗教首次出現於世界上，是與軸心性的興盛與傳播同時，同理，當代的各種基督教福音派也滿足了人們珍視的社會性功能。讓我感到訝異的是，此情與基翁運動有諸多共鳴處。基翁的批評者大多將其斥為迷信崇拜，其承諾之超自然力量的善報乃為虛妄。但是基翁卻能將國家中受政治宰制的貧困人口統合起來，進而抵制商業利益的剝削和破壞，並提供鄉村地區急需的基礎建設。新造教會也是一樣，承諾神力介入只是它的一個部分；除此之外，它還以極其務實的方式提供能處理社會問題的辦法。

由此，新造教會的重要性，其實不是它代表著什麼嶄新型態的宗教或社會組織。在諸多方面，它其實正在執行數千年來那些流傳迅速的教會所發揮之功能。新造教會的重要性，在於它是以最新穎的大眾媒體和廣告宣傳方式，訴諸人類古老的宗教性成見。對於被廣告宣傳、華麗娛樂、流行文化包裝起來的宗教，剛剛接觸的人或許會產生厭惡感，或至少感覺不自在。可是，假如實際情況竟然恰恰相反呢？如果真正驚人的真相其實是，當今大眾媒體與網路商品的銷售方式已經悄悄取代近代人類組織化宗教的地位呢？假若大眾媒體與網路購物劫持了人類的宗教性偏見，而其目的只是利用人們的上癮和寄生心態來賺錢，不是要提供人真正需求的社會和心理支持——更遑論拯救人的靈魂呢？如果，大眾媒體與網路購物的做法，其實比新加坡最流行的超級大教會還要更加權謀詭詐，使得人們幾乎無從發覺也因此無法抗拒呢？

泛靈論與廣告宣傳

商業廣告和基督教福音派所利用的，是一模一樣的人類成見或傾向，這件事情若不仔細審視，實在難以察覺。不過，與人類歷史上組織化程度最高的宗教有助於社會凝聚不同，廣告產業導引人們陷入誘惑與大眾消費主義（mass consumerism），以整個社會作代價利益極其富有的極少數人。這種新型宗教的最高祭司，不是教宗、不是伊斯蘭宗教領袖阿亞圖拉（ayatollah）、不是君權神授的皇帝，而是廣告代理商。

廣告影響人的心靈這件事，早從孩提時期就開始了。我最初意識到此事的時間，是我在研究兒童如何經歷社會化並融入以儀式與超自然力量為強烈特色的信仰體系之過程中。當我向歐盟設立之歐洲研究委員會（European Research Council）申請經費研究此社會化歷程時，我強調組織化宗教仍持續對於世界上諸多社會運作及地緣政治緊張局勢造成影響，故研究兒童如何經歷社會化進入這樣的世界有其重要價值。然而，當我成功申請到研究經費之後，我發現更令我產生興趣的課題是，孩子們的腦袋其實也被我們塞入了五花八門的超級英雄、人獸獸人、幽靈鬼魂、巫師巫婆、外星生物等等超自然存在的觀念。這件事情沒有那麼嚴肅，某種程度是因為我們把這些東西當成純粹的虛構，但它們對於人們成年之後遭到剝削的方式，影響其實不小。

以耶誕老公公為例好了。[8]我們鼓勵小孩子想像這位身穿紅袍的快樂白鬍子老頭，是個擁有超自然力量的存在，能夠以違反直覺物理學的標準方式（與所有宗教中違背直覺物理的存在一樣），在極短的時間內造訪無數的家庭。耶誕老人展現出豐富到令人眼花撩亂的最低程度反直覺觀念：諸如違反萬有引力（飛天馴鹿）、違背物體連續性與固體性（神奇地進入孩子的家中）、讀心能力（知道誰乖誰頑皮）等等。這些直覺屬性的基礎或許可以解釋耶誕老人的傳統，為何每年都能讓那麼多大朋友小朋友歡欣鼓舞；這應當也能解釋，它的商業價值為何如此驚人，根據二〇一六年的調查，耶誕節假期銷售總額估計超過一兆美金，[9]比世界上絕大多數國家一年的國內生產毛額還高。

若要說耶誕節淪為將組織化宗教及民族傳統二者直覺原則商業化的藉口，那它其實並非特例，其他公共節日也出現類似的情況。萬聖節也被商業操作利用了同樣的——普遍存在於世界各地野生宗教當中——最低程度反直覺直覺（minimally counter-intuitive intuition）。與耶誕老公公類似，萬聖節女巫的刻板印象往往是違反地心引力（不是乘雪橇，而是騎掃帚飛行），吸血鬼也是一樣的（穿著能夠化作蝙蝠翅膀的斗篷）。喪屍是萬聖節的另一熱門角色，從心理學角度來看，喪屍的反直覺屬性特別令人感興趣。流行電影中的喪屍形象，引發我們想像一種符合標準物理學的存在（沒有違背重力或穿透固體的特殊能力），通常缺乏自由意志並喪失正常認知能力（無法正常言語、推理和規劃）。[10]反之，喪屍擁有一些反常的心理特徵，比如瘋狂吃人肉，尤其是人腦。根據美國零售業協會（National Retail Association estimated）估算，美國二〇〇二年度萬聖節商業價值超過一百億美金。類似的「野生」宗教信仰也可見於美國的感恩節（崇拜祖先）以及中國農曆新年（能吞吐火焰的龍是違背直覺生物學的好例子，龍對人們的吸引力很值得研究）。美國人每年感恩節光是購買火雞，就能花費十億美元；與中國春節有關的銷售額價值，以二〇一九年為例，估計約有一千五百億美金。[11]

宗教性成見的商業化在眾多公共節日中呈現得如此充實明白，但是它對消費者的益處卻一點也不顯著。即便我們能意識到自己正在被節慶廣告所操弄，我們往往還是覺得這是種無傷大雅的樂趣，把它當作自己浪擲金錢或寵溺小孩的藉口。然而，我們透過這些日曆上的節慶活動去滿足之需求，有許多其實是牟利產業人為創造出來的需求，不是亟需解決的真實問題。

對野生宗教的利用並不限於促使人們購買明明用不到的產品，廣告商擅長誘惑人們購買那些對人自身與環境有積極危害的產品（極端的例子有成癮商品如香菸等）。其中最普遍的誘惑技巧之一，就是讓商品看起來更像是人類。正如世界各地的野生宗教都有將大自然擬人化的表現（處處皆可見人形與人類的影響），廣告商行銷產品的手法與此如出一轍。人類學家史都華．古斯里（Stewart Guthrie）將他的大半學術生涯，投入探索廣告產業如何利用與神聖宗教偶像藝術相同的擬人心理（anthropomorphic psychology），並且識別出無數呈現人類特徵的產品廣告。[12] 例如有一個咖啡機的廣告，機器上的按鈕與旋鈕配置狀似人臉，似乎正在討論哪種咖啡最棒；另一個例子是電話機廣告，廣告當中安排這部電話頂部戴著學士帽（大學畢業典禮會戴的那種帽子），並且保證這部設備通過的測驗比一個領羅氏獎學金的研究生（Rhodes scholar）還要多；再舉一個無酒精啤酒廣告的例子，這項商品是以愛好運動人士為目標客群，於是該品牌啤酒便在廣告當中穿上白色網球服。我有幸親身聽過好幾場古斯里的講演，而在數年之間，他展示擬人化廣告例子的投影片愈來愈豐富多樣。參加古斯里的演講，除了能看見這類圖像之外，他還會並陳來自世界各地數千年宗教傳統的浮雕、雕刻、壁畫、紀念性建築，著實是精彩的精神饗宴。

古斯里參考了社會學家厄文．高夫曼（Irving Goffman）的研究，高夫曼至早從一九五〇年代便開始關注性別、性、生殖等課題，如何在宗教圖像和廣告宣傳當中被當作「誘餌」

（bait）使用。[13]缺乏警覺的魚咬住餌鉤之後只會感到失望而已，可是，充滿性暗示的廣告就像是裝飾華麗的祭壇，會對人造成輕微的生理興奮作為回報，慢慢使我們愈陷愈深。隨著時間推移，我們對這些回報的渴求，便構成了上癮的基礎。此外，誠如古斯里的觀察，這種上癮型態的常見後果之一，便是強化女性角色被動或順從的性別刻板印象。[14]

如今，各家品牌愈來愈有能力將擬人化廣告對其商業性成功的效應予以量化。關於這個課題，有一篇二〇二二年針對一百多篇論文的綜合回顧結論道，將商業品牌描繪得愈像個人、愈人性化，就愈能提高消費者對於向其推銷之產品的喜愛、忠誠和購買意願。[15]耐人尋味的是，最能夠影響消費者偏好的因素，是商業品牌被概念化為具心靈之存在的程度。就像是人類祖先將能動性（agency）賦予動物、樹木、山岳，如今的我們也在將能動性賦予品牌。[16]若想要追蹤這個現象，可以有的做法是邀請消費者對於各組織予以評分，揭示其被認知為像人的程度有多高。相關領域的眾研究呈現，人們認為像Nike、微軟、可口可樂這類品牌，相對缺乏類似人類的能動性，三者各自大約等同於樹木、盆栽、微生物。[17]相對地，像聯合國兒童基金會（UNICEF）或為美國而教組織（Teach for America）更有人味，其評分等級大約等同大象或人類屍體。評分介於上述兩類組織中間的，是Facebook和Google這類組織，其分數大約各自等於螞蟻和魚；再更高分一點的，有迪士尼這類品牌，分數大約接近鳥或老鼠。透過這些衡量可見，品牌的世界非常類似於薩滿的泛靈論宇宙（animistic universe）。就像信仰崇拜領導者能夠吸引忠實的追隨者，市場行銷研究的證據也顯示，品牌擬人化能夠促進消費者對喜愛品牌的忠誠度，[18]並透過社群媒體與該品牌有更多互動，[19]與所愛的產品之間培養私人關係，[20]且願意於必要時付出更多費用來維繫這些關係。[21]

以利用人類宗教性成見為基礎進行廣告，所造成的效果之一是，這不僅能讓廣告公司想要推銷的品牌得到擬人化的正面效應，還會使其想要打敗的品牌受到妖魔化（demonization）。正如宗教性行會（religious guild）及專業人士經常將競爭對手醜化為迷信受騙好作亂，甚至是魔鬼，類似策略也在廣告的世界裡頭出現。這個現象被稱為「逆向品牌擬人化」（reverse brand anthropomorphism），也就是對品牌進行醜化，就像傳統上宗教性組織會將競爭對手斥為邪惡、不信神或異端。[22]人造奶油的奇特故事，是個尤其令人驚訝的例子。[23]人造奶油最初是法國在拿破崙戰爭期間的發明，是因應海軍需要能長時間在海上不會腐敗的脂肪塗醬而製造出來的產品。人造奶油在法國從來沒有流行起來，但日後卻在美國找到很大的市場，廣泛用於第二次世界大戰期間的軍隊食品還有戰後的配給品。美國乳製品業將這番發展視為對奶油的嚴重威脅，於是屢屢發動醜化人造奶油的運動，宣傳人造奶油味道較差、對身體有害且非天然，甚至可能與巫術有勾結。根據十九世紀美國共和黨國會議員大衛·韓德森

（David Bremner Henderson）的說辭，聖經當中多次提及奶油，反觀歷史紀錄第一次提起人造奶油，乃是出自莎士比亞《馬克白》（*Macbeth*）劇中女巫之口。在乳製品產業的政治遊說之下，佛蒙特州（Vermont）於一八八四年、新罕布夏州（New Hampshire）和西維吉尼亞州（West Virginia）於一八九一年都推出新法案，規定人造奶油必須染成粉紅色，使其較難引發食慾。[24]這場關於吐司上面該塗什麼醬的鬥爭，從某方面看來只是單純的產業對立競爭，但是這場鬥爭進行的方式與傳統上宗教競相爭取信徒的方式幾無二致。人造奶油受到的毀謗不僅是風味不佳，而且是不純潔、汙穢且邪惡。

擬人化廣告的廣泛使用，不只是會引發學術興趣的怪事而已，它還對整體社會構成巨大的威脅：把持人類宗教性成見，用以向我們兜售明明沒有需要又對地球有害的商品。這個問題有解方嗎？解答之一或許就埋藏在人類集體的歷史中。數千年來，組織化宗教總是企圖馴化人類相信超自然存有和力量的傾向，其方法是發展出精緻複雜的教義和儀式，需要人長時間反覆訓練才能精熟。從各種清教（puritanical）類型的基督教教派，乃至反對偶像崇拜的耆那教，許多組織化宗教達成此企圖的方式之一，就是禁止或限制於宗教藝術和建築中使用擬人形象。這就是為什麼直到今日為止，穆斯林世界大都規定裝飾設計不能有活動體的表現，尤其是展現人力或神力能動性者。

假如我們有意對抗廣告對於人們生理、心理、社會健康的危害，我們也許可以考慮如法炮製，以其人之道還治其人之身。組織化宗教傳統上採用的機制，就是建立正規教育體制，系統性矯正人們出自直覺的神學性誤解，以及糾正人們重視最低程度反直覺之正確更勝於神學性正確的傾向。[25] 然而，人類今日的世俗教育體制，對於被廣告業向易受影響的新世代傳達的扭曲現實，幾乎沒有什麼糾正的力量可言。學習有關行為改變法、身體臆形症（body dysmorphia）、化妝品產業虛假承諾的危險，並不屬於學校義務教育範疇，教師沒有責任必須告訴孩子們，舊衣回收和二手衣物、減少浪費水資源和食物、降低碳足跡的優點。最重要的是，國家訂定的課程大綱既不會告知我們，廣告商用來向人們銷售產品的心理技巧和行為改變演算法是什麼，也沒有教我們要如何應對。

面臨廣告氾濫造成的那些問題，雖然公共教育改革進度遲緩，但更快速的問題解決辦法或許能依靠新科技造就。令人能燃起希望的例子之一，是智慧手機應用程式「道德生活：全球消費者數據庫」（Moralife: Global Consumer Databank）。Moralife 最初只是個食品資料庫，後來範疇逐漸擴充至流行的消費產品。應用程式的運作方式如下：每一種物品都根據透明且可量化的道德高低（比如從「優良」至「惡劣」）標準評分，程式追蹤有關五十種主食與生產暨供應這些主食的跨國大公司的持續更新之事實訊息。每一種物品（例如包裝好的切片麵包）都有專業分析師根據各種倫理面向——諸如環保程度（例如碳足跡）、人道程度（例如是否獲得英國皇家防止虐待動物協會RSPCA認可）、剝削程度（例如薪資與工作條件）——來為市場領導品牌評分，主要品牌產品在上述每個領域都會得到一個分數，且每年度都會重審更新。這些分數經過彙總之後，消費者可以隨時查看每項商品（例如全麥法國麵包）的整體倫理性評等。這套應用程式適用於大多數智慧手機、平板電腦、桌面電腦並由此收集資訊，讓使用者自行選擇的道德標準來校正每週購物內容。舉例而言，假如你更關注的議題是降低碳排放或增進動物福利，那你可以在倫理優先順序中將它的比重加權。換句話說，作為消費者，你可以自行決定如何以最佳方式校準你的道德帳本。隨著愈來愈多消費者透過這項應用程式表達自身態度，也就會有愈多超市和零售商不得不因此有相應的調整，而這些運作將會逐漸擴展至更多的公司和產品。新聞報導和線上顧客回饋既難以解讀也難以比較，但Moralife不同，Moralife 是根據一致的評判標準對於眾多產品進行評分，使用者真的可以比較蘋果和梨子的優缺點。

究竟要去哪裡取得這款應用程式呢？很遺憾，Moralife 其實只是我的想像而已。但是要開發出這樣的應用程式，應當是相對容易的。目前市面上已經有一些應用程式，允許消費者對於未能達成倫理標準的產品表達其道德立場。例如 Buycott（「杯葛」）這款應用程式，讓使用者可以掃描產品條碼查詢到該產品歷史的罪惡祕密，此外，用戶只要點擊按鈕便可通知產品供應商，自己正在杯葛這些產品。[26]擁有類似概念的應用程式，還有DoneGood（「做好事」）和Orange Harp（「橘豎琴」）等等。[27]假如可以大規模推廣，這類應用程式將有望從廣告商那邊將控制權奪回消費者手中。

然而，這類應用程式若要更為人廣泛使用的話，便需要獲得充足的資金與支持。回顧人類歷史的大脈絡，意欲有效管理與控制野生宗教，需要的通常不只是整體人口的道德承諾，還要仰賴中央集權的祭司階級以及維持治安的階層體制，方能維持穩固的正統信仰。世俗性的社會依然需要執行類似的功能，而要辦到此事便需要立法以及有效的監管機構。我們可以透過法律要求製造商和進口商，提供Moralife這類應用程式所需要的產品倫理資訊，使其獲得官方認證並且對公眾開放。現在人們已經逐漸習慣要求產品列出與健康相關訊息的立法，我在此處將產品倫理層面訊息也包含進去的意見，其實只是將此觀念稍加延伸而已。

道德成見與新聞報導

誠如野生宗教透過品牌塑造（branding）而商業化，組織化宗教的道德化功能如今也愈來愈被媒體取而代之，此情況在高度世俗化的國家尤然。然與組織化宗教不同，媒體在確立和強化道德思考趨勢方面的作用，不是在滿足社會整體的需求，而是服膺少數既得利益者的目標。形塑現代世界的道德化宗教，是以服務更大規模合作利益的方式，試圖駕馭人們的道德直覺，反觀新聞媒體對於相同道德直覺的操縱，卻對社會造成嚴重腐蝕作用，降低人們對於政治領袖和民主制度的信心，並刺激民粹主義（populism）和兩極化（polarization）現象。

在此過程當中，媒體也是訴諸人們最深層的直覺成見。當我們還生活在人人熟悉彼此的小型共同體中，新聞內容主要是由具有社交策略意義的訊息構成，諸如誰囤積財富、誰說了謊話、誰和誰上了床、誰偷了東西、誰不勞而獲等等。這些值得報導的故事裡頭大多會有違法犯紀者和受害者，而新聞的提供者和消費者對於這些訊息對聲譽造成的後果非常敏感。關於以上所述，最常見的用詞叫做「八卦」（gossip）。

在當代世界中，我們所謂的「新聞」（news）其實也是訴諸類似的直覺，雖然它被包裝為政治或時事呈現。有一項針對某個月英國媒體發布的一千兩百七十六篇文章進行分析之研究，研究者的結論是，讓記者決定某故事是否「值得報導」的考量可以總結為十點，理想上將這十點綜合起來就能造就令人趨之若鶩的故事。[28]有沒有名人牽涉在內？有沒有涉及性愛、戲劇性事件、醜聞等等挑逗人心或「刺激人性」（human interest）的主題？有沒有出人意料之處？會不會讓人心情不好（比如包含衝突或慘劇）？會不會令人精神振奮（比如包括英雄事蹟或新療法）？是否造成重大社會影響？與人們的關懷或興趣是否有關聯？有沒有連結上最近的新聞故事線？是否符合新聞報紙設定的主要議題？以上所述大多屬於人際八卦的元素，同時也是具有重大公共意義之事件的元素。特別之處在於，貫穿這些評判標準的主軸是，一個好的故事必須包含明顯涉及道德意義的主題。誰在說謊？誰自私自利？誰出軌？誰作弊？誰在受苦？誰是懦夫？誰欺負人？英雄豪傑、創新人士、救人勇者、聖人聖徒等具有正向道德意義的故事，在此模式當然有其定位，可是壞事總是比好事更引人注目，因為壞事更能引發公眾興趣並且創造報導篇幅。

負面事件比正面事件更有報導價值有其演化角度的原因。舉例而言，高估風險有可能拯救人命，所以這是值得付出的代價。不過，這並不表示我們對於好消息就沒有興趣。在一般新聞編輯判斷新聞故事價值的十大考量中，好消息依然有其定位。只不過所有故事的共同點在於，它們就某方面來說涉及明顯的道德意涵，而且通常是負面的道德意涵，也就是指出違法犯紀者與其可怕的犯罪細節，還有受到懲罰的過程。

在大家彼此相識的地方社群中，成為眾人話題的違法犯紀行為愈具社會破壞性，事態就愈有可能從八卦流言升級成需要在公共背景之中處置的問題。任何地方的社群都有處理這類問題的公共空間或場合，無論問題係屬非正式抑或正規法律性質，而在公共環境中發生的事情就可能被記住，或者（在許多成員具備識字能力的社會中）更有系統性地記錄下來，當作往後處置類似情況的先例。在既有的共同體中，這類事件的新聞價值（newsworthiness）概皆源自於其對於他人有潛在的生存適應性影響（fitness consequence）。共同體成員的既得利益在於，確保對於違法犯紀行為的處置方式，不會對自身或親緣群體帶來體制性的傷害。有賴語文的演進，人們不僅會根據直接觀察記住誰對誰做了什麼，還能夠根據二手報導記住此等事情，所以，目擊者敘述、間接證據、輿論必然會成為規範執行和處罰的關鍵特徵。有效的聲譽管理（reputation management）於是成了生存與繁衍的關鍵。

因此，假如你隨機收看全球任何地區的新聞，你的注意力很快就會被那些因其道德內涵（以及為新聞提供者創造利潤的能力）而引人注目的故事所吸引。這類新聞對於小型社會中的消費者具有潛在的重大影響力，因為大家都親身認識故事的主角，然而在中央集權的國家中，這類新聞的現實價值就會大為降低。你永遠不會親身認識那些公眾人物，他的私人生活對你個人也沒有影響，然公眾人物違犯道德之所以讓人感興趣，是因為我們擁有會關心這類事情的演化形成之傾向。但是，比起公眾人物的道德缺失，他們是否有效管理其掌管的龐大且複雜的官僚制度，或者是否明智地將公帑花在該花的地方，後者才是更重要，卻也是憑直覺更不可能理解的。

上述情況對人的腐蝕效果，不止於讓我們被八卦弄得三心二意。新聞媒體持續向人們餵食煽情又吸睛的故事，也會腐蝕人們對社會凝聚力的信任。第五章已經有說明，隨著社會愈來愈龐大，常規化的共有認同形式提供了大型共同體維繫信任的主要方式之一。最終，道德化宗教之興起，提供了吾人增進對社會當中他人（尤其是掌握高層職位的人）道德正直程度之信心的方式。然而，產生信任和正當性的機制隨著世俗化持續推進而衰頹，於是對制度和機構能培養合作和信任的需求變得愈來愈迫切。不幸的是，新聞產業的所作所為，卻是與此迫切需求的方向背道而馳。

有沒有什麼其他的選擇呢？讓我們發揮想像力，想像新聞有了改弦易轍的目標，好比告知且教育公民，使他們成為更支持社會且具批判性的自身政治體制貢獻者。假如這件事成為新聞報導的明確目標，製作新聞和傳播新聞的方式將會出現徹頭徹尾的改變。簡單說，這意味著重新開始思考怎樣的事情才值得報導。

新聞價值不應當與有關資訊品質的辯論混為一談。目前人們已經廣泛接受，社會上的許多關鍵組織必須對資訊品質進行嚴格控制，以保證其準確和平衡。舉例來說，醫學這門科學追求的是確認治療方法的有效性，而驗證做法是在龐大人口之中進行隨機對照試驗，不是用誰的意見在新聞網站獲得最多點擊來決定。同理，法律體制也在企圖辨別傳聞與可驗證的事實，這件事的精神甚至也隱約呈現於新聞報導領域，比如事實查核機制。可是，某新聞內容是否準確，甚至是否能代表輿論、能平衡代表各利益團體與政黨等問題，完全不可以與某事是否值得報導的問題混為一談。

我認為，新聞價值的問題，是媒體批判領域當中最為基本，卻也最少被探討的課題。即便是最受讚許的新聞機構，都難以處置這個問題。例如創建於一九七三年的《新國際主義者》（*New Internationalist*），自稱不受媒體大亨和廣告集團左右，努力報導對全人類具有重要意義的議題，超越大眾流行新聞頭條的層次，並探索全球性事件和趨勢的根本原因和廣泛影響。即使如此，《新國際主義者》雜誌自我呈現的內容，對於其記者和編輯如何決定新聞價值一事仍缺乏詳細說明。

假如「我們人民」（we the people）能透過某些民主方法，成為政治決策的終極裁決者以追求全人類之福祉，那麼理想上全球的公民應會充分了解全人類共同面臨的合作問題的來龍去脈。理想情況是，我們對於世界上值得注意之重要事件為何的直覺將會得到強化，甚至被更嚴謹的新聞價值判斷方法所取代。我們或可將此視為馴化野生宗教的歷程，或者以此案例更準確去說，這是馴化「野生道德觀」（wild morality）的歷程。野生的道德觀太容易被商業利益加以利用，用來驅動使人更加心胸狹隘與採取敵意的新聞故事。然而，若說新聞媒體的目的是要分享與社會問題之健康及管理有關的資訊，成為民主運作歷程的支柱，那麼，能使一事件產生新聞價值的因素就在於此事件對於大規模複雜社會之運作的影響——無論是指好的或壞的影響。此事需要對於人類道德直覺有更細膩的運用，使我們在公共政策複雜選項之影響下，還能夠權衡彼此衝突的各種本能衝動。更簡潔地說，這件事的挑戰在於要更新新聞報導的標準，而且至少得有進化好幾千年的更新。

上述歷程的進行實在不大可能由市場主導，因為新聞業的終極目標就是賣新聞賺錢。新聞出版領域普遍存在牟利動機，復興和改革公共廣播（public service broadcasting）也許是處置此問題的方法之一。此法的主要優點是，新聞與時事節目變成由納稅人贊助，從而具有相對的獨立性，不受商業既得利益和廣告商需求所擺布。然而，若想收穫此等獨立性帶來的好處，公共廣播的運作之道就必須將新聞價值的優先性置於收視率之上。

判斷新聞價值的候選標準或者包含以下幾點。第一，某新聞是否確定有規模足夠公眾加以關心的問題存在？就此而言，虛構聳動的「人咬狗」（man bites dog）標題，其新聞價值便不如呈現狗咬人事件有失控趨勢的新統計證據。有很多時候，公共政策竟然是被罕見到不足以造成問題的事件所激起之公眾恐慌感所驅使；法律界有一句格言叫做「疑難案件出壞法」（hard cases make bad law），也就是說極端案件不應成為一般法律的基礎。第二，該事件是否會有重要的後續影響？比如說，此事件是否對於社會或地緣政治某些方面造成廣泛且持久的影響，若是，具體而言如何造成影響？若能將事件之影響作為主要焦點，新聞便能獲得轉化，成為一套連貫展開的敘事說明政治或經濟局勢之變化，而不是淪為支離破碎的議題轉移過程。第三，某新聞所辨識出的問題是否有解決或彌補之道，若有，具體上如何進行？讓新聞聚焦於問題的解決之道，能夠提升公眾辯論的素質，尤其是能將結構性問題與其實際補救措施的優先性，置於個人過失和懲罰過程之上。假如某國家，或數個國家有志一同組成之聯盟，能夠率先採取更有原則的做法，提供具備新聞價值的新聞，這就足以成為概念落實的證據，讓世界各國的政府借鑑參考與修改調整，樹立自身向公民提供具備新聞價值的新聞之方法，並將此設定為一項法定義務。上述三項候選判準只要達成任一者，便可以算是具備新聞價值了。

透過具備新聞價值的新聞之傳播，創造出知情的全球公民（informed global citizenry），這也許永遠無法真正取代我們今日所謂的「新聞」。商業媒體只要繼續傳播挑逗情緒的八卦和引發對立的敘事，依然有大量機會可以銷售廣告空間。不過，知情的公民也許能漸漸將這些東西視為次要或餘興節目。目前已有證據顯示，人們所受教育愈高，花在觀看電視新聞廣播的時間就愈少。[29]或許，我們若能對真正具備新聞價值的事件有愈多認識，我們就會對於目前充斥於媒體當中的那類新聞愈加興趣缺缺，或至少我們作為公民的穩重信念和行動，就愈不會受到那些東西的影響。

道德感染和社交媒體

人類的合作依賴於第三方力量的懲罰（third-party punishment），也就是由第三方，而不是受害方對於他人違法犯紀的行為進行制裁。[30]目前有極為充分的證據顯示，人類甚至在成長到會說話的年齡之前，就已經會期待有不道德行為的人（比如分東西不公平的人）受到第三方懲罰，以及期望有道德的行為獲得獎賞。[31]從採集狩獵社會將危險心理變態者集體處決這種最簡單的刑事司法型態，乃至於現代法院最為複雜詳盡的審判，所有刑事司法系統都是以上述這項原則為核心思想。[32]

這樣的行為通常被稱為利他性懲罰（altruistic punishment）。在此背景脈絡中「無私利他」（altruism）一詞指涉的是，懲罰者付出的代價並沒有被其獲得的利益抵銷。此即是說，此處牽涉的處罰行動不是報復行為，而是公共服務，執行之目的是為所有人提供公義及保護。當然，執行懲罰者並不是沒有獲得任何獎賞，所以將他們描述為無私利他，會有某種誤導性。比如說，當罪犯受到應得的懲罰時，人們大腦的獎勵結構就會被啟動。[33]事實上，有關懲罰的神經結構是高度專門化的，腦部掃描顯示，人在針對不同類型的犯罪應給予何種懲罰力度一事下判斷時，前額葉皮質會特別參與其中。[34]我和同事利用類似技術之下發現，當足球迷在決定要不要對敵隊球迷施予處罰性質的行為時，其大腦相同區域之活動會受到所測量到的融合程度影響。[35]當然，處罰者也可能因為執行司法或施行公義獲得物質利益，最明顯的例子就是警察、律師、法官、監獄人員、死刑執行人員領得的薪資。可是，在那些我們沒有實際上獲得酬勞來執行處罰的案例中，我們其實還是從中得到了以正面聲譽回饋（positive reputational feedback）形式呈現的好處。在所有人類社會中，無論傳統抑或現代社會，勇敢站出來對抗霸凌者、說謊者、欺詐者、盜竊者的人，總會受到人們的欽佩。這種欽佩的根本原因是，所有人都知道挺身而出有風險，因為危險，故需勇氣。

然而麻煩之處卻在於，社群媒體平台以史無前例的方法降低了挺身而出的風險，並且讓人們幾乎不用付出任何代價就能得到聲譽上的好處。即使你從來沒有思考過第三方力量的懲罰所需付出的代價與其益處，我現在描述的事態，對於任何曾對社群媒體花費相當時間的人而言都非常熟悉。馬克・祖克柏（Mark Zuckerberg）在二〇一二年宣布，我們使用社群媒體分享與消費資訊的能力已經達到一「臨界點」（tipping point），更確切而言，我們支持和傳播自己喜歡（like，按讚）或「不喜歡」（unlike，倒讚）的新聞和評論，以及即時轉發有損聲譽的訊息之能力，已經達到了臨界點。此後數年之間，關於人們忽然之間進入了公開報復（public retribution）的黃金時代一事，出現非常多的討論。在社群媒體創造出的環境裡，批評、羞辱、刁難、挑剔、討伐別人變成輕而易舉的事情；發明 Twitter／X「轉推」（retweet）按鈕的克里斯．韋瑟雷爾（Chris Wetherell），曾經將這項功能比喻為交給四歲小孩一把上膛的武器。[36]從人類學的角度看來，這是第三方懲罰力量被用於自私理由的古老問題，在現今情況中，第三方懲罰指的是網路公開羞辱（public shaming），自私理由是個人自我肯定。雖然這種信號發送（signaling）的演化目的是促進群體內的合作，但此等社群媒體行為帶來的社會性影響並非良性。此事腐蝕社會的作用相當複雜，[37]但卻共同指向資本主義之下媒體轉型造成的嚴重困境，此困境牽涉人的懲罰本能和公開羞辱行為使社會兩極化，而不是促進合作的各種情況。

社群媒體帶來了公開羞辱的新時代，而此時代造成的腐蝕作用，某種程度在於它來自另一種人類最深層的直覺：對感染的恐懼。和壞朋友為伍之所以風險很高，某種程度是因為人類將不良分子視為一丘之貉的傾向，根植於我們對感染的觀念當中。我在第二章當中說明過，野生宗教的根源不只是關於物體、心物二元論、死後生命或來生來世等全人類皆有的直覺，還有各種精粹化信念與對感染的畏懼。線上共享機制（online sharing mechanism）利用了人們對於道德感染（moral contagion）的恐懼。根據我們對於網路趨勢或風向的感知，假如某種觀念看來已經成為普遍的禁忌，我們可能就會自然而然遠離擁護那類觀念的人，甚至與公開支持那些觀念的人劃清界線。這種對於道德感染的恐懼，和人們不願意穿著殺人犯穿過的衣服，其實源自於同樣的心理，好像道德汙點是會傳染的一樣。社群媒體容許人們只需點擊一下就能表達立場，這等於是在鼓勵我們用反射動作來將原本可以進行有意義討論的觀念直接視為禁忌，匆匆丟出值得辯論的範疇之外。

設想一下，你處於一個將某行為（比如觀看有色情內容的作品）視作禁忌的群體當中，此時，群體某成員被他人揪出有在從事此行為（看色情影片），那麼除非你對此違規者抱持強烈的忠心，否則你很可能會迅速跟這個被控訴的人撇清關係。你所處的群體為何禁止色情作品的理由，可能對於你想要和這件事劃清界線的意念影響不大。你個人反對色情作品的理由，可能是因為你認為這些東西有剝削、有壓迫、下流、有成癮性，或者是因為你的保守性格或宗教虔誠。或者，你私下其實同情違規者，因為你認為色情作品是正當產業或你也有偷偷在看。但無論是哪種情況，你的外在行為可能還是一模一樣，也就是與違背禁忌者劃清界線。社群媒體所助長的，恰恰是上述這套邏輯。社群媒體使人可以輕易選邊站在多數方，所需成本低廉，而表達異議所需付出的代價卻愈來愈高。一項關於Facebook瑞典用戶的研究顯示，不知名用戶的平台貼文如果有三名不知名用戶按讚，人們也表示贊同（按「讚」）的機率，比該貼文只有一位不知名用戶按讚的情況高出兩倍。[38]該研究作者得出的結論是，此等行為的動機是人們透過從眾附和追求聲譽利益（好評、流量、人氣，或其他用戶的尊敬）之渴求。將這些成本低廉的信號累積起來，構成「所有人」（everyone）相信什麼的證據，讓我們全部人都對於道德議題產生一種存在共識的膚淺印象，由此更進一步嚇阻了異議之表達。

當社群媒體的評判文化（judgemental culture）和道德立場真正存在巨大分歧的議題相互碰撞時，上述現象對於眾人公共對話（public conversation）造成的問題最為嚴峻。恐懼道德「感染」之傾向並不是什麼新鮮事，長久以來人們就在刻意迴避或羞辱那些政治意見令自己痛恨的人，這一點不能歸咎於網路乃至於轉推按鈕。然而如今發生改變的是人們可以選邊站的規模之大，以及此事對於眾人集體對話造成的影響。

以波蘭的情況為例。波蘭憲法法院於二〇二〇年十月裁斷，胎兒異常之下的墮胎行為違法，此一裁決在波蘭引發了自柏林圍牆倒塌以來規模最大的全國性抗議。抗議行動過後不久，我與波蘭的同事們組成團隊，合作設計一項深度調查，要探究道德直覺如何影響這場辯論的雙方，研究樣本為五百多位波蘭公民。[39]我們特別關注先前研究發現的七項基礎道德原則，是如何影響墮胎支持者和反對者的思考。誠如第二章所述，我們之前已經識別出世界各地社會視之為道德善的七種合作形式：幫助親屬、忠於群體、互惠互助、英勇不懼、服從上級、平均分配、尊重他人財產。[40]我們現在要研究的是，社群媒體平台如何利用這些人類普遍擁有的直覺——而弔詭的是社群媒體往往利用這些直覺使辯論進一步兩極化。

我們的研究發現相當驚人：雖然人人都擁有相同的道德直覺，但是應用在墮胎議題上的方式卻是大相逕庭。波蘭的反墮胎人士更重視對權威的順從、關懷親屬、勇氣，這表示他們更可能被強調墮胎支持者呈現不尊重（例如對宗教不敬）、對家庭價值欠缺承諾（例如重視私人與個人主義性質的目標）、懦弱（例如不願面對養育小孩的挑戰和責任，尤其是有先天缺陷的孩子）態度的新聞內容所觸動。相反地，我們發現墮胎選擇權的支持者們對群體忠誠的重視更勝於反對墮胎者，顯示前者更有可能被強調女性團結或自由主義意識型態社群團結的新聞內容所打動。此情形表示，即便全人類擁有相同的基本直覺性假設，但人們對道德的意見確實存在差異。

社群媒體的問題恰恰在此。廣泛的共識及真實的道德差異二者之存在，意味著道德直覺非常適合加以利用。如果某網站能夠將這些道德取向的差異集中起來封閉在迴音室（echo chamber）中，它們便能產生極高的參與度，同時強化政治分歧並擴大對立陣營之間的鴻溝。以上所述看起來確實是波蘭的現況。在一項分析波蘭近百萬條Twitter的研究中，來自賓夕法尼亞大學（University of Pennsylvania）的研究者們發現，雙方陣營的知名人士或網路紅人幾乎不會去接觸對方的觀點或關懷並由此跨越分歧。[41]原先有可能進行辯論而朝向達成共識方向發展之處，如今卻被社群媒體創造出來的會強化現有分歧之環境所取代。

面對此情應當如何處置呢？想要讓對立觀點的擁護者們集結起來達成更具共識且更有知識內涵的政策，可能的有效方法之一就是建立前一章提到的公民會議。愛爾蘭的墮胎議題在經歷多年政治僵局之後，最終由九十九人組成的公民會議提出一套建議，使全體愛爾蘭人民得以透過公民投票達成此問題解決方法的定論，而其公投結果廢除了實際上禁止墮胎的法律。這番歷程之所以能在先前看似無解的議題上形成清楚共識，有數個理由。[42]其一是組成此會議成員的公民，不會因為他們的討論情況而有取得權位的機會。他們是從全體人口中挑選出來的代表，未來不會再次擔任類似的職務。另外一項關鍵因素是，公民會議成員在討論時獲得豐富的專家意見，使他們能夠以仔細且嚴謹的方法，去篩選並辯論各研究的結果與其意涵。此外還有一項關鍵因素，那便是會議的辯論嚴格依循包含開放性、尊重、平等合作精神（collegiality）的原則進行。

這些好的特徵之所以可能出現在公民會議的辯論與決策過程，卻幾乎不可能出現在社群媒體上，箇中原因是在前者的狀況中，第三方懲罰的成本是很真實的，你必須當面面對你的批評者和反對者。因此，想要擁護某個特定觀點需要真正的勇氣，因為這麼做得承擔自身論述暴露弱點，以及因此失去支持者擁護的風險。參與對話者因而必須「拿出本事」，提升自己論點的素質，避免思慮不周的論述。這些相互競爭的論點各有支持者，但支持者於此不能一派輕鬆地藐視、「倒讚」或取消（cancel）自己不贊同的觀點或人物。因此，人們的共識比較會圍繞著較為穩健的觀點成形，將各種相關的角度包含在內。這樣的過程自然而然能找到眾人共有潛在道德直覺的交集處，並以此為基礎開始進行建構，而不是分裂。

然而人類歷史證明，事涉大規模集體行動的問題，很少能僅憑個人甚至小群體的力量解決。雖然公民會議對於反制社群媒體的腐蝕效應可能有其重要的角色，我們仍然需要由上而下的有效治理機制，因為社會網絡罕能有效自我調節與管理，社群媒體平台同樣適用這番道理。早在二〇一一年便已經出現廢除「轉推」按鈕的聲浪，當時讓用戶群感到擔憂的不是敵對國家散播分裂種子，也不是欺負弱者的網路霸凌，而是發現公共辯論的素質快速且顯著惡化。[43]顯然，Twitter／X選擇保留「轉推」，甚至在廣泛被外界譴責為民粹主義和兩極化幫凶之後，它依然繼續保有此功能。

不同類型網路活動所需要的管制程度差別很大。與興趣嗜好相關的網站屬於低風險論壇，只需要最低限度的監管，但是能夠影響選舉結果或刺激政治極端主義活動的論壇，顯然就需要更加嚴格的規範。不過，問題不是需要管制與否，而是所需管制程度的高低、管制模式該從何處取經、我們如何選擇要執行哪種模式。所需的第一步或許很簡單，那就是限制訊息可以轉發給更大群體的次數，並以此原則設計所有平台。WhatsApp 偶爾會執行這樣的政策，且看來至少能夠有效減緩假新聞的傳播。44

縱觀世界歷史，若想擴大人類的合作規模，愈來愈精細複雜的統治或管理安排乃為必要條件。此一歷程花費了數千年的時光，採取成功策略的群體逐漸勝過適應不良者。然而，如今科技進步如斯神速，我們已經無法再依賴經驗試誤法來將有害的革新篩除。如今較以往更加迫切的任務是建立起治理體系，善加利用以研究為基礎的政策建議與監管單位之間搭建起的堅固橋梁，此等體系可以將最重大的政治決策權從既得利益者處收回，交付給與可靠知識生產機構合作的公民手中。

當我們看到國家被威權主義神權政府緊緊把持的時候，組織化宗教看起來似乎已經過時了——其基礎乃是古老的法律原則、關於性別和性向的陳舊規範、早已被科學推翻的人類起源理論。可是，誠如第二章和第五章的論述，假如宗教還是會繼續長久存在的話，我們肯定需要找到某些方式去駕馭和控制人性的這個面向。人類歷史上的大多數時間裡，組織化宗教對於培養人們對整體社會中道德優先事項之觀念，提供了制度上和意識型態上的支持。隨著歐洲啟蒙運動時期政教分離、教會和國家分離，管理野生宗教的責任變成屬於宗教和個人的私務，不再是政府的職能。伊斯蘭國家和共產主義政權比較沒有這樣的情況，不過，如今世界上大多數國家至少在理論上，是根據議會式民主的原則建立起來，不再受任何特定宗教權威指揮，此等情況等同人們的野生宗教固有傾向和易受影響性在規範方面處於空白狀態。此等空白狀態，現今正被廣告商、新聞集團、社群媒體平台占領著。

我在前文已經論證，現代世界對野生宗教的管理方式之趨勢，對於消費者、公民社會而言基本上都是壞消息。昔日組織化宗教曾經透過歷史悠久的神學辯論，塑造並淬鍊出社會的道德關懷，持續在適應社會不斷變化的需求。可是到今日，我們的道德敏感度（moral sensibility）卻被單純用來銷售產品，使得科技平台成為新的神廟，而信徒全都被圈養起來。然而，我在前面已有說明，人類宗教和道德固有傾向和易受影響性之管理，最好由公民社會執行，而不要被商業利益所掌控。執行此事最有效的方式，就是透過結合基層民主（grassroots democracy）和由上而下的監管。如此一來，人們本性的宗教性就可以受到世俗機構和制度的管理以追求大規模的合作，而不會為鉅富菁英的口袋效力。倘若我們希望將此等管制和規範以更公平且包容的方式引入，我們就必須要更直接且堅決地對抗廣告、媒體、科技平台造成的腐蝕作用。我將在下一章說明，除此之外，我們還需要處置現代世界當中另一系列瀕臨危機爆發點的問題：那便是部落性、戰爭和排擠（exclusion）的問題。

第九章 部落性在今日

一九九四年七月三十一日，我手上提著購物袋，正沿著貝爾法斯特的奧梅路（Ormeau Road）走回家。我的心思懸在剛剛發生於超市收銀台的一件事情，我看見排隊結帳的隊伍中，有個年輕的母親不斷掌摑自己正在啼哭的小孩，小孩的年紀差不多才剛學會走路而已。在這個小孩的家中，這類小小的暴力事件可能是家常便飯，但我心中卻久久不能釋懷。我心中燃起衝動想要介入，向對方說明要應對孩子的負面情緒還有其他方法，於是我腦中上演了各式各樣的模擬情境，但我知道這些做法到最後場面都不會好看。突然之間，我的思緒被僅僅幾碼之外的一陣槍聲打斷，在我面前的人行道，有兩個倒在血泊中的男子。這兩名死者是著名的親英保皇派準軍事組織領袖，喬·布萊提（Joe Bratty）和雷蒙·艾爾德（Raymond Elder）。接下來幾週的時間裡，被掌摑的小孩和被殺的兩個男子在我心中連結了起來，兩起事件的情緒衝擊彼此滲透，也許是因為某種難以言喻的共同因素在作用，對我而言這簡直變成同一事件的兩種面向。

本章接下來的內容，某種程度是我企圖找出這項共同因素所做的努力。從恐怖主義、戰爭乃至於黑幫謀殺和足球流氓，現代世界當中的暴力行為大多是三種古老力量作用的結果：對內群體之鍾愛、對外群體之厭惡，以及能包容使用武力或以武力威脅的規範。理解這三種成分組成的混合物為什麼這麼容易爆炸，乃是避免其造成最大破壞的必要第一步。

布萊提和艾爾德是遭到愛爾蘭共和軍（Irish Republican Army，ＩＲＡ）的成員槍殺，這些人為愛爾蘭統一而戰已有好幾個世代，誓將主要信仰新教的愛爾蘭島北部和主要信仰天主教的南部合而為一。然而時間來到一九九四年的夏季，變革之風終於吹起，衝突的雙方距離停火只差臨門一腳；後來雙方確實停火，並且在北愛爾蘭促成歷史性的和平協議。在布萊提和艾爾德被殺的幾個星期之前，聯合保皇派軍事司令部（Combined Loyalist Military Command）——代表諸多反對愛爾蘭統一之準軍事群體的總組織——看起來已經快下令休兵了。有些人認為，愛爾蘭共和軍暗殺保皇派人士，是要趕在和平協議之前清算舊帳。另外有人認為，這次暗殺有其戰略意義且在為未來考量，因為只要布萊提和艾爾德這樣的暴力極端分子繼續占據領導地位，長期的和平實在難以冀望。

我在第三章和第六章已有說明，當內群體遭受威脅時，身分融合可以激發出奮戰捐軀的意願。這番道理或許可以解釋，愛爾蘭共和軍為何敢在奧梅路上殺人，承受被保皇派武裝分子或皇家阿爾斯特警察（Royal Ulster Constabulary）擊斃的極高風險。本次行動的愛爾蘭共和軍拋下廂型車尋找掩護時，得到了當地社區部分成員的支持，並在他們協助之下甩掉皇家阿爾斯特警察順利脫逃。許多當地社區成員可能也有同樣的身分融合。

我在北愛爾蘭生活的時間愈久，我就愈覺得愛爾蘭民族主義者和親英保皇派的戰爭當中，人們願意奮戰捐軀的動機不只是仇恨，還有愛，尤其是對家庭的愛和對社群的愛。阿爾斯特地區（Ulster）和巴布亞紐幾內亞某些仇殺與暴力盛行的區域當中彼此交戰的部落，所擁有的高度相似性經常讓我感到很驚訝，不只是此二地區出現的攻擊和反擊規模類似，北愛爾蘭各準軍事組織的領導者也會讓我想起新幾內亞高地（New Guinea Highlands）的「大人物」，他們不僅在戰場上奮鬥，也都會參與高度儀式化的「戰鬥」——無論其形式是美拉尼西亞盛宴還是奧倫治人（Orangemen）遊行。最重要的是，上述關於族群敵對和暴力的這兩種型態，都深深根源於歷史。無論是在新幾內亞還是北愛爾蘭，就社會記憶可以溯及的時代以來，捲入衝突的地方族群，基於共同苦難、對族群的死忠、衝突必然導致的復仇欲望帶來發自肺腑的感受，選擇用以暴制暴、掠奪和游擊戰爭的方式來解決爭端。

當時，我擁有的語彙尚不足以詳細描述這段歷程。但如今回顧過往，我覺得自己當年親眼目睹的，與我日後在世界各地許多衝突中研究的歷程其實很類似，只不過日後研究的衝突規模往往更大而已。身分融合最初演化成形的目的，是在支持小群體內部的韌性和合作，如今身分融合竟能將龐大許多的不同族群統合起來，其規模之大超出人類歷史紀錄，箇中主因在於媒體報導的興起。現在這個時代，新聞故事可以在跨國移民和世界性宗教的層級傳播共同經驗的感受。直到相當近期，個人強烈蛻變式經驗的分享，還只限於國家主辦的儀式或大規模屠殺和侵略等事件，所造成的面對面的直接經驗。但是隨著通訊和媒體報導範圍朝著更複雜的型態發展，透過新聞攝影鏡頭乃至社群媒體上的影片，強烈經驗如今已經能夠即時間接分享。這個變化遂為共同經驗提供了全新的機制，並且將融合擴充至涵蓋更為廣大的人群。

於是，對於軍事行動之支持能於短時間內遍及廣大的領土，某些案例中，此情況甚至能驅使國家以及非政府的武裝群體投入族群之間的暴力衝突。至此，這已經是一場沒有人能夠獲勝的競賽了。誠如我們在第六章所見，在過去，以鷹派好戰政策使人民團結一致的能力，既是詛咒、也是祝福；暴力衝突固然十分恐怖，它卻是社會複雜性提升的主要機制。然而時至今日，情況卻變成完全相反，如今武器的巨大破壞力今非昔比，而這意味著受部落本能驅使造成的戰爭，只會將人類領向自我毀滅的道路。

這些新進擴充的部落性型態所造成之問題，不只見於我們如何對抗敵人，亦見於我們如何在群體當中執行懲罰的方式。監禁大量人口以避免暴力的想法在人類歷史上簡直聞所未聞，然而這卻是當今地球上每個國家的標準做法。今日絕大多數自由主義民主政權將大量「部落」成員監禁或排除在外，把他們醜化為外群體成員，並阻礙他們被再度接納入社會中——即便這麼做的社會成本巨大且益處不大顯著。這種社會功能失調的懲罰模式，其動力和所有型態的對外群體之仇恨一樣，都是同類型的部落性。然而，罪犯的汙名化（stigmatization）若要正當化，必須以道德理由來進行，其基礎不能是階級、種姓（caste）或種族（至少未必是以顯性或明確的方式進行）。

我將在本章說明，這些功能失調問題的解藥，竟然不是減少部落性，而是更多的部落性。我們從祖先處承繼而來的融合和識別認同機制，可能刺激人們投入戰爭或其他族群間的衝突，但它們也可以將人們從此等衝突中拉出來。與其將部落性或部落主義單單視為必須徹底加以壓抑或消滅的問題，更明智的態度是水能載舟亦能覆舟，將部落性視為可以用以為善亦能為惡的資源。部落性可能導致我們將大量公民監禁起來，也可能促使我們讓他們重新回到群體之中。部落性可能導致戰爭進一步升級，但有策略的運用也能造成全然相反的效果。

小孩子在超市裡被掌摑，布萊提和艾爾德被愛爾蘭共和軍槍殺，經過幾十年的時間，我逐漸相信前述事實能夠解釋當年那兩場暴力行為之間那段缺失的環節。暴力並不是部落性的必然後果，反之，是因為部落性出了差錯，人的暴力才經常受到策略性的利用，甚至被利用者乃是出於無奈。也許，愛爾蘭共和軍相信，限定區域的一次性攻擊，長久而言可以終結規模更大、冤冤相報的暴力循環；也許，那位結帳隊伍中的母親相信，揍孩子可以幫助他成功社會化，進入這個暴力實為常態的世界。這番說法不是要說他們的認知正確或行為正當，而是承認身分融合與暴力型態的支持群體行動，二者之間的連結並不是自動出現的。

當和平的替代方案或其他方法被人們認為缺乏作用或效果較差，還有暴力至少在理論上被人們接受為處理衝突的標準方式之時，融合才會出現暴戾之氣。理解這個過程並且找出介入的方法，乃是減少世界各地暴力情事的第一步。

融合、媒體和暴力極端主義

離開北愛爾蘭之後又經過大約十年，此時我正坐在雅加達市中心的一間辦公室裡，房間裡濕氣極重。坐在我對面的那個人叫做納望爾・阿巴斯（Nasir Abbas），曾經是印尼恐怖組織伊斯蘭祈禱團（Jemaah Islamiyah）的高級成員，阿巴斯曾於阿富汗接受軍事訓練，後來協助建立菲律賓的聖戰士訓練營。我來此與他會面，是要討論他在印尼警察與最高層級安全機構的協助下，與印尼監獄中被定罪的恐怖分子合作進行的工作。

你也許要問，這些被定罪的恐怖分子怎麼會想要與阿巴斯合作，更遑論與印尼執法部門和反恐單位合作了。這些問題不斷在我腦海中盤旋，我努力讓思緒專注於本次會面的目的，也就是了解對暴力極端主義的大力支持，是如何被媒體對於暴力和不公不義的描繪所助長。阿巴斯與他來自佩薩達印尼大學（Persada Indonesia University）的合作夥伴正在開發一套技術，旨在探索被定罪的恐怖分子們當初是怎麼走上激進化的道路。他們說服許多囚犯用一條河流作為比喻，向他們訴說自己的生命歷程。每位研究參與者會在一張紙上追溯自己的生命歷程，首先這條河流的源頭代表著自己的誕生，然後隨著河流蜿蜒緩緩流經大地，沿途記錄自己人生的關鍵時刻。不過，相對於普通河流流經的地標是村落、農莊、稻田、荒野，這條生命河道沿途標記的卻是靈魂的黑暗時刻，連結上憤怒、自我道德追尋、暴力、逮捕和監禁的經驗。

與阿巴斯的討論過程中，我經常因為對他本人的好奇而難以專注。阿巴斯非常親和、聰明、語氣柔和，偶爾談到愛上帝同時又發動戰爭的諷刺時還會出現機智的言談。我實在很難想像，這居然是一個曾經計畫恐怖攻擊的傢伙。我很想談談他本人的生命之河，首先是他在學校讀書期間的激進化經歷，然後在電視上看見穆斯林同胞遭遇暴行的畫面而深受衝擊，以及他如何說服父親讓他前往阿富汗接受訓練，還有他如何在工作休假期間前往戰鬥前線學習使用輕武器和導引飛彈。我渴望親耳聽到他在菲律賓做了什麼事，他如何涉入賓拉登（Bin Laden）的同盟與行動者網絡，以及他對於峇厘島爆炸案和其他暴行的看法是什麼。此外，他最後是怎麼在印尼落網的，他為什麼刻意挑釁武裝警衛來殺死自己，為什麼向警衛拳打腳踢要刺激他們開槍？阿巴斯在先前公開的訪談紀錄中自述道，他苦思良久，這些警衛明明都受過被蓄意挑釁便可以開槍的訓練，自己怎麼沒有被警衛殺死呢？這件事於是成為他人生之河的關鍵地標，他自己得出結論，上帝的旨意是要讓他改變人生方向去協助印尼政府的去激進化工作，而不是要他回去聖戰士訓練營重作馮婦。[1]

這是阿巴斯人生的大轉彎。他走上通往暴力極端主義的道路，已是三十多年前的事，當時的阿巴斯還只是個青少年而已。青年阿巴斯閱讀了報紙上生動描述阿富汗穆斯林受到俄國軍隊荼毒的文章，這番經驗遂將他引導至最終通往恐怖主義的路線，他還清楚記得這些一九八〇年代初期的報紙故事，對於還是青少年的自己造成的衝擊。然而，時至今日，這條通向激進化的途徑已經太過時了。影像迅速取代文字，成為與新聞報導中遠方暴行受害者分享經驗的方式。根據美國個人激進化檔案庫（Profiles of Individual Radicalization in the US，PIRUS）進行的研究項目，在各種類型的暴力極端主義者當中，其激進化之路始於電視新聞報導的人數在二十世紀後期急速增加。[2]二十一世紀社群媒體的興起，則使此問題以駭人的速度惡化：在二〇〇五年至二〇一〇年之間，美國境內激進化者只有二七%是受社群媒體影響，然到二〇一一年至二〇一六年之間，此比例已經增加到了七三%。[3]

我們在第六章已經見到，大群體中的延伸融合往往源自於情感強烈的共同經驗，這些也是人們個人身分認同之組成：此即通向融合的「意象性途徑」。新型媒體使得這件事情的可能性，達到史所未見的規模。如今在我們所生活的世界中，如巴爾幹或中東等地區針對宗教群體或族群的暴力行徑，會透過網路或電視而被人們間接體驗。暴力的影像不僅透過前線記者的報導傳播，也透過戰爭地區一般民眾的智慧型手機或攝影鏡頭拍攝上傳社群媒體而流傳。關於此事的驚人例子，是阿拉伯之春期間的事件竟然有數百萬東南亞人也在共同經歷，透過行動裝置和電視機達成苦難經驗之共享，將世界各地的穆斯林團結在一起。

我們於印尼進行調查的證據顯示，這些經驗的間接共享（vicarious sharing），對於大型群體凝聚力可能帶來深遠的影響。在我們初次研究此課題時，我和同事們蒐集了一千三百二十位雅加達穆斯林的資料，以此探索印尼穆斯林之間的間接共享經驗，如何促進大量其他人的延伸融合。[4]我們尤其想要根據從溫和和平到強硬好戰態度的光譜，將各種宗教群體之中的上述歷程加以比較。為達此目的，我們專注蒐集三類人的資料：第一類，參加清真寺禮拜但不涉入任何激進行動組織的穆斯林；第二類，溫和派穆斯林組織伊斯蘭教士聯合會（Nahdlatul Ulama，NU）成員；第三類，與埃及穆斯林兄弟會（Muslim Brotherhood）等跨國伊斯蘭組織有連結的強硬基本教義派繁榮正義黨（Prosperity and Justice Party）成員。我們請研究參與者寫下，他們認為對於其個人與自己所屬的穆斯林群體（包含「所有印尼穆斯林」）而言，最重要且最關鍵的經驗是什麼。由於作答者可以自由決定所關注的經驗，所以回答的內容非常多樣，不過，我們還是發現各種受訪者之間存在明顯的差異。整體上穆斯林民眾最關注的事情，是雅加達總督鍾萬學（Ahok）於二〇一七年被判褻瀆罪定讞。該事件的起因是雅加達總督因為在競選演說當中引用《古蘭經》經文，因而被控侮辱伊斯蘭。民眾當中有許多溫和派穆斯林認為，鍾萬學被判兩年徒刑太過嚴苛，很多人因而走上街頭抗議這項判決。對比之下，印尼的強硬派穆斯林也發動抗議，只不過他們的訴求是處罰太輕。這個議題的兩極化現象，更因為強調共同苦難課題的媒體報導而愈演愈烈，一般民眾認為這些痛苦是宗教不寬容和褻瀆法引起，強硬派穆斯林則認為苦難是侮辱伊斯蘭的行徑釀成。

如果人們認為自身經歷之苦難既是大家共同承受，又具有人生蛻變的意義，那麼他們就更容易與更大範圍的印尼同胞產生融合感，就像是直接共同經驗會促進關係群體（relational group）內的局部融合。將注意力放在大規模間接分享的經驗，我們便能觀察到媒體報導的事件如何對人們造成具有重大人生意義的衝擊，受衝擊者不只是其個人身分認同，還有其人與廣大想像共同體之關係受到此事影響的情況。假如你歸屬於擁護強硬教義和政策的群體如繁榮正義黨，極端主義信念會成為你的神聖價值；但假如你是屬於一般民眾或溫和群體如伊斯蘭教士聯合會，那你的神聖價值就會是比較寬容的信念。媒體根據人們所屬群體的規範和價值觀，更加煽動人們對於集體行動的支持。

來自戰爭地區的報導愈來愈讓人身歷其境，鏡頭記錄了槍炮炸彈的破壞、醫院中受苦的孩子、嗚咽啜泣的老人，這些內容都在訴說悲傷和死傷。新聞報導不再僅止於通知世界各地發生的事件，而是鼓勵人們以愈來愈強烈的情緒去體驗這些事件。電視、電腦、手機螢幕模糊了真實經驗和故事敘述二者的界線，模糊了關係群體和想像的共同體二者之分野。隨著戰爭恐怖的報導愈加貼近我們且個人化，媒體激發延伸融合和戰鬥意志的能力也越發強大。

日益促成延伸融合力量在全球各地迅速集體動員激發衝突者，已不只是傳統媒體而已。在二〇一一年的阿拉伯之春期間，此現象已經出現在很多國家當中。眾所周知，遍及北非和中東地區的革命運動連鎖效應，肇端於二十六歲突尼西亞小販穆罕默德·布瓦吉吉（Mohamed Bouazizi）自殺事件之後，透過智慧型手機拍攝的街頭抗議畫面在網際網路上瘋傳。在利比亞等較為富裕的國家裡頭，當起業餘記者的公民們將正在發生的衝突情況即時上傳至

Facebook、YouTube、Twitter等平台，驅動革命分子之間的延伸融合，情況正如第六章所述。極具戲劇性的事件開展透過智慧型手機和平板電腦傳播，刺激了全區域的大眾團結與抗議行動。從那時開始，科技平台已成為懷抱政治目標之大眾動員的關鍵工具，且此工具的力量持續看漲。

明顯呈現此現象的例子，是阿富汗伊斯蘭基本教義派好戰分子對科技平台的運用。二〇二一年四月北約（NATO）宣布撤軍之後，塔利班對阿富汗親美政府發起攻勢。叛軍想要創建一個新的伊斯蘭國家，貫徹自身版本的伊斯蘭教法（sharia law），但是從帳面上來看，他們的成功機會十分渺茫。他們沒有戰鬥機、沒有重型火炮、欠缺專業軍事訓練，且阿富汗政府軍有壓倒性的人數優勢。可是，塔利班卻能一次次發動凌厲的攻勢，以武力推翻政府並且接管國家。這是怎麼辦到的呢？根據衝突研究學者團隊二〇二二年的報告，塔利班成功的主要因素在於他們將Twitter化作武器的能力。[5]該報告的共同作者之一，便是我於二〇一一年前往米蘇拉塔拜訪的布萊恩．麥奎恩，這份報告顯示塔利班的領導者和支持者們利用Twitter，在阿富汗老百姓之間製造出共同苦難和道德憤慨的強烈感受，並大力策反政府軍成員叛逃。研究人員分析了塔利班宣稱屬於他們的六十三個帳號，發現這些帳號擁有超過兩百萬個追蹤者，並透過轉推按鈕散播反政府宣傳，推文內容包含美國無人機攻擊的暴力血腥畫面、阿富汗政府軍大量叛逃的證據、對阿富汗人民犯下的戰爭罪行報導等等。這份報告認為塔利班善用 Twitter 是其接管阿富汗的關鍵因素，此法透過呈現共同苦難的影像，強化人民對叛軍的支持且加速其對政府信心的崩解。

隨著通訊科技創造出更加令人身歷其境的報導，透過媒體造成的蛻變式經驗間接共享以及此事創造出的延伸融合，其範圍和強度只會愈來愈高。我們也許期望新聞報導能更加關注衝突的關鍵地緣政治意涵以及和平解決的策略，不要老是選擇煽情嗜血的故事，可是激情嗜血卻又是新聞熱門的原因。

不過，這並不意味情況已然陷入絕望。吾人可以秉持樂觀的原因有二：第一，對於延伸融合在何時何處可能對於和平合作造成正面效應，並避免破壞與致命的後果，我們如今擁有愈來愈能夠確定此事的方法；第二，延伸融合本身並不是麻煩所在，能夠以愈來愈大的規模分享經驗其實有許多積極正面的效應，真正的問題出在延伸融合與感知外群體威脅及包容暴力的規範二者結合之際。所以，要怎麼善用每一個機會來為眾人集體利益謀福呢？

即便對於內群體心理有深刻的認識，要趕在恐怖行動發生之前便察覺暴力極端主義仍不是件容易的事情。除了那些可能成為暴力極端分子的人之外，表達極端信念，但實際上不構成威脅的個人多到數不清。因此，執法機構和去激進化計畫也許會錯失真正重要的線索，他們最終可能追蹤了錯誤的目標，也就是表達對外群體極端仇恨，卻不構成實際安全威脅的人。在包含英國在內的某些國家裡頭，公開發表支持違法群體的言論是可能被判處重刑的犯罪行為，但這種做法是否真能降低恐怖主義風險頗值得懷疑。它可能造成反效果，進一步惡化人們對於外群體在進行威脅、壓迫、迫害的感受。

為了開發出更有效的診斷工具，我和臥底研究極端群體的專家茱莉亞．艾布娜（Julia Ebner），以及和我合作數年設計與執行各類採用融合標準之計畫的統計學高手克里斯．卡瓦納（Chris Kavanagh）組成團隊。我們的挑戰是要開發出新做法，根據當事者不自覺給出的線索，從人群中找出高風險個體。我們的目標不是要提供可作為當局實施逮捕之基礎的證據，而是要確定能指出風險所在的信號，如此就能趕在木已成舟之前試圖進行有效的干預行動。

我們這個團隊從事的第一項研究，分析了各類行動派人士所寫的十五份宣言。[6] 這些人所構成的政治光譜，一端是曾經在美國和歐洲進行致命恐怖攻擊而被定罪的恐怖分子，以及暴力右翼與伊斯蘭組織的領導者；光譜的另一端則是溫和立場，我們採納了提倡各種社會正義及因應氣候危機行動的改革者所作之宣言；光譜的中間，我們納入了表達極端左派或右派意識型態，但並未採取暴力自殺行動的個人所作宣言。

我們的目標是要在這些宣言當中，找出哪些用語能夠驅使暴力極端主義的致命組合，也就是融合、外群體的威脅、包容暴力的規範、去人性化的信念，誠如本書第三章所示。為了將高度融合的宣言作者挑出來，我們需要找到一種方法，能夠從他們的遣詞用字中找出呈現致命組合的明顯跡象。我們選擇將注意力放在牽涉親緣和共通生理紐帶的語言，作為可靠的替代指標。這麼做的理由在於，我們蒐集到愈來愈多的證據顯示，當人們愈加融合時，他們對於群體內其他人的感受就像家人一樣，並會自發運用親情的語言來表達這件事。[7]我們還同時將所有指涉可恨敵人正在傷害內群體的用語記錄下來，作為感知外群體威脅的證據。我們招募了二十四個學生來分析這些宣言的用語，並確保這些學生對我們的預測毫不知情，將任何詮釋融合或威脅徵兆的成見或偏見影響降到最低。結果顯示，呈現明顯致命預測因子組合的宣言當中，有八九％的比例是由真正實施犯下暴力極端主義罪行的人所寫。對比之下，那些寫出極端意識型態宣言卻並未實際施暴的作者，其文字中便沒有表現這些特徵的組合。

當然，偵查群眾當中潛在的殺人兇手身在何處，只是反恐工作所面臨挑戰的一個方面而已。此外的重點問題，首先是如何防止人們變成暴力極端分子。若說「融合加威脅」的模式是此歷程的核心，那麼進行的介入行動就必須直搗黃龍，處理融合本身的根源。我們的研究顯示，融合的兩大途徑是對共同經驗的認知以及親緣的感受。持有政治或宗教信念者可能因為害怕被迫害或逮捕而隱瞞自身信仰，但個人經歷與家庭關係則不同，那往往是他們願意自在思考與深談的課題。這些課題與開戰意願之間的連結未必明顯，正因如此，它們可能是解決外群體暴力問題的理想出發點。

就理論而言，假如人們願意談論自己之所以忠於群體的人生經歷和人際關係，那就有可能去重新建構他們關於共享群體精粹的觀念，而這類觀念恰恰是許多暴力極端主義的關鍵要素。此處的核心觀念是，當人們定期聚集討論自身經歷並談論衝突發生之處，他們或許會發現內群體成員的經歷比自己想像的更加多樣，與此同時，跨群體的經驗共通處則比他們原先設想的還要更多。

我們往往會高估自身想法和感受被群體成員感同身受的程度，之所以會如此的一個理由是所謂「錯誤共識成見」（false consensus bias），也就是設想自己所思所為也會是他人所思所為的傾向。[8]舉例而言，如果你對另一群體中人抱持負面看法，你很可能設想你這個群體的大多數成員，也和你採取相同的態度；如果你對某外群體抱持正面看法，你很可能認為群體成員大多和你意見類似。然而，假如你仔細聆聽與觀察群體其他成員，對於定義本群體精粹的課題有何看法時，你也許會驚訝地發現一些內群體分歧（ingroup divergence）和外群體交集（outgroup overlap），從而重新建構和仔細思索自己和共同體內部及外部二者的關係。以此道去促進對話與交流，或可削弱偏狹本位立場（parochialism）和仇外心態

（xenophobia）的力量，如此不僅能減緩群體邊緣成員的暴力極端主義傾向，還可以在群體中心促成更加平和穩健的態度。

在宗教教派衝突當中，一旦和平協議開始生效，上述情況往往就能自然展開，因為發表心聲卻遭到懲罰的風險降低了，人們也就更敢於公開分享自身經歷。此現象在一九九〇年代中葉北愛爾蘭的喜劇俱樂部中尤其顯著，此時單口喜劇演員開始表達先前是禁忌的衝突雙方共同苦難經驗。此外，我和同事們還記錄了邦薩莫洛（Bangsomoro）的例子，邦薩莫洛地區在經歷長久嚴重暴力衝突與漫長和平談判，終於在二〇一九年從菲律賓處取得自治地位，此後出現跨越各教派分歧的融合效應，效果相當正面。我們發現，人們一旦放下手中的武器，從前驅動暴力極端主義的融合感，如今居然可以成為和解的力量。[9]

相互保證毀滅時代的部落性

自有歷史紀錄以來，世界上偉大軍隊的成功總是仰賴於高度的軍事凝聚力，自古希臘軍隊乃至中東的聖戰士和十字軍概皆如此。當代心理學研究顯示，融合感將戰鬥部隊緊密團結的力量，絕非其他社會黏合劑可以比擬。然而時至今日，同一股力量卻造成了人類生存的威脅。假如今天人類破壞力最強的武器仍然是刀劍、弓箭、炮彈，甚至是子彈或常規的炸彈，那麼世界上凝聚力較高的軍隊（尤其是受激進主義和革命意識型態所驅策者）最終或許便能勝過信念較缺乏熱情的對手。可是，人類今日已經達到軍事科技發展的門檻，在此情況下，因為核子武器擴散及生物戰威力愈來愈致命的緣故，軍隊內部的延伸融合可能促成相互保證毀滅（mutually assured destruction）的前景。

這個難題源自於人類集體心理根深蒂固的特徵。生活在大型群體之中，會使人們容易傾向接受簡化的「我們－他們」（us-them）思維。當我們根據種族或教義式宗教而與想像的共同體站在同一陣線時，我們就會愈來愈將彼此視為平面人形立牌，而不再是真實立體的個人，各有其獨特性格和個人生命歷程。將他人以這種簡化偏頗的方式歸類，雖然有助於提升陌生人之間某些類型互動的效率，但這也會造成過度簡化的刻板印象及「我們－他們」思維。更糟糕的是，對群體意識型態的識別認同和延伸融合，可能使與負面刻板印象連結的各種偏狹態度更加惡化，一旦人們強烈認同某種意識型態立場，就會更加難以接受相反的觀點。誠如我們在印尼對宗教基本教義派分子進行的研究所示，延伸融合可能強化人對意識型態的堅定信念，導致他對於有憑有據的反駁觀點表現出更強烈的抗拒。

這似乎是個無可避免的問題。在一個大社會中，匿名的人際互動頻繁發生，故人們在極短暫的互動交流當中採取簡化的刻板印象，往往是很有效率的。刻板印象作為一種對人下判斷的經驗法則，是在幫助我們預測人們的行為並調整自身行為。在小群體之中高度仰賴這種經驗法則沒有意義，因為我們對群體其餘成員擁有詳盡且細膩許多的資訊，且能夠對他們在不同環境下的可能反應，作出比任何簡化刻板印象更精確的預測。此情或許有助於解釋，為什麼人們會覺得刻板印象和個人經驗很難契合。好比某人發表有種族歧視性質的評論時，他也許會突然覺得自己必須補充說明一下：「當然囉，我不是在指那個某某人（指的是發言者的朋友或鄰居屬於當事者批評的種族，但此人又「顯然」不是他所說的那樣）。」刻板印象似乎最適用於「其他的所有人」（the rest of them），也就是最符合該群體典型特質，但又是我們剛剛好所知甚淺的人。一旦我們願意花更多時間和心力去認識某人，對其個人認識便會更豐富，而刻板印象就會愈來愈不適用。

假如人們對於異己總是傾向採取過度簡化的思維，而此情況規模提升到國際關係的層級時會發生什麼事呢？當年越南戰爭結束後不久，研究者們提出了一套稱為「整合複雜性」（integrative complexity）的理論，簡稱「ＩＣ」。[10]「ＩＣ」這個簡寫的發音和「I see」（我了解了）相同，巧妙地表達此一概念：即能夠理解他人觀點並認知周遭社會世界（social world）的多面向本質的能力。

整合複雜性是一種衡量人們在思索特定問題時，整合多重視角及其衍生影響之能力的指標。例如，讓我們思考一下《凡爾賽條約》中兩項條款之間的區別。[11]第一項（第二三一條）內容如下：

協約國與其盟國確認，且德國接受，德國及其盟國應對協約國與其盟國及其國民，因德國及其盟國侵略行為所強加之戰爭而遭受的一切損失和破壞負責。

然而，經過德國與同盟國外交代表之間的反覆討論，第二項（第二三三條）認識到更多需要納入考量的潛在情境：

賠款委員會應審議各項索賠，並給予德國政府公正的陳述機會……委員會應同時制定賠款進度表，規定自一九二一年五月一日起三十年內清償義務的時間和方式。如果在上述期限內，德國未能履行其義務，對於尚未支付的餘額，委員會可酌情決定將其延至下年度償還，或依據本條約規定之程序，由協約國及其盟國決定以其他方式處理。

第二項條款考量了多種可能的結果與其處置方式（高整合複雜性），反觀第一項僅僅考慮簡化的責任歸屬（低整合複雜性）。必須強調的是，低整合複雜性未必是「壞」，而高整合複雜性未必就是「好」，在緊急情況下，你或許會想要用低整合複雜性來進行通訊或溝通，因為緊急時刻的評估與行動規劃必須簡明扼要，且其執行不容質疑。然而，若有足夠時間去反省牽涉多方與不同目標及角度的行動之可能後果，則高整合複雜性往往能帶來比較好的成果。

研究發現，當數個政府準備對另一國家發動攻擊時，前者通訊當中的整合複雜性會降低。對比之下，即將遭受攻擊之國家的通訊，其整合複雜性則會提高，待到戰爭真正爆發之後才會降低至與侵略者的程度相等。[12] 相同的現象，也出現在極端分子之間：針對恐怖組織發表言論的研究顯示，愈接近恐怖攻擊發動的時間，其言論的整合複雜性會出現顯著下降，此情表示處置群體間衝突之複雜性的能力，會因為訴諸暴力程度提高而減弱。

低整合複雜性很可能會造成群體間的衝突，由於教條式僵化和單調思維，以及難以整合多樣的潛在相關訊息來源，低整合複雜性在敵對情境中很難辨識雙贏的結果。舉例來說，假如你急於發布最後通牒，卻沒有考量對方是否真的有條件照辦，這麼做將會截斷比較有希望的衝突解決之道。低整合複雜性也可能導致我們將他人之失敗歸咎於對方固有缺陷，而不是歸諸不是對方該負責，且其實可能化解的問題，與此同時，低整合複雜性又會使我們對於自己的觀感和判斷產生沒來由的自信膨脹。這些徵兆往往造成沒有建設性的歸咎和自以為是，構成談判協商和折衷讓步的障礙。

低整合複雜性會加劇教條態度和對外群體的敵意，就此而言，它會使人類在核子時代更難平安度日。然而，令人比較可以安慰的是，相反情況也是可能出現的。有證據顯示，高整合複雜性可以在敵對各方進行談判時促成更多合作性質的解決方案。[13]還有證據顯示，想要提高整合複雜性是相對容易的事情。若認為整合複雜性的高低，與個性特徵或智商水準等同，這是錯誤的看法。個性或智商是個人心理構造相對穩定的特徵，伴隨我們面對人生中的各種情況。但是整合複雜性高度取決於情境和脈絡，因此具有相當的可塑性。我可能在某方面展現出整合複雜性的極高能力（好比幫助朋友面對重大挫折如分手或失業帶來的挑戰），但是在某些我堅持看法的課題上，尤其是在部落性思維作用時，我就會突然變得非常教條化而頑固。即便是最聰明且老練的領導者，在面對群體間的衝突和戰爭時，都可能僵化到令人訝異的地步。

舉例來說，吾人難以否認東尼・布萊爾（Tony Blair）擔任英國首相確實極為成功，他在任期間於各領域課題上的表現，整合複雜性指標得分都很高。可是，一旦涉及伊拉克薩達姆・海珊（Saddam Hussein）構成的威脅時，布萊爾卻願意不惜一切代價，甚至押注自己的首相生涯，與美軍合作入侵伊拉克。這樣重大的決策，通常需要非常確定的現場情報作為基礎，可是布萊爾出兵的決定，實在太過依賴海珊有意使用大規模毀滅性武器的間接證據了。結果，二〇〇三年入侵伊拉克之後，根本沒有找到那樣的武器。入侵伊拉克的聯軍也沒有適當規劃，之後要如何建立一個和平的政府體系。在此事件中，「憑直覺」似乎壓過了其餘一切的思量。

政治領導者未必就要踏入這些陷阱當中，他們可以採取措施克服受低整合複雜性驅使而衝動行事的誘惑。在實際情況中這也許是指，在融合和威脅與軍事能力結合，成為激發侵略行動和軍事干預的動機時，當事者能夠將從事戰爭的意志予以壓制。在部落性直覺最為強烈之際，我們更應該憑證據，而不是憑感覺，更應該根據嚴謹的模式，而不是聽從宣傳。我們需要穩健且合理的原則來指導外交政策，比如追求以最低程度的干預達到最大程度的人道效益。我們需要讓干預行動不要只專注於短期緩解弊病的治標之道，而是能具備展望未來的視野。我們需要找出適當的方法以促進務實思維，並抑制將戰爭當作國際爭端解決方法的過度自信心態。[14]

這類研究在衝突預測及預防問題上所具有的現實意義，尤其富有展望未來的希望。關於整合複雜性在國際衝突中的作用和角色之研究已經證明，整合複雜性和國際關係的預測、情報、外交領域關係十分密切。[15]整合複雜性的惡化是可以測量的，而此事對戰爭風險的影響也是非常明確，有鑑於此，外交事務專家及外交官可以更有系統地善用整合複雜性指標，去調整溝通策略並避免和平談判破局的可能。

我和同事開發出來的自然語言處理分析法（natural language-processing analysis），在預測和避免恐怖主義行動方面也可以發揮類似的功能。[16]正如我在本章前面的說明，我們使用的方法可以從更大範圍的意識型態極端分子當中，找出最有可能實施暴力極端主義行為的人，同樣的方法也可以用來幫忙識別哪個權威主義領袖之後最有可能發動——從務實角度看來極為莽撞或不理性的——侵略，震驚全世界。我和茱莉亞·艾布娜於牛津大學我任職的學院裡頭，共同建立了名為「獨裁者何時致命」（When Despots Become Deadly）的研究項目，探索專制國家中制度化極端主義（institutionalized extremism）的心理基礎，宗旨是為英國外交政策的衝突預防初期工作提供支持。[17]

能夠讓此等方法發展出徹底且嚴謹體系之公共論壇，又超越個別國家層級者，那便是聯合國了。聯合國可以在其現有維持國際和平與預防性外交（preventative diplomacy）的角色基礎上，更加善用關於部落性之新科學（尤其是融合理論與整合複雜性研究）的解釋力度，以求在衝突升級之前進行初步干預，而不是在大規模流血爆發之後才有所回應。在聯合國裡頭建立更有效率的預測暨衝突管理單位雖然相對容易，但必須要讓該單位擁有克服偏狹部落主義與避免此情降低整合複雜性的充分力量才行，欲達此目標，聯合國便需在全球事務中扮演較現今更加強而有力的腳色。

在擴大其規模之後，我提到的這些方法將能形成較以往更加嚴謹且實證的外交政策取徑。與此同時，它們也將重振本書前面幾章討論的組織化宗教之傳統功能，只不過復興的表現範圍是在國際關係這個世俗領域，而不是神明信仰的精神範疇。此一新領域的教義，可以建立在凝聚力的世俗性理論，而不是宗教或神學觀念之基礎上，然而其所具有的心理吸引力和社會影響力絕不遜色。這些新取徑能夠有系統性地捨棄「野生」或直覺思維，替換成更具連貫和一致性的可靠思想體系，並由此善用科學方法的預測能力，取代基於信仰的祈禱力量。

回到部落

二〇二三年初，我在萬那杜首都維拉港（Port Vila）一家水岸酒吧，與該國政治家安德魯・所羅門・納普瓦特（Andrew Solomon Napuat）會面。我在等待他到場的過程中，目光穿過棕櫚樹葉間隙凝視著廣闊的海洋，思緒卻放在剛剛驅車經過的監獄，那裡的圍牆上裝設有帶刺鐵絲網，牢房極其狹窄。納普瓦特人一到，服務生馬上認出他，趕緊勤快恭敬地招待。我們各自坐下之後，我開始詢問他到中央政府擔任內政部長的經歷，但沒過多久，他則反過來詢問我的近況，我便開始向他訴說我研究囚犯獲釋出獄情況的經歷。我告訴納普瓦特，幾天前我到過澳洲的一所監獄，監獄高層人員與我分享他們個人對於監禁作為犯罪預防或罪犯改造方法之有效性所感到的疑慮。我接著又敘述從來自昆士蘭州囚犯那邊聽來極其悲慘的故事，其內容與澳洲原住民的待遇有關。

納普瓦特點點頭表示他可以理解。他解釋道，歐洲式刑事司法體系有點像工廠的生產線。當局認定有犯罪發生時，警方和律師就要花好幾個月的時間蒐集可能與案件相關的證據，整個過程所費不貲又曠日經久。最終辛苦蒐集的所有證據呈上法院，法院審理也是非常漫長的過程。終於判決出爐，被告倘若有罪，他通常會被判處有期徒刑。監禁期間犯人的食與住是國庫一項重大支出，但此事卻對社會毫無貢獻。這些囚犯出獄之後，重新融入社會通常障礙重重。出獄人員回到家裡，看到的往往是家人處境艱困、孩子受到忽視，而這些社會問題不只會波及無辜的人，還會加劇犯罪的惡性循環。

納普瓦特描繪的畫面，令人感到既熟悉又沮喪。可是，難道有別的出路嗎？納普瓦特給出的答案，是拒絕接受殖民模式，採取更為傳統的美拉尼西亞做法。根據古老習俗，一旦有人犯罪，所有人就會立即聚集到傳統會議場所「納卡馬爾」（*nakamal*）討論情況，絕無拖延。每個人都有發言的機會，無論是犯罪者、受害者，還是旁人。全社群的人都會仔細聆聽並插嘴表示看法，當所有人要抒發的意見都表達過後，會由酋長做出裁決。裁決將會要求懲罰或賠償之執行，把整件事定案。即便原諒很困難，相關的人也必須這麼要求自己。傳統體系的目標，就是盡速且永久恢復次序的和諧。一般來說，確定犯罪與宣布懲罰的整套歷程，可以在一天之內完成，不需要冗長的法律程序和浪費資源的監獄系統，後者只會讓問題繼續延宕而已。納普瓦特想要知道，我認為哪套做法比較好？

由於歐洲殖民歷史使然，如今世界上各個社會幾乎都在執行這套圍繞著警察、律師、法院、監獄所建立起來的繁冗系統。監獄的存在是如此普遍，普遍到幾乎沒有人留意到，以監禁犯人的方式將部落部分成員排除在外，而不是恢復和平、嚇阻犯罪、重新接納更生人，是多麼失能且沒有效率的做法。還有，假使這樣的系統不曾存在於世界上，吾人肯定無法想像我們會選擇從零開始將其建構起來。

首先要提的是，諸多研究反覆證明，把人關起來並不能降低未來犯罪的風險。[18]姑且不談統計數字，犯罪學研究便一再顯示，要降低前科人員再度犯罪風險的最佳方式，就是確保他們和守法社群建立起積極的連結，比如承擔起家庭、工作、志願組織當中的責任。擁有取得教育、醫療、住宿的途徑，顯然也是關鍵因素。曾經有位犯罪學家向我列舉了所有已知可以降低再犯罪風險的因素，然後告訴我，他目前從未讀到任何一項研究顯示，監獄可以避免前科人員再度犯罪。[19]

入獄監禁會降低出獄者被社會再次接納的可能性，而此事與防治日後再犯罪所需要者根本是背道而馳。即便是嫌疑人還沒受審與判刑，他往往已經被關押了好一段時間。無論究竟有罪沒罪，囚犯的生計和人際關係都會遭到毀滅性的影響，導致他出獄後陷入絕望重蹈覆轍走回犯罪道路的風險大增。[20]將人排除於部落之外作為處置（有嫌疑的）犯罪行為的方式，假如犯人還有家人可以予以支持，那麼造成的傷害也許會比較小，可是最終鋃鐺入獄的那些犯人，往往連這種最基本的社會支持都沒有。

當前刑事司法體系的失敗，源自它未能理解人類部落性認同具備的力量和風險。為求更深入理解這些課題，我遂與澳洲昆士蘭大學犯罪學家家羅賓・費茲傑拉德（Robin Fitzgerald）合作，測量昆士蘭州布里斯本（Brisbane）地區出獄人員與守法群體的融合程度。我們的研究發現，緩刑人員與其家庭融合的程度遠低於一般民眾。[21]同樣令人驚訝的是，緩刑人員和國家的融合度，也遠低於一般民眾。在訪談中，緩刑人員描述了父母怎麼毆打自己、自己如何長期在街頭流浪、自己怎麼和兄弟姊妹疏遠的情況。有鑑於出獄人員在取得教育、住宿、工作方面的機會遠遠低於大多數人，他們會感到疏離或被人疏遠是意料中事。這些研究參與者說起，街上的人們總是將他們視為適應社會失敗者，幾乎不掩飾對他們的鄙夷，甚至直接穿越馬路只為了避開他們。對於許多出獄人員來說，最像是家人的人竟然是其他囚犯，也許是曾經同房的獄友。當事者若想要重新融入主流社會，他最需要的顯然不是這種關係。

這些貶抑外群體的情況，自然會加劇前科人員再犯的風險。最終陷入累犯循環的出獄人員，很可能永遠找不到可以歸屬的新部落。即便當事者真的找到部落能歸屬，可能還得面臨更多問題。假如被排擠至主流社會之外，甚至被排除於自身家庭之外，僅剩的部落也就只有從事非法活動者，諸如販毒、賣淫、網路詐騙、盜竊、暴力或恐怖主義活動。這種部落不會舉辦就業博覽會和開放參觀日，也不會在求職網站或報紙上刊登廣告；反之，它們是透過人際關係網絡和口耳相傳建立起來的。監獄就是這類部落極佳的招募基地。畢竟對於那些被孤立與排除於主流社會之外的人來說聊勝於無，加入一個「壞」部落總比沒部落好。在許多案例中，前科者可以加入的那類部落擁有非常強大的群體紐帶，為他提供家庭缺席或失能之下迫切需要的替代品。當你唯一可以加入的群體是犯罪團體的時候，犯罪團體能夠輕易吸收成員也就不足為奇了。招募被社會排擠流放之人，是許多街頭幫派和恐怖組織擅長的本領。

身為一個對於社會邊緣有犯罪傾向之部落有研究興趣的人類學家，富有暴戾之氣的足球迷特別具有研究上的吸引力。足球迷之所以能成為研究關注的焦點，部分原因在於這些群體本身通常是合法的，即便他們的活動有些未必合法；然還有部分原因是，他們的成員通常比恐怖組織、有組織犯罪幫派、準軍事組織更容易接觸。而且，由於足球是全世界流行的運動，所以可以將不同的極端足球迷群體進行跨國比較研究。因此，我和同事蒐集了四大洲極端足球迷的資料，讓我們得以研究融合感激發球迷暴力等非法行為的作用。舉例而論，在南美洲，我們的研究焦點是被稱為「加油團」（*torcidas organizadas*）的「超級球迷」（superfan）群體，通常源自於都市貧民窟，其性質類似於歐陸的「超狂球迷」（ultra）或英國足球流氓的「球會」（firm）。加油團一類群體表面上雖然是在支持他們的足球隊伍，但也經常涉入巴西的地下犯罪世界如運毒、勒索、洗錢等等，這些群體不僅用暴力來恐嚇其他競爭群體的球迷，也使用暴力維繫自身在幫派戰爭中的優勢。

我們的研究揭開了十分重要且驚人的真相：超級球迷群體中的暴力犯罪不是源自適應不良（maladjustment），而是定位出錯的部落性（misplaced tribalism）。雖然這些加入暴力足球流氓群體的球迷，經常被媒體描述為偏離正軌的外來者，但我們的調查顯示，與極端足球迷群體有關的暴力行為，其實與對群體之愛有更大的關聯。[22]我們所有的衡量標準（包含實際使用暴力的歷史，以及敢實際從事暴力行為的意願等）一致顯示，超級球迷比一般球迷的暴戾之氣更重。不出意料，超級球迷的融合程度也遠高於一般球迷。然而，這些超級球迷並沒有更加「適應不良」。我們衡量了超級球迷處置人際關係與工作環境的能力，以及和家庭成員一起從事社交活動跟休閒活動的意願，結果發現他們在這方面的表現與一般球迷無異。比起微弱的部落關係或根本沒有部落可以歸屬，對於部落的黏著性愈強——即便這是一個從事非法行動的部落——似乎在社交和心理層面上都能造成更好的結果。如今刑事司法體系的所作所為，似乎就是要將前科人員可以加入的守法群體範圍縮減至最低，而讓他們加入暴力犯罪組織的機率提升至最高。我真的是難以想像，這世界上還有比這麼做更會增加犯罪率和再犯率的做法嗎？

前述這一切將我們帶回納普瓦特提出的問題：我們想要什麼樣的刑事司法體系呢？作為國會成員，納普瓦特認為他的使命就是要改變政府當前政策，甩脫仰賴律師、法官、監獄的西方官僚系統，轉而追求於社群之內懲治犯罪並快速恢復社會和諧的傳統之道。可是，無論納普瓦特對萬那杜的未來願景有多少優點，我還是難以想像其做法能夠移植到我的家鄉倫敦。每個地方社區都要建立起「納卡馬爾」並且建立起酋長體制，還要推行能促成高度社群凝聚、合作、共識的繁複儀式和交換體系，這些聽起來都是不可能辦到的吧。可是，這場思想實驗確實帶來一些成果。我因此開始省思，傳統美拉尼西亞法律制度有一項特徵，顯然優於我國發展出來的法律制度：此原則便是，只要犯罪者得到適當懲罰或付出足夠賠償，寬恕和重新接納便必須接踵而來。

一旦陷入西方式的刑事司法系統當中，想要脫身恐怕就難了。帶著犯罪前科獲釋，進入那個前途渺茫支持網絡不足的世界，許多出獄人員實際上簡直注定要過重複出入監獄的人生。如果我們真想解決這個問題，首要任務就是必須為更生人提供更積極正向的群體看齊性。由此角度切入，必須面對雙重的挑戰。首先，我們該怎麼鼓勵獲釋的更生人加入守法群體呢？其次，我們如何增進守法部落接納前科者回到部落的意願呢？

英國有個組織致力於協助因犯罪被褫奪公權的年輕人重新找到自己在社會中的定位，此組織自稱「兄弟團」（ABandOfBrothers）。兄弟團專門為缺少支持網絡且通常出身充滿成癮和虐待的受創家庭背景之出獄人員，提供進入社會的入族歷程。唯有親身經歷過的人，才會知道入族歷程的全貌，但是根據入族者的證詞，經歷此歷程的成果是每個人都與他們的導師產生強大的連結紐帶，並且產生一種（當事者一生從未感受過）自己歸屬於更大社群的感受。這些社群散布於英國各地，但透過彼此探訪與定期聯絡而保持連結。各個社群的導師來自各種背景，但共同點就是矢言致力幫助沒有部落歸屬者找到一個家，一個大家可以合作並做出貢獻支持彼此的家，並且學習如何在那個曾經將他們認作淘汰者的社會中取得立足之地。

兄弟團首席執行長康羅伊・哈里斯（Conroy Harris）來到我在牛津大學的辦公室時，他的注意力立刻就被我在巴布亞紐幾內亞田野調查期間獲得的面具和工藝品所吸引，並且好奇地端詳牆上的照片，照片上記錄的是我參加入族儀式過程的各個事件。哈里斯說他出生於中美洲的安地卡島（Antigua），卻是在英國諾丁漢（Nottingham）長大，十六歲時他加入英國皇家空軍（RAF），服役六年之後，他經歷人生困境，期間包括一段無家可歸的日子。後來，哈里斯學習了心理健康照護的技巧並取得相應資格，在此過程中，他發現心理健康照護的主要服務對象是女性而非男性。為了回應相關需求，他協助建立一個開先鋒的團體，專門為面臨心理健康障礙的黑人男性提供幫助。兄弟團核心理念與基翁運動諸原則的相似性之高令我詫異，那不僅僅是在幫助年輕人進入社群，並且是透過相互連結的小群體進行包容性討論與共識建構，以達成集體決策的效果。哈里斯建立起的網絡，是由各個高度融合的地方社群組成——與基翁運動的組成非常類似——暴力和犯罪於其中可以降至最低。這套網絡成功的關鍵在於，它讓更生人加入新的守法部落之動機得以提高，也提供了一個社群，使其成員由此獲得長期的支援與扶持。

兄弟團的做法令人聯想到古老的地域性群體紐帶，舊石器時代人類老祖宗對此非常熟悉，相關敘述已見於第三章。常規化儀式不僅可以幫助更生人彼此連結、與其導師連結，還可以跟更廣大的共同體連結。可是，我不禁思考著，這種類型的組織可以支持以常規化儀式為基礎且範圍更廣的延伸融合嗎？

這樣的社群或共同體實際上會是什麼模樣呢？對某些人來說，它可能就是某個教義式宗教，確實，世界各地有許多出獄後尋求重新融入的人們，在教堂、清真寺、神廟、寺院等場所，以及維繫此等場所的社群處找到庇護，即便那可能只是暫時的庇護。可是，有很多出獄人員並沒有宗教信仰，他們需要重新融入的是高度世俗化的社會。因此，必須探索的是，我們有沒有辦法想出另一種真正的大規模「想像共同體」：一個與歸屬、忠誠、正向競爭、家庭等價值相關，並且（絕大多數情況）守法的共同體。

這個問題的答案遠在天邊近在眼前。人們常說，足球就是他們的宗教，而這番話不僅是一種修辭而已。對很多人來講，對自己國家的忠誠感若要化成實際的體驗，那麼最貼近他們的體驗就是足球了。在定期舉辦的區域和全球競賽中，國家認同的象徵物獲得展示，揮舞的國旗、合唱的國歌、崇拜的英雄等等，其中最重要的，就是創造共同苦難的經驗。透過家庭、朋友等小群體共同分享著對這項美妙運動的熱愛——源自下著雨的主場比賽，或者長途跋涉去到環境充滿敵意的客場比賽之經驗——將其產生的融合感加以擴充延伸，便能造就上述的社會黏合力。對許多人而言，足球所能提供的部落，與宗教所能提供者相同，只是沒有後者的教義和意識型態而已。沒有教義和意識型態的足球，反而更能夠將各種不同背景和信仰的人們聚集到一起，透過類似穿著、同步揮手喊口號等表現，創造出同質性的印象。由此，足球或許能開闢出一條引領前科人員回歸社會之道。

要秉持這樣的理念又能將其付諸行動，需要深入足球世界的傑出商業領導者。自一九八三年至二〇〇七年擔任阿森納足球俱樂部（Arsenal Football Club）副主席的大衛・戴恩（David Dein），其人因將全球最成功的足球經理人之一阿爾塞納・溫格（Arsène Wenger）帶來阿森納隊而聲名大噪。戴恩在足球界的廣大人脈，讓他得以建立一套具開創性的新方法，讓出獄人員得以重新融入社會，並幫助他們能夠永久遠離監獄。戴恩將這套辦法命名為「配對計畫」（Twinning Project），配對計畫的目標，是讓英格蘭和威爾斯地區的每一所監獄（共有一百多所）與其當地足球隊伍雙雙配對，由此將更生人帶回部落當中，教導他們能促進生理和心理健康的教練技能並取得相關資格，俾使他們能在出獄之後成功就業。配對計畫獲得全英國監獄體育教官們的支持，職業足球隊教練會前往與其隊伍配對的監獄，幫助囚犯們為刑滿釋放後的人生改良做好準備。二〇一八年十月三十一日，戴恩在溫布利足球場（Wembley Stadium）向表示讚許的全場觀眾宣布配對計畫正式啟動。

自我初次聽聞這項計畫開始，我就認為我們對足球迷進行的調查研究可以將此計畫的效果盡可能提高，並對此事躍躍欲試。配對計畫啟動的幾個星期之後，戴恩來到牛津大學與我的同仁瑪莎．紐森（Martha Newson）和我見面，為此我感到十分欣喜。我和紐森的研究成果已經呈現，足球運動的融合感可能激發對頭球隊的球迷之間暴力相向，但也有強大證據顯示，此等融合亦能以更正面的方式加以運用，建立起有益社會的信念並幫助人們更加健康地生活，無論是個人生活抑或人際關係皆然。我們與戴恩一同開始探索的問題是，我們是否能以此研究為基礎，將配對計畫的效果提升到最大。說不定我們可以利用這項計畫駕馭人們生來固有的部落性，由此幫助出獄人員重新融入社會。

首先，我和瑪莎．紐森在五所監獄進行了前導研究，研究結果顯示，當囚犯們與配對計畫的融合程度增進時，他們不僅個案紀錄有所改善，工作出勤率也提升。[23]此外，我們還發現他們與犯罪群體的融合程度降低了。雖然本次前導研究的樣本規模較小（只有四十位參與者），但這確實為計畫後續的樂觀發展奠定基礎。我們為自己訂定的任務目標，是要找出配對計畫的哪幾項特徵，最能夠幫助參與者在出獄之後重新融入社會。這便意味著，我們必須研究配對計畫參與者長期的心理和行為表現與其所受影響。融合是緩慢的歷程，而所謂「走上正途」（going straight）指的是個人思維和生活方式的長期變化。

尤要者在於，我們的假設是，將常規化儀式納入配對計畫，能夠正面促進參與者展望未來的思維，並且降低昔日服刑者內心的衝動感。此外，我們還預測，計畫參與者的經驗愈具有蛻變意義，愈能與足球教練們產生連結，則他們與配對計畫其他參與者的融合感就會愈強。計畫成果究竟如何，需要數年的時間才能真正呈現，但我們初期獲得的證據顯示，愈是感覺個人因為這項計畫而有所蛻變的囚犯，他們與配對計畫——作為對其人而言意義重大的新群體認同——的融合程度就愈高。與教導他們的足球教練們建立關係，也能增進當事者對計畫的融合感。[24]最重要的是，參與配對計畫的囚犯，在監獄中的表現也變好了。[25]世界上有愈來愈多國家正在推動相關計畫，根據上述發現，我們可以將所學歸納總結之後推廣至其他的計畫項目，或許還可以推展至其他能善用部落性成見的團隊型運動。

可是，無論那些行動最終有多麼成功，這不可能幫助所有的出獄人員，甚至連多數更生人都幫不了。如果真想降低犯罪率，我們思考懲罰和改革的方式便需要進行更深刻的轉變。此事的重點不只是前科人員本身，還包含歡迎更生人回到社會的觀念。

身分融合可能是解決難題的最終關鍵。假使你是雇主，要在資格條件類似的兩位應徵者之間擇一，但其中一位有刑事前科、另外一位則紀錄清白，你會選擇哪位呢？你很自然會拒絕有前科的那個人，這個選擇可以理解，但若要讓部落能蓬勃發展，我們就得非常用力保住那些最容易被拋棄的成員，因為失去他們的代價比保有他們的代價更高昂。然而，假使單純的算術還是不夠，那麼對群體的愛或許能夠提供解決之道。為研究此事的可能性，我和同事進行一系列的實驗，探索通往身分融合關鍵途徑之一的共同經驗，是否足以說服前途看好的雇主給予前科人員第二次機會。[26]我們鼓勵即將成為雇主的人相信，我們虛構出來的有刑事前科之求職者，與雇主經歷過類似具有人生重大意義的經驗。實驗結果相當一致且有利：共同經驗不只能提高雇主僱用有前科應徵者的意願，還能增進他們付出心力和資金協助社群重新接納更生人的意願。

以上種種發現暗示出解決社會上出獄人員高再犯率問題的終極方案何在。它們呈現的是，身分融合——部落性於人類社會當中最強大的力量之一——可以提供前科者重新加入部落的動機，也可能說服社會當中地位穩固的成員接納他們回來。

配對計畫喜歡引用美國民權運動者傑西．傑克遜（Jesse Jackson）的一句話：「除非你在幫助某人站起來，否則不要瞧不起（look down on，譯按：雙關，字面意義為低頭看）他。」這句話實在應該成為全世界所有部落的指導原則，但是想要傳播這個訊息恐怕是困難重重。現今的情況是，媒體以聳動的報導呈現異常殘忍的犯罪細節，刺激大眾要求嚴懲的憤慨。與此同時，政治人物承諾會對犯罪採取更強硬的措施，因為嗜血的媒體報導激發眾人怒求提高犯罪者入獄監禁的比例。可是，放眼世界各地，大多數的囚犯其實並非犯下報紙頭條那類令人髮指的暴行。考量眾人集體利益，我們應該做的不是逮捕更多罪犯、興建更多監獄，而是將資源投注於出獄人員的改造，以及改變釀成犯罪行為的社會環境和條件。排擠和監禁部落成員，始終是一個社會體制要崩潰失敗的徵兆。

我們在這一章裡頭已經看見，人類承繼而來的部落性型態所具有的兩面性質。這些力量既能讓眾人團結到一起，也能使我們陷入激烈仇視外群體的態度和殘酷行徑，無論其做法是社會排擠或以群體為基礎實施的暴力。縱觀歷史，戰爭和軍事化幫助人類社會擴大規模與從事競爭，但如今情況已不再是如此。以此等方式建起來的最大型聯盟已經過於龐大且太過強大，一旦進行戰爭必將毀滅全人類。這是否意味著，大部落的時代已成昨日黃花了呢？我認為恰恰相反，真相反而是大部落的時代來臨了：如今的大部落可以用史所未見的方式將人們凝聚起來，雖然這顯然不是件輕鬆的任務。此歷程將會要求我們將從眾性、宗教性、部落性這三項人類最強大的成見同時善加發揮，並且要求我們在全球舞台上這麼做，此誠為人類歷史的初體驗，這便是本書最後一章的重點所在。

結語　超級大部落的興起

人們經常說，這個世界變得愈來愈小，但你其實也可以說，人類群體變得愈來愈大。箇中緣由不只是因為共享訊息科技之進展和人口成長，而且是我們的精神世界出現了變化。

二〇二二年三月，墨爾本大學心理系學生們給我戴上虛擬實境頭戴裝置，這是他們所設計實驗的一部分，目的是要在實驗室環境中引發人的「敬畏」感。當他們按下開始鍵之後，我發現自己竟然身在國際太空站透過窗口凝視著太空，身邊圍繞著其他太空人。國際太空站以每小時約一萬七千五百英里的速度，在距離地球表面約兩百五十英里的高度移動。以這樣的速度行進應該可以在一天之內往返月球，不過，我們現在正在繞著地球轉。我向外凝視，看見太陽突然從地球邊緣曲線處冒出來，發生萬丈光芒，有如一顆白色的鑽石，我不自禁地發出讚嘆聲。

從太空看世界，即便只是透過虛擬實境裝置，都可以讓人因此從更宏觀的角度看事情。

從遙遠的外太空望見地球，會使人意識到這顆星球其實很小很脆弱，容易遭受破壞。觀者也比較能意識到，人類無論如何多元，終究是一個物種，與其他無數物種共享地球這個家園。觀者還能由此發現人類的特殊性：畢竟我們是地球上唯一可以透過虛擬實境裝置從外太空看事物，並且知道自己是在看什麼的物種。

人類的心靈不僅能夠在外太空認出地球，還能夠理解這個世界與其居民皆是歷史的產物。早在我們對於板塊構造與天擇演化有基礎認識之前，人類就已經在反省起源的問題：我們如何成為今天的樣子？這一切又要通往何處？如今的我們已經有大量考古資料和歷史文獻作為基礎，只要在網路上點擊一下，就可以瞬間將這段歷程化為視覺。現在任何人都可以上YouTube花二十分鐘左右的時間，在一張世界地圖上快速觀看近二十萬年來的逐年變化，觀察世界文明的興衰起落。[1]科技如斯著實驚人，同樣驚人的是人類認識全人類共同起源的能力，最不可思議的則是人類將此認識轉化為共有認同的能力。

科技革新擁有敞開人類心靈使我們發現共通人性（common humanity）的潛力，其方式較以往更加直覺、更加令人觸動。如今我們能清晰看見，人類住在這個唯一的共同家園，此外，全球性問題對人類共同未來的影響日益提高。今日許多人在面對氣候變遷、生物多樣性破壞、珊瑚白化、海洋汙染等問題之際，已然清楚意識到這些事情。論及處置衝突、移民、疾病、貧窮等諸多議題的方式時，大家的命運都是緊密相連在一塊兒。雖然我們的領導者們繼續把注意力放在區域性的願景和短期目標，但是這顆星球的未來實仰賴於以全球永續之道進行的宏觀思考與合作行動。所以該怎麼辦呢？

在先前的章節中，我對於這個問題所提出的某些答案比較特定，把重點放在範圍相對狹隘的問題上，好比如何在社群和國家的層級上帶來改變，只有偶爾提及國際的層面。不過，在本書的最後一章當中，我想要更加聚焦於，如何於全球層級以更有智慧的方式善用人類的遺產。對此，我的答案是，我們需要在與人性自然成見共事的同時，從人類的非自然歷史學習教訓。

常規革命

我常常覺得，巴布亞紐幾內亞東新不列顛的基翁組織創建者，對於西方社會的理解其實遠高於殖民者。與殖民者不同，基翁建立者有意識到，傳教士、種植園主、殖民當局的行動實際上構成環境災難的禍端。殖民強權企圖將古老雨林變成遠方工廠的生產線，破壞原住民世代相傳的悠久傳統和生活方式。基翁的追隨者們認識到，新引進的法庭和監獄體制反而造就許多社會問題，同時難以嚇阻犯罪，也無助於減少犯罪。他們還認為，對基督教教條的信仰削弱了作為當地人尊嚴和驕傲源頭的群體認同。

誠如我在先前章節解釋的，基翁之道的要義就是以新認同和新生活來將鄉村人口統合起來，其目標包括保護雨林、以社群層級的集體行動防止犯罪、以美拉尼西亞式公民會議進行分權決策、建立尊重傳統並促進信眾福祉的宗教。這套做法至今已持續運作超過半個世紀。在巴布亞紐幾內亞大半地區面臨資源開採枯竭、犯罪率飆升、欠缺政治正統、獵巫式性別暴力等破壞性影響之際，基翁追隨者卻能相對免於這些問題的困擾。

基翁運動最令人印象深刻而我們迄今尚未談及的一面，乃是它對新思想的開放態度。基翁之所以得名的合作式會議，讓眾人可以共同評估西方制度帶來的威脅，也讓眾人得以探索將這些制度調整為合乎當地需要和區域需求之下，可能造就的機會。殖民政府和傳教士引進的模式固然有其缺陷，卻也是經歷千百年實驗的成果，其中某些要素依然可以保留為工具，以推動規模超越以往的團結、協調與合作。誠如前文所示，常規化／例行化便是這套功能強大的新工具之一，而基翁組織乃以持續不斷的熱情採納常規化方法：建立一套繁複耗時的日常儀式，並以定期規律的鐘聲通知眾人執行，由此形塑出日益龐大的基翁社群，我於一九八〇年代曾親眼目睹之。想要讓這個世界能在二十一世紀繁榮發展，如此開放性是我們必須向雨林學習的最後一課。他們的心胸足夠開放，能以尊重態度傾聽天主教傳教士的觀念，現在的問題是，我們是否有足夠開放的心胸，去聆聽基翁的智慧呢？若想要人類以合適解決全球問題的全球共通信念為基礎團結起來，我們也許可以學習基翁做的那樣，將新常規化行為深植於家庭、學校、政府、工作場所當中。

可是，我們若想要用更好的東西去取代全球共通的消費主義習慣，那樣更好的東西又會是什麼樣子呢？這個問題的部分答案，就在日常生活的必需品當中。新石器時代初期人類祖先首度發展出農耕和畜牧的方法時，其家庭生活和社群生活的常規化程度大為提高。就和我們今天用吸塵器清潔地板以及穿衣打扮類似，歐亞大陸西部的早期農人們也會使用特殊方法裝飾住所和自己的身體。這些家庭生產模式（domestic mode of production）的特徵源自農業的發明，其對人類的影響之大遠超一般認知。注重居家環境整潔至少在某種程度上與群體歸屬感有關，並且能避免閒言閒語帶來的排擠風險，此事或許可以解釋，為何有許多人最勤快使用吸塵器的時機就是在客人拜訪之前，還有為何烹飪與清潔一類電視節目會常年受到觀眾喜愛。家務儀式的影響力和重要性超出我們的認知；它不只可以迅速改變會衝擊氣候的行為模式，甚至還可能在此過程中轉變我們對於自己身而為人類的集體認知。

以我們的購物習慣為例來說明吧。有很多人嘗試在日常生活中建立「更環保」（greener）

的行為，例如在本地商家購物、避免過度包裝、重複使用購物袋、減少浪費等等。大家都知道，少吃肉，尤其少吃牛肉，還有在家庭度假和休閒活動中盡量減少旅行，尤其是少搭飛機，都能夠減少碳足跡。可是，我們經常無法知行合一。然而，一旦同儕壓力的機制發揮作用，這些行為全都可能出現徹頭徹尾的轉變。購物收據和能源費用帳單顯然是一種提供即時回饋的機會，藉此可以呈現出我們所做選擇如何影響環境，以及將我們的碳足跡與自己訂定的環保目標或其他消費者之比較。雖然商家未必樂見這樣的革新，但比起許多國家例行規定每份購物收據都要標明營業稅，這麼一套制度的執行難度並不會更高。

規範的執行和維護往往始於家庭，不僅是父母向孩子傳遞價值觀念和知識而已，傳遞的方向也可以反過來。消防人員到校園講習往往能奏奇效，有效使家庭安全提升並降低火災風險，因為小孩是將此類資訊告知家人的絕佳媒介。此事顯示，學校和兒童作為推廣更環保家庭生活習慣的媒介角色，其潛能尚未獲得適當開發。設想一下，與其仰賴需要進行課外活動或動員抗議的兒童跨國活動，好比氣候罷課運動（School Strike for Climate movement），假如全球的正規學校體制彼此間能有更緊密的合作，來推廣從家裡開始做起的環保生活理念和做法，那會是怎樣一幅光景啊！國家層級教育部門可以用各種方式培養這類活動，使其成為世界各地核心課程大綱的一部分，由此培養青年人形成全球共同體（global community）的強烈意識。

同理，政府也可以扮演更積極的領導角色，幫助成年人直接減少碳足跡，將新習慣透過常規化儀式嵌入日常家庭生活中。新習慣可以透過公共機關和制度來塑造，好比改變政府和行政部門的消費模式。比如說，我們若想要讓公共部門餐廳取消肉類餐點，那麼第一步就是將肉類餐點從英國國會大廈或美國國會大廈的菜單中移除。或者，各國政府還可以效法蘇格蘭議會的做法，蘇格蘭議會設下二十年內減少三分之二碳足跡的目標並推行系列相關措施，比如減少天然氣和電力消耗以及非必要的商務旅行。[2]

以歷史經驗來看，大規模的轉變往往是緩慢的歷程。世界上有些區域的社會政治複雜性是獨立發展成形，而這些地區從儀式社群（ritual community）最初的規模擴大，發展至創建可貫徹的法律架構與政府體制，可能要經歷好幾千年的時間。可是，現在我們等不了那麼久。為了處置當前地球面臨的挑戰，我們必須將家庭和國家層級的儀式社群，更迅速提升規模至全人類的層級。幸好，我們如今擁有如何讓合作奏效的科學知識，以及利用此等知識所需的通訊基礎建設，這些條件是古代人類祖先所沒有的。比如說，分析人類歷史可知，作為更大規模合作之基礎的規範和準則，是源自於家庭生活和社群生活的常規化，由此，我們便可以將這些規範準則加以調整，以適應當今世界的需求。

集體習慣之常規化，既需要由下而上，也需要由上而下的信念投入與規範執行。不過此事未必總是清楚明白。無論是生活在威權專制政權或兩極化自由主義民主政權當中，我們往往理所當然地認為，政策應當是由上而下傳達給人們接收。但假如情況完全反過來呢？如果所有的政治決策，都是在階層體系的底層進行呢？決策這項任務可以由數以千計的公民會議來進行，公民會議成員皆為能代表整體人口的樣本，每個公民會議負責處理各自被指派的特定議題，在深厚的專家意見輔助之下進行高層級的政治決策，且與其他決策團體的網絡保持聯繫。此等體制的運作可以比照陪審團制度，你的號碼被抽中，你就有義務參加。理想情況下，這類公民會議可以根據人際互動和辯論達成最終結論，此過程為整合複雜性與相互理解提供了適宜的空間。此等治理事務的方法，可以避免受到新聞報導的負面影響，以及社群媒體的極端化效應影響。就像是陪審團必須與這些影響隔絕，這些政治決策會議也得與外界隔絕，在進入決策討論場所時上繳手機和筆記型電腦，雖然其討論內容依然會被記錄下來以供更廣泛的審視和監督。

在這樣的體制之下，政治人物和政府的角色將會大大不同，他們的角色依然重要，只是有了新的功能。此後國會的政治領導人將不再是政策決定者，而是選舉出來的政策執行者。他們不用再制定與捍衛政策，只需專注於發揮執行能力與可靠性，完成其作為人民意願的可敬公僕所應當達成之目標，而人民意願之所向，乃是經過有充分資訊之辯論的結果。這種情況依然是民主，是根據全新路線獲得常規化的民主。如此體系類似資本主義的傳播可以遍及四方，甚至成為全球共遵者，但卻沒有資本主義的腐蝕效應。以公民會議負責決策一事若得以成功推廣，或能群策群力建立起關於公共政策問題與其解決辦法的集體知識資源庫，全球各地的所有人皆能從中汲取智慧。

重省世界性宗教

二〇二三年六月，我在倫敦康登鎮一家時尚咖啡館裡，與塞沙特全球歷史數據庫合作夥伴艾倫·科維（Alan Covey）見面討論印加的社會，他是這個領域的世界頂尖學者。在德州大學考古系任教的科維，身邊經常圍著不少學生，這次見面的機緣是他每年例行的倫敦之旅，對我來說這是個絕佳的機會，可以向他請教印加帝國的人祭與社會不平等問題。科維希望我能夠領悟，無論殺害兒童進行儀式在我們聽來是多麼慘絕人寰，我們還是得透過印加的宇宙觀，尤其是其神人互惠的觀念來理解這件事。

為了以更生動的方式說明這件事，科維向我指出，若讓古代統治者來看現代的社會，他會認為今日社會的經濟不平等程度遠高於他的時代。他要我大膽猜猜看，用現代勞力成本去估算的話，伊隆・馬斯克（Elon Musk）的財富可以蓋出幾座金字塔。我苦思一陣之後，向他表示我完全沒有頭緒。科維續道，馬斯克的資產淨值估計約有兩千億美金；研究指出，要建造古埃及的大金字塔，需要四千至五千名工人持續興建二十至四十年之久。根據二〇二三年的資料，埃及普通工人每月薪資約為兩千七百埃及鎊，因此興建一座大金字塔所需人力成本換算成現在的價格至多為兩億美金。所以，馬斯克的兩千億美金資產，總共可以蓋出一千座大金字塔。

我們很容易認為，古埃及法老統治的時代，其社會不平等和貧富差距必定遠遠高於現代。在大眾普遍的想像中，古代社會懸殊的貧富差距，已經隨著民主的發展而漸漸消弭。然而，根據樂施會（Oxfam）的調查，如今全世界最富有的前一％人口，擁有的財富是剩餘九九％人口總和的兩倍之多。[3]因此，馬斯克個人財富與普通人資產之間的巨大鴻溝，遠大於古埃及最有權勢的法老與最低賤奴隸之間的財產差距。此外，不平等問題並不僅限於經濟範疇。吾人今天所遭遇的各種不平等，是以整體社會為代價來服務極少數人的利益。例如，姑且不論其錯誤，印加統治者要求執行人祭的目的，是要保護環境免受自然災害摧殘。想像一下，馬斯克若將他的一半財富拿來應對今日的氣候危機，全球人類部落能夠得到多少改善啊！

我們之所以難以想像用國際法要求超級富豪交出相當比例資產處置全球問題，並非因為這是不切實際的，而是由於常規化思維習慣讓我們覺得這是痴人說夢。要說約束超級富豪的想法是天方夜譚，那麼，假如你和新石器時代的農民解釋何謂世界性宗教，他們也會覺得匪夷所思。開始去想像這些事的存在，就是讓它成真的第一步。基翁運動之所以能將先前彼此征伐的眾部落整合成多種族原型國家（proto nation），有部分原因是其高瞻遠矚的領導人物，受到組織化宗教與中央極權政府體制觀念的啟發，而那正是他們企圖超越的殖民體系所帶來的觀念。假如我們能將現有世界性宗教設想為邁向上文所述目標的墊腳石，改變人類在全球層級組織自身的方式就不會那麼令人望之卻步了。

可能促成此事的一條途徑，是將現有宗教組織轉化為催化全球合作的動力。包含基督教、伊斯蘭教、猶太教、佛教、印度教與其各種分支在內，所有跨國的組織化宗教都在其經典訓誡中指示人類必須保護上帝的創造物。然而，能讓世界各地虔誠信徒對當前氣候危機採取行動的教義基礎，迄今為止都不大有付諸實際用途。這個情況是可以改變的。宗教擁有改變人們居家行為習慣的力量，長久以來，人們的飲食內容深受宗教習俗和禁忌影響。此外，各地虔誠信徒的家中往往設有祭壇、聖像、祭祀和祈禱空間等事物，提供塑造人們價值觀與目標的機會，這就是信仰影響人們居家行為的具體呈現。數千年來，宗教始終扮演著這樣的角色。距今八千年的加泰土丘新石器時代房舍，屋內設有乾淨整潔的空間，對當時人們而言必是神聖且充滿象徵意義，使房子在某方面不只是居所，更像是神廟。[4]加泰土丘的潔淨空間，與天主教徒家中祭壇或峇里島房內神龕頗為類似，也與向祖先獻祭供品的基翁家廟相似，全部都是將儀式融入日常生活中的場所。地球上絕大多數人口其實都自認是世界性宗教的信奉者，對他們而言家居生活處處瀰漫宗教理念，子女養育、日常禱告、祭祀崇拜等方面無處不有。

在應對環境問題時沒有對宗教生活各方面進行系統性的運用，實在是錯失良機。世界上各大教義式宗教皆擁有領導結構和潛在的動力基礎，足以針對氣候變遷與生物多樣性破壞等重大全球威脅採取行動計畫。目前已有幾個備受矚目的計畫項目證明此事有其可行性，錫克教五百五十周年的百萬植樹活動便是一個例證。[5]不過，這類活動可以造成的影響比起目前它實際產生的作用，後者還是範圍太窄且效果太淺。宗教組織總是對信徒家庭生活頒布沒有明確經典基礎的常規限制，諸如避孕、古老的飲食禁忌、服飾等要求，但是，宗教組織卻極度忽視照料地球的責任，而此事明明可以從傳統上最具神聖性的經文中廣泛找到支持的證據。面對這種矛盾的情況，宗教領袖與信徒們實在都應當深思並有所行動。那些關於飲食的宗教規範看似獨斷，但只要意志力充分，要加以修改增補其實不是難事，至少就理論而言是如此。比如說，有些天主教徒社群有週五吃魚的傳統規定，既然如此，憑什麼就不能再加上一條週一不吃肉的規定呢？

道德化宗教未能善用人類直覺信念充分發揮其影響力，與此同理，世俗的環保運動也沒有好好運用直覺信念的力量。舉例說明，我和同事分析了野生動物保育領域的學術文獻，想要知道直覺性的道德論點在國際上受到多高程度的探索與辯論。對學術文獻進行統計分析之後，我們發現普世認定為道德善的七種人類合作形式當中，只有一種經常被用來支持保育活動。[6]不難想像，如果我們對待保育的方式可以基於每一條適用全人類的道德準則（幫助親屬、忠於群體、互惠互助、英勇不懼、服從上級、平均分配、尊重他人財產），這對環境可以帶來多大的幫助。可是，學術文獻廣泛援引用以支持保育的唯一一項合作形式就是互惠互助，尤其是用來論述落實互惠性質的國際協議以減少區域性的自然資源掠奪。其他六種獲得道德肯定的合作形式儘管與保育議題息息相關，卻幾乎全然被學術界忽視，這同樣也是錯失良機啊。

宗教領袖、國會議員、壓力團體、大眾媒體全都可以更加共同努力，呼喚人們善用普世的人類直覺。好比呼籲保護子孫後代的未來，以喚醒人們關愛親屬的本能；高呼起而對抗非再生能源的強大既得利益者，以喚起人們的英雄氣概；疾呼地球是我們與無數生物的共同家園，以此提倡公平的原則；力陳人類只是地球上的新物種，其他物種才是地球上的老住戶，以此提醒對他人財產的尊重。

最後，以更全球性的觀點去反省人類分享資訊的方式，必能多有收穫。我在第八章中已有論述，跨國企業、大眾媒體、科技平台正在逐步控制人們古老的宗教性固有傾向與易受影響性，以服務既得利益者，而非多數人和社會之福祉。此事不僅僅是國家層級的內政政策問題而已。不幸的是，如今我們居然容許某種寄生的宗教性蔓延全球，欲處置這個問題便需要全球性的應對。將行為改變法的主動權從廣告商和媒體業那邊奪回，創造出新型態的世俗性宗教（secular religion），這是一項全球性的挑戰，唯有透過根據普世道德原則與世界性合作目標所建立的監管機制，才能予以恰當處置。其中一項可以採取的處置方式，就是透過聯合國或二十大工業國（G20）出資建立全球新聞中心，這樣的全球公共廣播機構必須足以和最受信賴的國家級同類機構媲美。全球新聞中心的核心有一套明確制定的新聞價值理論，優先考量眾人作為負責任的全球公民都應當知道的全球事務資訊，其所提供者不是流傳八卦、散布恐懼、炒作醜聞、嗜血獵奇、夾帶廣告的娛樂新聞，而是有助於人們理解全人類面臨之危機的訊息並且隨時更新。

全球部落的萌芽

二〇一五年七月一日夜幕降臨時，賽希爾（Cecil）被美國牙醫沃爾特．帕爾默（Walter Palmer）持長弓射中一箭，約莫十二小時之後因傷死去。賽希爾是辛巴威（Zimbabwe）一頭十三歲的野生獅子，在媒體刻意選擇牠死亡的消息來報導之後，賽希爾迅速出現在世界各地的螢幕上且此消息迅速傳播。賽希爾死掉的時候，牠正是我在牛津大學的一些朋友和同事們的研究對象。沒過多久，牛津大學的電話線出現大塞車，不斷有人來電想要知道自己能貢獻什麼心力來確保未來能保護像賽希爾這樣的獅子。

大衛．麥唐納（David Macdonald）主持的研究單位正好位於這場公眾關注的狂潮中心。我請求他允許我們對於約一千名捐款支持獅子保育的民眾（捐款者總人數遠高於此）樣本進行研究調查，麥唐納同意了。於是在接下來的六個月當中，我們蒐集人們對於賽希爾之死的反應的縱向數據（longitudinal data）。研究發現，隨著時間推移加上對此事的反省，人們開始將這場悲劇納入個人生命敘事之中並將其視作具有重大人生意義的事件，是導致其人轉變對野生動物保育看法的轉捩點。這種深刻的身分認同轉變，源自於人們覺得自己與賽希爾擁有共同經驗的感覺，以及對賽希爾等非洲野生獅子出現的融合感。[7] 我們進行的先驅研究證明，身分融合可能跨越物種的藩籬。如果我們能對獅子產生融合感，那人類也可以對地球上其他大量生物產生融合感。

本書業已詳述，隨著人類歷史進程的開展，我們部落的規模已經大為擴大。然而這場擴張過程的最後一處堡壘，乃是生命部落（tribe of life）的本身，其所涵蓋的不只是全人類，還有所有的生物。誠如人類古代祖先以成年入族儀式讓人正式成為團體一分子並承擔起成人的責任，我們也能以此道讓未來世代成為地球的守護者。在此歷程中，我們可以傳承者不只是對地球歷史和人於其中之地位的知識，還有關於如何保護地球與照料彼此的認識，而此認識隨著時間會愈來愈充實。理想情況下，這件事情的實際型態會是具有蛻變意義的通過儀式（rite of passage），讓人得以積極取得諸多成年的特權，而不是消極等待被授予。想像一下，要是全世界的十八歲青年，都必須做出執行全球公民角色的行動（根據各國制度能力和自然資源因地制宜）才能在其社會中取得成人的身分和地位，屆時會是怎樣的一幅景象？雖然這些行動是在當地社群中執行與完成，但是這場對地球有所貢獻的活動，其最終畢業典禮應當讓全球予以祝賀，就像是如今我們透過電視和電腦螢幕，觀賞全球各時區接力舉行跨年慶祝活動並間接共享此時刻的體驗一樣。

獅子賽希爾事件的案例證明，延伸融合可以帶領我們走到多遠。如果人們可以對一頭獅子產生融合感，那人顯然也有對其餘人類產生融合感的潛能，無論表面上看來眾人的差異有多麼巨大。此事引發了一個有趣的問題：人類有可能將自身視為一個單一部落嗎？我曾向我的學生們表示，這世界上最受到忽視的部落其實就是人類自己，此時學生總是報以有些不以為然的微笑，然後主張人類大團結的先決條件就是要有共同敵人，而這個話題到最後總會變成火星人入侵地球或其他科幻情節。但是，真正的科學並不是給出這樣的答案。就像我在第六章所解釋的，對大群體的「識別認同」確實需要包含對外群體的競爭態度，但這並不是「融合」的必要特徵。當我們與某群體融合之際，那種感覺更像是我們對家人的愛，甚至像是在通宵派對中對陌生人產生的情感。我們從群體那邊獲得力量，也反過來賦予群體力量。這是一種可以無限擴展的忠誠，不需要有外群體或敵人存在作為前提條件。只有在心愛的群體遭受攻擊時，我們才會發現融合感的黑暗面，也就是為了擊敗可惡壓迫者而於必要時奮戰乃至捐軀的意志。然而，只要沒有外部威脅，那麼高度融合群體的正常狀態是願意與其他群體和平合作。

為探究與全人類融合的可行性，我於是和科隆大學（University of Cologne）經濟系博士生盧卡斯・萊因哈特（Lukas Reinhardt）合作研究這個概念。我們都同意這項假說有其合理性，但要驗證其真實性還需要更多證據，因此我們決定專注於兩條融合途徑（先前章節已有詳細解說）：亦即共通生理與定義自我的共同經驗。為了研究共通生理的效應，我們從一般人口當中選擇一群普通人的樣本，請他們觀看一部 YouTube 的影片，內容是著名作家賈各布斯（A. J. Jacobs）邀請全世界所有人來進行一場全球大家族聚會。[8] 影片當中，賈各布斯的論點是所有人都可以追溯至一位共同的人類祖先，因此眾人在生物學關係上比我們所認為的更加緊密。我和萊因哈特想要知道的是，看過這部影片之後，參與者對全人類的融合感會出現什麼變化，尤其會不會以比較慷慨友善的態度對待其他國家的人們。在共同經驗途徑方面，我們聚焦於人數眾多的母親樣本。因為生產經驗造成人生重大轉變的那些母親，是否對世界上其他母親有更高的融合感呢？以上兩個研究的結果，得到的答案都是無庸置疑的肯定。光是提醒個人精粹可以與全人類共享這麼一件事，就可以使人與他人更加融合，也因此更願意付出心力幫忙解決全球性問題。[9]

上述道理不僅適用一般人，也應當適用於有權有勢者，諸如企業領導、政治人物、宗教領袖、輿論塑造者等等。全球最受敬重的領袖人物，其實未必是最富裕或最強大國家的領導者。納爾遜．曼德拉（Nelson Mandela）就是個顯著的範例，曼德拉這號人物的影響力並非來自經濟或地緣政治的力量，而是源於他認知人類共同經驗的能力，甚至是面對曾經傷害他個人、壓迫南非族群的那些人，他依然能理解並珍視此等共同經驗所蘊含的力量。我們可以將這類領袖人物，稱之為「屏障跨越者」（barrier crosser）。[10]

屏障跨越者能夠意識到，單純追求內群體利益並與外群體競爭，往往使所有人都得付出沉重的代價。若能一起合作，其實大家都能受惠。當然，要人與其敵人合作共事著實不易，缺乏信任是常見的障礙。此外，遺憾的是尚有另一項障礙，那就是見不得外群體繁榮興旺的心態。確實，對許多激烈的內群體支持者來說，打擊外群體的渴望甚至大過追求內群體之福祉。這顯然是個令人憂心忡忡的難題，對此，屏障跨越者的領導或許正是化解之道。

我們在一項研究中找來六十位社群領導者，[11]他們來自三種激烈衝突的社群：非裔美國人社群領袖，來自有長久種族對立歷史的美國城市；都柏林的愛爾蘭遊居者（Irish Traveller）領袖；身為少數族群的倫敦穆斯林社群領袖。六十人之中有三十三位在研究進行之前，就被辨別為屏障跨越者，理由是長期與外群體成員有深入的接觸，並且幫助內群體成員兼同伴解決彼此都關心的問題，另外二十七位則是被辨識為「囿於屏障的領導者」（barrier-bound leader），他們主要或專門與內群體成員合作，以追求內群體的集體利益。我們這項研究的目標，是要探索可能有助於解釋兩種差異頗大之領導方式的潛在心理取向。舉例而論，照理說，跨越屏障的領導者與外群體合作之能力，應當可以用同理共情能力來予以解釋。可是，我們卻沒有找到此事的相關證據。我們實際上的發現是，屏障跨越者能夠意識到，人們最具蛻變意義的經驗——尤其是苦難的經驗——往往能夠在群體之內分享，又能跨越群體分野而共享。這是一項極其重要的發現，因為它顯示屏障跨越者若體認某些經驗和記憶能超越群體界限，便可以讓融合更容易延伸至內群體之外。

這一點突顯出本書屢次觸及的最根本問題之一：我們要如何培養能引領眾人邁向新方向的領導者，以及為了整體社會福祉——而不只是為操弄局勢之菁英利益效勞——訴諸大眾直覺之領導者。能跨越屏障的領導者，為這道謎題提供了一個可能的答案。對追求社會變革的領導者而言，身分融合之所以是極珍貴的資產，不只是因為它能激發有益群體的行動，而且是它能讓人在面對抗拒與群眾反對之下依然義無反顧做將下去：身分融合激勵人們貫徹自己深信對群體而言最好的事情，無論個人得因此付出何等代價。能跨越屏障的領導者們也是在做同樣的事情，只不過他們心中始終存著較為擴大的群體概念。

我們可以用另一個詞彙來描述這樣的領導者，那就是勇敢。假如我們真心想要處理擾亂當今世界的環境破壞、社會崩解、暴力衝突等問題，那麼我們所需要的領袖人物不僅需要聰明與智謀，還必須勇敢才行。

透過虛擬實境頭戴裝置從太空遠遠望見地球，讓我由衷出現全人類屬於單一大部落的感受，其強烈程度平生未曾有過。但是，若想打造我們嚮往的未來，光是從太空看人類家園是不夠的，我們需要對於人性本質之限制以及人類歷史的教訓，皆有更深刻的理解

一萬年以前，人類部落的範圍僅限於彼此相識的人們。當史上第一批國家出現時，人類大半已經分成許多「千人部落」（kilotribe），由成千上萬彼此素昧平生的人們組成，他們擁有共同基本信念與習俗，並排斥本群體之外的族群且將其去人性化（dehumanize）。軸心時代標誌著邁向巨型社會的轉變過渡期，跨越了大約一百萬人的門檻。如今的人類即將形成一個「超級大部落」（teratribe），屆時生活在地球上的數十億人終於能團結起來面對那些會影響所有人的問題。我們也許會覺得，以民族國家的公民自居感覺比較自然，但這種想法其實是思考習慣造就，不是真的有無法克服的障礙存在。

未能將規模擴大的代價非常清楚。雖然如今人類生產的糧食足以餵養地球上的所有人，但依然有數百萬人處於飢餓狀態；雖然知道全面的核子戰爭會毀滅全人類，但我們依舊繼續儲備致命的武器；雖然知道地球正在暖化、海平面上升、有限資源逐漸耗盡，我們依然繼續用難以永續的速度排放溫室氣體。哥貝克力T型巨石碑可能是舊石器時代生活方式消逝之前最後的輝煌，與此類似，氾濫的消費主義和民粹主義充斥我們這個時代，此現象或可解釋為一人類歷史階段的最後掙扎，之後人類終將跨越這道門檻，進入新的全球統合型態。人類肯

定永遠會分化為無數文化群體，各有各的文化、語文、方言、規範。可是，也許我們終於要進入人類演化歷史的下一個階段，可以在需要時進行更高層次的有效團結。

本書聚焦於人性本質的三個方面，並從三種不同的角度審視之：此即數百萬年來人類心理的生物學演化，數千年來人類政治與經濟體制的文化性演化，以及前兩點導致如今人類所面臨的問題。我的核心論點始終是，雖然人們駕馭及控制三大成見的能力，讓人類得以在過去提高合作的規模，但是我們承繼而來的合作方法目前正在挾著我們走向通往毀滅之路。然而，更深入了解文化演化如何使人們克服過往人性本質的限制之後，我們便可以將這股知識用來進行能改變人類集體未來大勢的決定。舊方法只剩一些依舊可行，其他的已經不行，辨別箇中區別至為關鍵。我們需要採取系列措施，促使人們形塑我們所居住的這個世界，並且以慎重且有共識，而不是隨意且分歧的方式規劃世界的未來。

最重要的是，世界上的每一個社群，都應該做好向彼此學習的準備。除了參考豐富的學術資源之外，我們還可以學習原住民族群洞察全球資本主義弊端以及該如何應對的智慧。認定「發展」理論（theory of development）一概是由富裕的西方傳播給沒受教育的貧窮地區，這種想法不僅是自大傲慢，而且是讓所有人受害。我的基翁導師們對於人類起源的問題非常著迷，我所在村落中的大多數人都沒有讀寫閱讀的能力，但他們卻能發展出自己初步的理論。這些理論總是以溫和又好奇的態度向我呈現，而不是主張單一解釋的教條式堅持。這正是合作可以擴大規模的精神所在。

地球已經誕生四十五億年之久，若不是有人為的浩劫，未來十億年間它應該還是一顆適宜居住的星球。在如此漫長的時間當中，人類這個物種的出現不過是一瞬間的事。然而，隨著科技進步速度超越了我們的社會本能，地球未來的命運目前是懸而未決。人類大規模協調合作的能力，是否能追上人類掠奪破壞的本能衝動呢？採集狩獵的人類祖先心理是否能夠改變並適應一個急速變遷的世界，使從眾性、宗教性、部落性為人謀福而不是造成傷害呢？歷史智慧與現代科學都是人類非自然歷史的果實，吾人若能善加利用便能保護人類與世界的未來，而如今這個世界比以往任何時代都更依賴於我們如何有智慧地運用人類的集體遺產。

致謝

這本書是近四十年研究與學界合作的成果，期間我獲得的恩惠與幫助只有隨著時間愈積愈多。我前後指導過三十多位博士生、四十多位博士後，並且與世界各地無數大學學者合作過，這段經歷讓我學到遠遠超乎自己想像的事物，對此我由衷感激。由於本書牽涉許多專家學者的專業領域，我有一長串要感謝的名單如下，感謝他們熱心閱讀與評論與其專業領域相關的摘錄內容（本書內容倘若還有任何殘餘的錯誤，那必然是本人的責任）：他們分別是史考特・阿特蘭、帕斯卡・博耶、麥可・布爾梅斯特、艾瑪・柯恩（Emma Cohen）、艾倫・科維、茱莉亞・艾布娜、凱文・佛斯特（Kevin Foster）、彼得・法蘭索瓦、彼得・梵科潘（Peter Frankopan）、史都華・古斯里、康羅伊・哈里斯、伊恩・霍德、丹・霍耶爾（Dan Hoyer）、羅伯特・賈吉洛（Robert Jagiello）、克里斯・卡瓦納、傑克・克萊恩（Jack Klein）、伊恩・奎特（Ian Kuijt）、珍妮佛・拉爾森（Jennifer Larson）、羅伯特・麥考萊（Robert N.

McCauley）、米卡爾・米西亞克（Michal Misiak）、瑪莎・紐森、凱特・拉沃斯、盧卡斯・萊因哈特、拉爾夫・施羅德（Ralph Schroeder）、保羅・西布萊特（Paul Seabright）、艾倫・斯特拉森（Alan Strathern）、彼得・特爾欽、瓦萊麗・范穆盧科姆（Valerie van Mulukom）、克萊兒・懷特（Claire White）和菲奧娜・懷特（Fiona White）。此外，我還要感謝我的研究助理丹妮爾・莫拉雷斯（Danielle Morales）核對本書引用的材料。

本書第一、第三、第四章有部分內容原本是刊登在《萬古》（*Aeon*）雜誌，收錄於 Whitehouse, H. (2012), 'Human Rites'（可見於：https://aeon.co/essays/rituals-define-us-in-fathoming-them-we-might-shape-ourselves），第三章有部分材料原先刊登在《太平洋標準》（*Pacific Standard*）雜誌，收錄於 Whitehouse, H. (2016), 'What Motivates Extreme Self-sacrifice'（可見於：https://psmag.com/social-justice/what-motivates-extreme-self-sacrifice）。

我還要感謝企鵝藍燈書屋出版社編輯羅文・波爾切斯（Rowan Borchers），感謝他最初鼓勵我撰寫這本書，以及在一年後將我提交的初稿拆解，將哈佛大學出版社瑞秋・菲爾德（Rachel Field）的觀點納入，幫助我意識到如何重新組織本書的最佳方式。他們說服我將逐漸失控的草稿內容進行刪減，刪減過程對我來說固然痛苦但也獲益良多，令我對兩位的專業觀點與技巧深感佩服。我也要感謝包含編審琳賽・戴維斯（Lindsay Davies）在內的企鵝藍燈書屋編輯團隊，他們敏銳的意見對我多有助益。

最重要的是，我要好好感謝我的妻子梅利迪（Merridee），她閱讀並評論了全書草稿，每逢我的士氣低落，她總會提供無限的情感支持，在我陷入無視外界或想得太深的狀態時，她總能耐心容忍我的自我沉浸。兒子丹尼（Danny）、媳婦莎莉（Sally）、母親派翠西亞（Patricia）都是我要感謝的對象，在我寫作的過程中，他們提出了許多好奇的問題。我將這本書獻給他們和我的孫女黛莉拉（Delilah），黛莉拉未來的人生，就得倚靠我們多快挽救文明崩潰的速度了。我們全家人（包含在澳洲的大家族成員）在我寫作過程中給予的支持，對我的意義超出言語所能形容。本書的一個主題是，親緣紐帶是人類文明演進的一大要素，也可能是拯救人類文明的最強大力量之一。雖然這本書並不理會學術專業的藩籬，但是我是帶著對人類同胞最深的愛與敬意而寫。我們所有人全都來自共同的祖先，因此，我們真真切切同屬於一個大家族。

8. Jacobs, A. J., 'The World's Largest Family Reunion ... We're All Invited!', TEDActive (2014). 可見於：www.ted.com/talks/a_j_jacobs_the_world_s_largest_family_reunion_we_re_all_invited?language=en
9. Reinhardt, L. & Whitehouse, H., 'Why Care for Humanity?' (submitted).
10. Cowan, M., 'Inclusiveness, Foresight, and Decisiveness: The Practical Wisdom of Barrier-Crossing Leaders', *New England Journal of Public Policy*, Vol. 29, No. 1, Article 14 (2017).
11. Buhrmester, M. D., Cowan, M. A., & Whitehouse, H., 'What Motivates Barrier-Crossing Leadership?', *New England Journal of Public Policy*, Vol. 34, No. 2, Article 7 (2022). 可見於：https://scholarworks. umb.edu/nejpp/vol34/iss2/

25. Newson, M., Peitz, L., Cunliffe, J., & Whitehouse, H., 'Improving Prison Behaviour and Receiving Community Attitudes Through Football' (in preparation).
26. Reich, S., Buhrmester, M. B., & Whitehouse, H., 'Identity Fusion and Going Straight: How Disclosure of Life-Changing Experiences Can Impact Ethical Hiring Practices and Positive Reintegration Outcomes', *Journal of Business Ethics* (under review).

結語

1. 'The History of The World: Every Year': www.youtube.com/watch?v=-6Wu0Q7x5D0
2. www.parliament.scot/about/how-parliament-works/sustainability
3. www.oxfam.org/en/press-releases/richest-1-bag-nearly-twice-much-wealth-rest-world-put-together-over-past-two-years.
4. 關於這一點的簡要討論，可見於演員摩根・費里曼（Morgan Freeman）於國家地理頻道（National Geographic Channel）有關宗教起源的系列紀錄片中所進行之訪談：www.youtube.com/watch?v=IZhJicFWEu0
5. Whitehouse, H., 'From Conflict to Covid: How Shared Experiences Shape Our World and How They Could Improve It', *New England Journal of Public Policy*, Vol. 33, No. 2 (2021). 可見於：https:// scholarworks.umb.edu/nejpp/vol33/iss2/7/
6. Curry, O. S., Hare, D., Hepburn, C., Johnson, D. D. P., Buhrmester, M. D., Whitehouse, H., & Macdonald, D. W., 'Cooperative Conservation: Seven Ways to Save the World', *Conservation Science and Practice*, Vol. 2, No. 1 (2019). DOI: 10.1111/csp2.123
7. Buhrmester, M. D., Burnham, D., Johnson, D. D. P., Curry, O. S., Macdonald, D. W., & Whitehouse, H., 'How Moments Become Movements: Shared Outrage, Group Cohesion, and the Lion That Went Viral', *Frontiers in Ecology and Evolution*, Vol. 6, No. 54 (2018). DOI: 10.3389/fevo.2018.00054

15. Suedfeld, P., 'The Cognitive Processing of Politics and Politicians: Archival Studies of Conceptual and Integrative Complexity', *Journal of Personality*, Vol. 78, No. 6, pp. 1669–1702 (2010).
16. Ebner, J. & Whitehouse, H., 'Identity and Extremism: Sorting Out the Causal Pathways to Radicalisation and Violent Self-sacrifice', in Busher, J., Malkki, L., & Marsden, S. (Eds.), *Routledge Handbook on Radicalisation and Countering Radicalisation*, Routledge (2023).
17. 該計畫是由牛津大學莫德林學院卡列瓦中心（Calleva Centre at Magdalen College, Oxford）贊助。
18. Villettaz, P., Gillieron, G., & Killias, M., 'The Effects on Re-offending of Custodial vs. Non-custodial Sanctions: An Updated Systematic Review of the State of Knowledge', *Campbell Systematic Reviews*, Vol. 11, No. 1, pp. 1–92 (2015).
19. Suzanne Reich, Senior Lecturer (Criminology and Criminal Justice) and Program Director (School of Law and Justice, University of Southern Queensland) – personal communication.
20. Dobbie, W. S., and Yang, C. S., 'The Economic Costs of Pretrial Detention', *Research Briefs in Economic Policy*, No. 283 (2022). 可見於：www.cato.org/research-briefs-economic-policy/economic-costs-pretrial-detention
21. Whitehouse, H. & Fitzgerald, R., 'Fusion and Reform: The Potential for Identity Fusion to Reduce Recidivism and Improve Reintegration', *Anthropology in Action*, Vol. 27, No. 1, pp. 1–13 (2020).
22. Newson, M., Bortolini, T. S., da Silva, R., Buhrmester, M., & Whitehouse, H., 'Brazil's Football Warriors: Social Bonding and Intergroup Violence', *Evolution and Human Behavior*, Vol. 39, No. 6, pp. 675–83 (2018).
23. Newson, M. & Whitehouse, H., 'The Twinning Project: How Football, the Beautiful Game, Can Be Used to Reduce Reoffending', *Prison Service Journal*, Vol. 248, pp. 28–31 (2020).
24. Newson, M., Peitz, L., Cunliffe, J., & Whitehouse, H., 'Pathways to Fusion in Prison: The Effects Attachment and Personal Transformation on the Twinning Project' (in preparation).

Twitter? The Taliban's Takeover of Afghanistan', Centre for Artificial Intelligence, Data, and Conflict (2022). 可見於：www.tracesofconflict.com/_files/ugd/17ec87_19ecafa8cf1046af8554251 bce0aaf6f.pdf
6. Ebner, J., Kavanagh, C., & Whitehouse, H., 'Is There a Language of Terrorists? A Comparative Manifesto Analysis', *Studies in Conflict and Terrorism* (2022). DOI: 10.1080/1057610X.2022.2109244
7. Buhrmester, M. D., Fraser, W. T., Lanman, J. A., Whitehouse, H., & Swann, W. B., Jr., 'When Terror Hits Home: Identity Fused Americans Who Saw Boston Bombing Victims as "Family" Provided Aid', *Self & Identity*, Vol. 14, No. 3, pp. 253–70 (2015).
8. Marks, G. & Miller, N., 'Ten Years of Research on the False-Consensus Effect: An Empirical and Theoretical Review', *Psychological Bulletin*, Vol. 102, No. 1, pp. 72–90 (1987).
9. Klein, J. W., Bastian, B., Odjidja, E. N., Ayaluri, S. S., Kavanagh, C. M., & Whitehouse, H., 'Ingroup Commitment Can Foster Intergroup Trust' (in preparation).
10. Suedfeld, P., Tetlock, P. E., & Streufert, S., 'Conceptual/Integrative Complexity', in Smith, C. P., Atkinson, J. W., McClelland, D. C., & Veroff, J. (Eds.), *Motivation and Personality: Handbook of Thematic Content Analysis*, Cambridge University Press (1992).
11. Suedfeld, P. & Tetlock, P., 'Integrative Complexity of Communications in International Crises', *Journal of Conflict Resolution*, Vol. 21, No. 1 (1977), pp. 169–84.
12. Suedfeld, P. & Bluck, S., 'Changes in Integrative Complexity Prior to Surprise Attacks', *Journal of Conflict Resolution*, Vol. 32, No. 4 (1988). DOI: 10.1177/0022002788032004002
13. Pruitt, D. G. & Lewis, S. A., 'Development of Integrative Solutions in Bilateral Negotiation', *Journal of Personality and Social Psychology*, Vol. 31, No. 4, pp. 621–33 (1975).
14. Johnson, Dominic, *Overconfidence and War: The Havoc and Glory of Positive Illusions*, Harvard University Press (2004).

in Shackelford, T. K. & Hansen, R. D. (Eds.), *The Evolution of Morality*, Springer International Publishing (2016).

41. 'Digital Propaganda or "Normal" Political Polarization? Case Study of Political Debate on Polish Twitter', Panoptykon Foundation: https://panoptykon.org/twitter-report
42. Palese, M., 'The Irish Abortion Referendum: How a Citizens' Assembly Helped to Break Years of Political Deadlock', Electoral Reform Society(29May2018):www.electoral-reform.org.uk/the-irish-abortion-referendum-how-a-citizens-assembly-helped-to-break-years-of-political-deadlock/
43. Kantrowitz, A., 'The Man Who Built the Retweet'.
44. www.newscientist.com/article/2217937-whatsapp-restrictions-slow-the-spread-of-fake-news-but-dont-stop-it/

第九章

1. O'Brien, N., 'Interview with a Former Terrorist: Nasir Abbas' Deradicalization Work in Indonesia', *CTC Sentinel,* Vol. 1, No. 12 (2008).
2. Letzing, J. & Berkley, A., 'Is the Internet Really More Effective at Radicalizing People than Older Media?', *The Digital Economy*, World Economic Forum (2021). 可見於：www.weforum.org/agenda/ 2021/07/is-the-internet-really-more-effective-at-radicalizing-people-than-older-media/
3. 'The Use of Social Media by United States Extremists', National Consortium for the Study of Terrorism and Responses to Terrorism (START) (2023). 可見於：www.start.umd.edu/pubs/START_PIRUS_UseOfSocialMediaByUSExtremists_ResearchBrief_July2018.pdf
4. Kavanagh, C. M., Kapitány, R., Putra, I. E., & Whitehouse, H., 'Exploring the Pathways Between Transformative Group Experiences and Identity Fusion', *Frontiers in Psychology*, Vol. 11, No. 1172 (2020). DOI: 10.3389/fpsyg.2020.01172
5. Courchesne, L., Rasikh, B., McQuinn, B., & Buntain, C., 'Powered by

DOI: 10.1016/j.jecp.2022.105574
32. Lee, Richard Borshay, *The !Kung San: Men, Women and Work in a Foraging Society*, Cambridge University Press (1979).
33. Morese, R., Rabellino, D., Sambataro, F., Perussia, F., Valentini, M. C., Bara, B. G., et al., 'Group Membership Modulates the Neural Circuitry Underlying Third Party Punishment', *PLoS ONE*, Vol. 11, No. 11, e0166357 (2016). DOI: 10.1371/journal.pone.0166357
34. Buckholtz, J. W., Asplund, C. L., Dux, P. E., Zald, D. H., Gore, J. C., Jones, O. D., & Marois, R., 'The Neural Correlates of Third-Party Punishment', *Neuron*, Vol. 60, No. 5, pp. 930–40 (2008).
35. Apps, M. A. J., McKay, R., Azevedo, R. T., Whitehouse, H., & Tsakiris, M., 'Not On My Team: Medial Prefrontal Cortex Contributions to Ingroup Fusion and Fairness', *Brain and Behaviour*, Vol. 8, No. 8 (2018). DOI: 10.1002/brb3.1030
36. Kantrowitz, A., 'The Man Who Built the Retweet: "We Handed a Loaded Weapon to 4-Year-Olds" ', *BuzzFeed News* (23 July 2019).
37. Brady, W. J., Wills, J. A., Jost, J. T., Tucker, J. A., & Van Bavel, J. J., 'Emotion Shapes the Diffusion of Moralized Content in Social Networks', *Proceedings of the National Academy of Sciences USA (PNAS)*, Vol. 114, pp. 7313–18 (2017); Crockett, M. J., 'Moral Outrage in the Digital Age', *Nature Human Behaviour*, Vol. 1, pp. 769–71 (2017); Burton, J. W., Cruz, N., & Hahn, U., 'Reconsidering Evidence of Moral Contagion in Online Social Net-works', *Nature Human Behaviour*, Vol. 5, pp. 1629–35 (2021).
38. Egebark, J. & Ekström, M., 'Like What You Like or Like What Others Like? Conformity and Peer Effects on Facebook', Research Institute of Industrial Economics, IFN Working Paper No. 886 (2011).
39. Jędryczka, W., Misiak, M., & Whitehouse, H., 'Explaining Political Polarization Over Abortion: The Role of Moral Values Among Conservatives', *Social Psychology*, Vol. 54, No. 4 (2023). DOI: 10.1027/1864-9335/a000525
40. Curry, O. S., 'Morality as Cooperation: A Problem-Centred Approach',

of Anthropomorphic Tourism Brands on Facebook Fan Pages', *Tourism Management*, Vol. 66, pp. 339–47 (2018).

20. Huang, X., Li, X., & Zhang, M., ' "Seeing" the Social Roles of Brands: How Physical Positioning Influences Brand Evaluation', *Journal of Consumer Psychology*, Vol. 23, No. 4, pp. 509–14 (2013).
21. Folse, J. A. G., Netemeyer, R. G., & Burton, S., 'Spokescharacters', *Journal of Advertising*, Vol. 41, No. 1, pp. 17–32 (2012).
22. Kucuk, S. U., 'Reverse (Brand) Anthropomorphism: The Case of Brand Hitlerization', *Journal of Consumer Marketing*, Vol. 37, No. 6, pp. 651–9 (2020).
23. 以下所述出自下列節目：'I Can't Believe It's Pink Margarine', *99% Invisible* podcast (19 October 2021): https://99percentinvisible.org/episode/i-cant-believe-its-pink-margarine/transcript/
24. 亦可參見'Butter vs Margarine: One of America's Most Bizarre Food Battles', *Distillations* podcast (15 November 2017): www.sciencehistory.org/stories/distillations-pod/butter-vs-margarine/
25. Slone, Jason D., *Theological Incorrectness: Why Religious People Believe What They Shouldn't,* Oxford University Press (2004).
26. www.buycott.com
27. https://donegood.co; https://blog.orangeharp.com.
28. Harcup, T. & O'Neill, D., 'What Is News? Galtung and Ruge Revisited', *Journalism Studies*, Vol. 2, No. 2, pp. 261–80 (2001).
29. www.niemanlab.org/2019/08/americans-with-less-education-are-more-likely-to-say-that-local-news-is-important-to-them-and-to-get-it-from-tv/ (2019); www.latimes.com/entertainment/envelope/la-xpm-2013-apr-02-la-et-ct-nielsen-educated-viewers-watch-less-tv-20130401-story.html (2013).
30. Fehr, E. & Fischbacher, U., 'Third-Party Punishment and Social Norms', *Evolution and Human Behavior*, Vol. 25, No. 2, pp. 63–87 (2004).
31. Geraci, A. & Surian, L., 'Preverbal Infants' Reactions to Third-Party Punishments and Rewards Delivered Toward Fair and Unfair Agents', *Journal of Experimental Child Psychology*, Vol. 226, No. 105574 (2023).

Pandemic Times' (2020): https://erc.europa.eu/projects-figures/ stories/unboxing-cultural-rituals-christmas-pandemic-times

9. Pearson, B., 'Holiday Spending to Exceed $1 Trillion – And 11 Other Surprising Data Points of Christmas', *Forbes* (22 December 2016): www.forbes.com/sites/bryanpearson/2016/12/22/holiday-spending-to-exceed-1-trillion-and-11-other-surprising-data-points-of-christmas/?sh=1ef611e1247f
10. 雖然現實生活中失智或腦部損傷的表現並非「超自然」，但這類異常心理因為違背人對心智運作的直覺預期，根據最低程度反直覺理論，其可以吸引人出於本能的注意、容易記憶、易於傳播，故可以將此類異常心理視為最低程度反直覺。
11. Tang, F., 'China's Lunar New Year Spending Growth Slows to Decade Low Despite Record US$148.96 Billion Sales', *South China Morning Post* (11 February 2019).
12. Guthrie, Stewart, *Faces in the Clouds: A New Theory of Religion*, Oxford University Press (1993).
13. Goffman, Erving, *The Presentation of Self in Everyday Life*, Doubleday Anchor (1959).
14. Guthrie, S., 'Bottles Are Men, Glasses Are Women: Religion, Gender, and Secular Objects', *Material Religion*, Vol. 3, No. 1, pp. 14–33 (2007).
15. Sharma, M. & Zillur, R., 'Anthropomorphic Brand Management: An Integrated Review and Research Agenda', *Journal of Business Research*, Vol. 149, pp. 463–75 (2022).
16. Strohminger, N. & Jordan, M. R., 'Corporate Insecthood', *Cognition*, Vol. 224, No. 105068 (2022). DOI: 10.1016/j.cognition.2022.105068
17. Ibid.
18. Moller, J. & Herm, S., 'Shaping Retail Brand Personality Perceptions by Bodily Experiences', *Journal of Retailing*, Vol. 89, No. 4, pp. 438–46 (2013).
19. Perez-Vega, R., Taheri, B., Farrington, T., & O'Gorman, K., 'On Being Attractive, Social and Visually Appealing in Social Media: The Effects

Religion Divides and Unites Us, Simon and Schuster (2010).

18. Chater, N. & Loewenstein, G., 'The I-frame and the S-frame: How Focusing on Individual-Level Solutions Has Led Behavioral Public Policy Astray', *Behavioral and Brain Sciences*, Vol. 46, No. E147 (2023). DOI: 10.1017/S0140525X22002023
19. Beermann, V., Rieder, A., & Uebernickel, F., 'Green Nudges: How to Induce Pro-environmental Behavior Using Technology', International Conference on Information Systems (2022).
20. https://citizensassembly.co.uk

第八章

1. 新造教會在這方面也許特別寬容，不是所有福音派基督教都能接受成員同時懷抱多種信仰傳統。
2. Zengkun, F., 'Singapore Pastor Joseph Prince Goes Worldwide', *Straits Times* (28 October 2014).
3. 應當注意，不同的福音派教會會提供不同類型的實際福利，有些甚至包括保險計畫，參見Auriol, E., Lassebie, J., Panin, A., Raiber, E., & Seabright, P., 'God Insures Those Who Pay? Formal Insurance and Religious Offerings in Ghana', *Quarterly Journal of Economics*, Vol. 135, No. 4, pp. 1799–1848 (2020)。
4. 'Tithes and Offerings', New Creation Church website: www.newcreation.org.sg/give/
5. Iannaccone, L. R., 'Sacrifice and Stigma: Reducing Free-Riding in Cults, Communes, and Other Collectives', *Journal of Political Economy*, Vol. 100, No. 2, pp. 271–91 (1992).
6. 關於宗教如何在性選擇（sexual selection）中傳達配偶價值的討論，參見Slone, J. & Van Slyke, J. (Eds.), *The Attraction of Religion: A New Evolutionary Psychology of Religion*, Bloomsbury Academic (2015)。
7. Seabright, Paul, *The Divine Economy: How Religions Compete for Wealth, Power and People*, Princeton University Press (in press).
8. European Research Council, 'Unboxing Cultural Rituals: Christmas in

Reveals Five Streams of Migration into Micronesia and Matrilocality in Early Pacific Seafarers', *Science*, Vol. 377, No. 6601, pp. 72–9 (2022).

7. Stebbins, T. N., 'Mali Baining Perspectives on Language and Culture Stress', *International Journal of the Sociology of Language*, Vol. 2004, No. 169, pp. 161–75 (2004).
8. Weiner, Annette B., *Women of Value, Men of Renown: New Perspectives in Trobriand Exchange*, University of Texas Press (1983).
9. Mackey, John E. & Sisodia, Raj, *Conscious Capitalism: Liberating the Heroic Spirit of Business*, Harvard Business Review Press (2012).
10. Raworth, Kate, *Doughnut Economics: Seven Ways to Think Like a 21st-Century Economist*, Penguin Random House (2017).
11. Caşu, D., 'Attempts at Introducing Communist Rituals in Family Traditions and Holidays: Case Study on Moldavian SSR', *Codrul Cosminului*, Vol. 20, No. 1, pp. 273–8 (2014).
12. Johnson, I., ' "Ruling Through Ritual": An Interview with Guo Yuhua', *The China File* (2018): www.chinafile.com/library/nyrb-china-archive/ruling-through-ritual-interview-guo-yuhua
13. Rybanska, V., McKay, R., Jong, J., & Whitehouse, H., 'Rituals Improve Children's Ability to Delay Gratification', *Child Development*, Vol. 89, No. 2, pp. 349–59 (2018).
14. Pew Research Center, 'Religious Landscape Study' (2014). 可見於：www.pewresearch.org/religion/about-the-religious-landscape-study/
15. Pew Research Center, 'Young Adults Around the World Are Less Religious by Several Measures' (2018). 可見於：www.pewresearch. org/religion/2018/06/13/young-adults-around-the-world-are-less-religious-by-several-measures/
16. Torchalla, I., Li, K., Strehlau, V., Linden, I. A., & Krausz, M., 'Religious Participation and Substance Use Behaviors in a Canadian Sample of Homeless People', *Community Mental Health Journal*, Vol. 50, No. 7, pp. 862–9 (2014).
17. Putnam, Robert D. & Campbell, David E., *American Grace: How*

University Press (1957).
29. Mufti, M., 'Jihad as Statecraft: Ibn Khaldun on the Conduct of War and Empire', *History of Political Thought*, Vol. 30, No. 3, pp. 385–410 (2009).
30. Barstad, Hans M., *History and the Hebrew Bible: Studies in Ancient Israelite and Ancient Near Eastern Historiography*, Mohr Siebeck (2008).
31. Atran, Scott, *Talking to the Enemy: Violent Extremism, Sacred Values, and What It Means to Be Human*, Penguin (2011).
32. Atran, Scott, 'The Will to Fight', *Aeon* (2022). Available from: https://aeon.co/essays/wars-are-won-by-people-willing-to-fight-for-comrade-and-cause
33. Tossell, C. C., Gómez, Á., Visser, E. J., Vázquez, A., Donadio, B. T., Metcalfe, A., Rogan, C., Davis, R., & Atran, S., 'Spiritual Over Physical Formidability Determines Willingness to Fight and Sacrifice Through Loyalty in Cross-cultural Populations', *Proceedings of the National Academy of Sciences USA (PNAS)*, Vol. 119, No. 6, e2113076119 (2022). DOI: 10.1073/pnas.2113076119

第七章

1. UN Environmental Programme, 'Emissions Gap Report' (27 October 2022). 可見於：www.unep.org/resources/emissions-gap-report-2022
2. HDI Global, 'The Future of Food: What Will You Be Eating in 2050?' (14 October 2021). 可見於：www.hdi.global/infocenter/insights/2021/future-of-food/
3. Reinhardt, L. & Whitehouse, H., 'What Kinds of Speeches Motivate Climate Action?' (in preparation).
4. Whitehouse, Harvey, *Inside the Cult: Religious Innovation and Transmission in Papua New Guinea*, Oxford University Press (1995). 材料引自 page 1。
5. Ligaiula, P., 'Port Vila Call for a Just Transition to a Fossil Fuel Free Pacific', Pacific News Service (17 March 2023).
6. Liu, Yue-Chen, Hunter-Anderson, R., Cheronet, O., et al., 'Ancient DNA

Decision-Making', *Journal of Personality and Social Psychology*, Vol. 106, No. 5, pp. 713–27 (2014); Swann, W. B., Jr., Gómez, Á., Dovidio, J. F., Hart, S., & Jetten, J., 'Dying and Killing for One's Group: Identity Fusion Moderates Responses to Intergroup Versions of the Trolley Problem', *Psychological Science*, Vol. 21, No. 8, pp. 1176–83 (2010).

20. Van Mulukom, V., Debeuf, K., Atalay, E. D., & Whitehouse, H., 'What Makes Muslim Minorities Willing to Fight and Die? Exploring the Role of Threat and Group Psychology' (submitted).
21. White, F. A., Newson, M., Verrelli, S., & Whitehouse, H., 'Pathways to Prejudice and Outgroup Hostility: Group Alignment and Intergroup Conflict Among Football Fans', *Journal of Applied Social Psychology*, Vol. 51, No. 7 (2021). DOI: 10.1111/jasp.12773
22. Buhrmester, M. D., Fraser, W. T., Lanman, J. A., Whitehouse, H., & Swann, W. B., Jr., 'When Terror Hits Home: Identity Fused Americans Who Saw Boston Bombing Victims as "Family" Provided Aid', *Self & Identity*, Vol. 14, No. 3, pp. 253–70 (2015).
23. 關於這項研究的全數結論，參見Whitehouse, Harvey, *The Ritual Animal: Imitation and Cohesion in the Evolution of Social Complexity*, Oxford University Press (2021)。
24. Hunter, L. W. & Handford, S. A., *Aineiou Poliorketika: Aeneas on Siegecraft*, Clarendon Press (1927).
25. Schofield, A., 'Keeping It Together: Aeneas Tacticus and Unit Cohesion in Ancient Greek Siege Warfare', in Hall, J. R., Rawlings, L., & Lee, G. (Eds.), *Unit Cohesion and Warfare in the Ancient World: Military and Social Approaches*, Routledge (2023).
26. Hall, J. R., 'Unit Cohesion in the Ancient World: An Introduction', in Hall, J. R., et al., *Unit Cohesion and Warfare in the Ancient World.*
27. Konijnendijk, R., 'The Eager Amateur: Unit Cohesion and the Athenian Hoplite Phalanx', in Hall, J. R., et al., *Unit Cohesion and Warfare in the Ancient World.*
28. Walbank, F. W., *A Historical Commentary on Polybius*, Vol. 1, Oxford

動產生對外群體之貶抑的主流觀點，但是她用來支持其觀點的研究並沒有控制延伸融合的影響，而延伸融合在沒有競爭或威脅的情況下，其實可能會降低對外群體的負面態度。參見Brewer, M. B., 'The Psychology of Prejudice: Ingroup Love and Outgroup Hate?', *Journal of Social Issues*, Vol. 55, No. 3, pp. 429–44 (1999)。

15. Diener, E., Lusk, R., Defour, D., & Flax, R., 'Deindividuation: Effect of Group Size, Density, Number of Observers, and Group Member Similarity on Self-consciousness and Disinhibited Behavior', *Journal of Personality and Social Psychology*, Vol. 39, No. 3, pp. 449–59 (1980).
16. Swann, W. B., Jr., Gómez, Á., Seyle, C., & Morales, F., 'Identity Fusion: The Interplay of Personal and Social Identities in Extreme Group Behavior', *Journal of Personality and Social Psychology*, Vol. 96, No. 5, pp. 995–1011 (2009).
17. Johnson, R. D. & Downing, L. L., 'Deindividuation and Valence of Cues: Effects on Prosocial and Antisocial Behavior', *Journal of Personality and Social Psychology*, Vol. 37, No. 9, pp. 1532–8 (1979).
18. Besta, T., Gómez, Á., & Vázquez, A., 'Readiness to Deny Group's Wrongdoing and Willingness to Fight for Its Members: The Role of Poles' Identity Fusion with the Country and Religious Group', *Current Issues in Personality Psychology*, Vol. 2, No. 1, pp. 49–55 (2014); Fredman, L. A., Buhrmester, M. D., Gómez, Á., Fraser, W. T., Talaifar, S., Brannon, S. M., & Swann, W. B., Jr., 'Identity Fusion, Extreme Progroup Behavior, and the Path to Defusion', *Social and Personality Psychology Compass*, Vol. 9, No. 9, pp. 468–80 (2015); Buhrmester, M. D. & Swann, W. B., Jr., 'Identity Fusion', in Scott, R. A. & Kosslyn, S. M. (Eds.), *Emerging Trends in the Social and Behavioral Sciences*, John Wiley (2015); Swann, W. B., Jr., et al., 'Identity Fusion: The Interplay of Personal and Social Identities in Extreme Group Behavior'.
19. Swann, W. B., Jr., Gómez, Á., Buhrmester, M. D., López-Rodríguez, L., Jiménez, J., & Vázquez, A., 'Contemplating the Ultimate Sacrifice: Identity Fusion Channels Pro-group Affect, Cognition, and Moral

the Origin of the State', *Science*, Vol. 169, pp. 733–8 (1970).

4. Turchin, P., Whitehouse, H., Gavrilets, S., et al., 'Disentangling the Evolutionary Drivers of Social Complexity: A Comprehensive Test of Hypotheses', *Science Advances*, Vol. 8, No. 25 (2022). DOI: 10.1126/sciadv.abn3517
5. Turchin, Peter, *Ultrasociety: How 10,000 Years of War Made Humans the Greatest Cooperators on Earth*, Beresta Books (2016).
6. Algaze, G., 'Expansionary Dynamics of Some Early Pristine States', *American Anthropologist*, Vol. 95, pp. 304–33 (1993).
7. Guiart, J., 'Forerunners of Melanesian Nationalism', *Oceania*, Vol. 22, No. 2, pp. 81–90 (1951). 可見於：www.jstor.org/stable/40328310
8. Barth, F., *Ritual and Knowledge Among the Baktaman of New Guinea*, Yale University Press (1975).
9. Schacter, D. L., Gilbert, D. T., & Wegner, D. M., 'Semantic and Episodic Memory', in *Psychology* (Second Edition), Worth (2009).
10. Tajfel, H. & Turner, J. C., 'The Social Identity Theory of Intergroup Behaviour', in Worchel, S. & Austin, W. G. (Eds.), *Psychology of Intergroup Relations*, Nelson-Hall (1986).
11. Whitehouse, H., 'Memorable Religions: Transmission, Codification, and Change in Divergent Melanesian Contexts', *Man* (New Series), Vol. 27, No. 4, pp. 777–97 (1992).
12. Turner, J. C. & Reynolds, K. J., 'The Story of Social Identity', in Postmes, T. & Branscombe, N. R. (Eds.), *Rediscovering Social Identity: Core Sources*, Psychology Press (2010).
13. 威廉・斯旺恩（William B. Swann）和麥可・布爾梅斯特（Michael Buhrmester）形容個人身分和群體認同的關係，在融合的情況下是「協同的」（synergistic），即二者合作，然在識別認同情況下是「液壓的」（hydraulic），二者相互排斥，有點像是油和水的關係。參見Swann, W. B., Jr. & Buhrmester, M. D., 'Identity Fusion', *Current Directions in Psychological Science*, Vol. 24, No. 1, pp. 52–7 (2015)。
14. 社會心理學家瑪莉蓮・布魯爾（Marilyn Brewer）質疑識別認同會自

University Press (1953); Eisenstadt, S. N., *Japanese Civilization: A Comparative View*, University of Chicago Press (1996); Bellah, Robert N., *Religion in Human Evolution: From the Paleolithic to the Axial Age*, Harvard University Press (2011).

32. Mullins, D. A., Hoyer, D., Collins, C., Currie, T., Feeney, K., François, P., Savage, P. E., Whitehouse, H., & Turchin, P., 'A Systematic Assessment of the Axial Age Thesis Using Global Comparative Historical Evidence', *American Sociological Review*, Vol. 83, No. 3, pp. 596–626 (2018).
33. Ebrey, Patricia, Walthall, Ann, & Palais, James, *East Asia: A Cultural, Social, and Political History*, Houghton Mifflin Harcourt (2006).
34. Whitehouse, H., François, P., Cioni, E., Levine, J., Hoyer, D., Reddish, J., & Turchin, P., 'Conclusion: Was There Ever an Axial Age?', in Hoyer, D. & Reddish, J. (Eds.), *The Seshat History of the Axial Age*, Beresta Books (2019).
35. Turchin, P., Whitehouse, H., Gavrilets, S., et al., 'Disentangling the Evolutionary Drivers of Social Complexity: A Comprehensive Test of Hypotheses', *Science Advances*, Vol. 8, No. 25 (2022). DOI: 10.1126/sciadv.abn3517
36. 艾倫・斯特拉森（Alan Strathern）將此描述為「超越主義的」（transcendentalist）宗教，見於其著作 *Unearthly Powers: Religious and Political Change in World History*, Cambridge University Press (2019)。
37. Worsley, Peter, *The Trumpet Shall Sound: A Study of 'Cargo' Cults in Melanesia*, Schocken Books (1968).

第六章

1. Wittfogel, Karl A., *Oriental Despotism: A Comparative Study of Total Power*, Oxford University Press (1957).
2. Fried, Morton H., *The Evolution of Political Society: An Essay in Political Anthropology*, Random House (1967).
3. Oppenheimer, Franz, *The State: Its History and Development Viewed Sociologically*, Free Life Editions (1975); Carneiro, R. L., 'A Theory of

21. Bloch, Maurice, *Placing the Dead: Tombs, Ancestral Villages and Kinship Organization in Madagascar* (Studies in Anthropology), Academic Press (1971).
22. Covey, R. Alan, *Inca Apocalypse: The Spanish Conquest and the Transformation of the Andean World*, Oxford University Press (2020).
23. Turchin, P., Whitehouse, H., François, P., et al., 'An Introduction to Seshat: Global History Databank', *Journal of Cognitive Historiography*, Vol. 5, No. 1–2, pp. 115–23 (2020).
24. http://seshatdatabank.info/methods/world-sample-30/
25. 其中有許多變數還需要進一步細分，由此生成一份更長的特徵列表。例如，在51項主要變數之中，有六項與資訊儲存系統有關，但是在涉及書寫文字利用的類別時，我們又將其細分為一系列更加細緻的要素，每個要素在我們想要加以編碼的社會與時代中，都可以標記為「存在」、「不存在」或「未知」。這些要素諸如：清單；表格；分類；日曆；神聖經典；宗教文學；實用文獻；歷史；哲學；科學文獻；小說（包括詩歌）。所以，即便我們只有51個社會複雜性指標，但實際上的數量卻遠遠不止於此。
26. Turchin, P., Currie, T. E., Whitehouse, H., et al., 'Quantitative Historical Analysis Uncovers a Single Dimension of Complexity that Structures Global Variation in Human Social Organization', *Proceedings of the National Academy of Sciences USA (PNAS)*, Vol. 115, No. 2, E144–E151 (2018). DOI: 10.1073/pnas.170880011
27. D'Altroy, Terence N., *The Incas: The Peoples of America* (Second Edition), Wiley Blackwell (2014).
28. Turchin, Peter, *Ultrasociety: How 10,000 Years of War Made Humans the Greatest Cooperators on Earth*, Beresta Books (2016).
29. Ibid.
30. Turchin, P., 'The Evolution of Moralizing Supernatural Punishment: Empirical Patterns', in Larson, J., Reddish, J., & Turchin, P. (Eds.), *The Seshat History of Moralizing Religion*, Beresta Books (in press).
31. Jaspers, Karl, *The Origin and Goal of History* (trans. M. Bullock), Yale

11. Postgate, J. N., *Early Mesopotamia: Society and Economy at the Dawn of History*, Routledge (1992).
12. Steinkeller, Piotr, 'The Divine Rulers of Akkade and Ur: Toward a Definition of the Deification of Kings in Babylonia', in *History, Texts and Art in Early Babylonia: Three Essays*, De Gruyter (2017).
13. Friedman, J., 'Tribes, States, and Transformations', in Bloch, M. (Ed.), *Marxist Analyses and Social Anthropology*, Routledge (1984).
14. Firth, Raymond, *Rank and Religion in Tikopia: A Study in Polynesian Paganism and Conversion to Christianity*, Allen & Unwin (1970).
15. Whitehouse, H., 'From Possession to Apotheosis: Transformation and Disguise in the Leadership of a Cargo Movement', in Feinberg, R. & Watson-Gegeo, K. A. (Eds.), *Leadership and Change in the Western Pacific*, Athlone (1996).
16. Liu, Yue-Chen, Hunter-Anderson, R., Cheronet, O., et al., 'Ancient DNA Reveals Five Streams of Migration into Micronesia and Matrilocality in Early Pacific Seafarers', *Science*, Vol. 377, No. 6601, pp. 72–9 (2022).
17. Boone, E. H. (Ed.), *Ritual Human Sacrifice in Mesoamerica*, Dumbarton Oaks (1984).
18. Ceruti, M. C., 'Frozen Mummies from Andean Mountaintop Shrines: Bioarchaeology and Ethnohistory of Inca Human Sacrifice', *BioMed Research International*, Vol. 2015, No. 439428 (2015). DOI: 10.1155/2015/439428
19. Watts, J., Sheehan, O., Atkinson, Q. D., et al., 'Ritual Human Sacrifice Promoted and Sustained the Evolution of Stratified Societies', *Nature*, Vol. 532, pp. 228–31 (2016).
20. Burke, B. L., Martens, A., & Faucher, E. H., 'Two Decades of Terror Management Theory: A Meta-analysis of Mortality Salience Research', *Personality and Social Psychology Review*, Vol. 14, pp. 155–95 (2010); Greenberg, J., Solomon, S., & Arndt, J., 'A Basic but Uniquely Human Motivation: Terror Management', in Shah, J. Y. & Gardner, W. L. (Eds.), *Handbook of Motivation Science*, The Guilford Press (2008).

30. Malinowski, Bronislaw, *Argonauts of the Western Pacific*, Routledge (2014).

第五章

1. Raddato, C., 'Minoan Storage Jars at the Palace of Knossos', *World History Encyclopedia* (2019). 可見於：www.worldhistory.org/image/10598/minoan-storage-jars-at-the-palace-of-knossos/
2. Molloy, B. P. C., 'Martial Minoans? War as Social Process, Practice and Event in Bronze Age Crete', *The Annual of the British School at Athens*, Vol. 107, pp. 87–142 (2012). 可見於：www.jstor.org/stable/41721880
3. Wall, S. M., Musgrave, J. H., & Warren, P. M., 'Human Bones from a Late Minoan IB House at Knossos', *The Annual of the British School at Athens*, Vol. 81, pp. 333–88 (1986).
4. Kuijt, Ian (Ed.), *Life in Neolithic Farming Communities*, Kluwer Academic/Plenum Publishers (2000).
5. Hertz, R., 'A Contribution to a Study of the Collective Representation of Death', in Mauss, M., Hubert, H., & Hertz, R. (Eds.), *Saints, Heroes, Myths, and Rites: Classical Durkheimian Studies of Religion and Society*, Routledge (2009).
6. Peoples, H. C., Duda, P., & Marlowe, F. W., 'Hunter-Gatherers and the Origins of Religion', *Human Nature*, Vol. 27, pp. 261–82 (2016).
7. Sheils, D., 'Toward a Unified Theory of Ancestor Worship: A Cross-cultural Study', *Social Forces*, Vol. 54, No. 2, pp. 427–40 (1975).
8. Sahlins, M., 'Poor Man, Rich Man, Big-Man, Chief: Political Types in Melanesia and Polynesia', *Comparative Studies in Society and History*, Vol. 5, No. 3, pp. 285–303 (1963).
9. Godelier, M. & Strathern, M. (Eds.), *Big Men and Great Men: Personifications of Power in Melanesia*, Cambridge University Press (1991).
10. Trigger, Bruce G., *Understanding Early Civilizations*, Cambridge University Press (2003).

Practice, Vol. 6, No. 4, pp. 328–41 (2018).
20. Ibid.
21. Sahlins, Marshall, *Stone Age Economics*, Tavistock (1974).
22. Byrd, B. F., 'Public and Private, Domestic and Corporate: The Emergence of the Southwest Asian Village', *American Antiquity*, Vol. 59, No. 4, pp. 639–66 (1994); Byrd, B. F., 'Reassessing the Emergence of Village Life in the Near East', *Journal of Archaeological Research*, Vol. 13, No. 3, pp. 231–89 (2005).
23. Kuijt, I., Guerrero, E., Molist, M., & Anfruns, J., 'The Changing Neolithic Household: Household Autonomy and Social Segmentation, Tell Halula, Syria', *Journal of Anthropological Archaeology*, Vol. 30, No. 4, pp. 502–22 (2011).
24. Düring, B. & Marciniak, A., 'Households and Communities in the Central Anatolian Neolithic', *Archaeological Dialogues*, Vol. 12, No. 2, pp. 165–87 (2006); Marciniak, A., 'Communities, Households and Animals: Convergent Developments in Central Anatolian and Central European Neolithic', *Documenta Praehistorica*, Vol. 35 pp. 93–109 (2008).
25. Hodder, I., 'The Vitalities of Çatalhöyük', in Hodder, I. (Ed.), *Religion at Work in a Neolithic Society: Vital Matters*, Cambridge University Press (2014).
26. Hodder, I. & Pels, P., 'History Houses: A New Interpretation of Architectural Elaboration at Çatalhöyük', in Hodder, I. (Ed.), *Religion in the Emergence of Civilization*, Cambridge University Press (2010).
27. Baird, D., Fairbairn, A., & Martin, L., 'The Animate House, the Institutionalization of the Household in Neolithic Central Anatolia', *World Archaeology*, Vol. 49, No. 5, pp. 753–76 (2016).
28. Kuijt, I., 'Material Geographies of House Societies: Reconsidering Neolithic Çatalhöyük, Turkey', *Cambridge Archaeological Journal*, Vol. 28, No. 4, pp. 565–90 (2018).
29. Meyer, Fortes, *The Dynamics of Clanship Among the Tallensi*, Oxford University Press (1945).

10. 關於這兩點及相關心理的更詳細討論，參見 Whitehouse, Harvey, *Arguments and Icons: Divergent Modes of Religiosity;* Whitehouse, Harvey, *Modes of Religiosity: A Cognitive Theory of Religious Transmission*, AltaMira Press (2004); and Whitehouse, Harvey, *The Ritual Animal,* Oxford University Press (2021)。
11. Anderson, Benedict, *Imagined Communities: Reflections on the Origin and Spread of Nationalism*, Verso Books (1991).
12. Whitehouse, H., 'Appropriated and Monolithic Christianity in Melanesia', in Cannell, F. (Ed.), *The Anthropology of Christianity*, Duke University Press (2006).
13. Whitehouse, H. & Hodder, I., 'Modes of Religiosity at Çatalhöyük', in Hodder, I. (Ed.), *Religion in the Emergence of Civilization: Çatalhöyük as a Case Study*, Cambridge University Press (2010); Whitehouse, H., Mazzucato, C., Hodder, I., & Atkinson, Q. D., 'Modes of Religiosity and the Evolution of Social Complexity at Çatalhöyük', in Hodder, I. (Ed.), *Religion at Work in a Neolithic Society: Vital Matters*, Cambridge University Press (2014).
14. Hodder, Ian & Tsoraki, Christina (Eds.), *Communities at Work: The Making of Çatalhöyük*, Çatalhöyük Research Project Series 15, British Institute at Ankara (2022).
15. 摘錄自 'The Story of God with Morgan Freeman: Interview with Harvey Whitehouse'. 可見於：www.youtube.com/watch?v= IZhJicFWEu0
16. Atkinson, Q. D. & Whitehouse, H., 'The Cultural Morphospace of Ritual Form', *Evolution and Human Behaviour*, Vol. 32, No. 1, pp. 50–62 (2011).
17. Ember, C. R. & Ember, M., 'Cross-cultural Research', in Bernard, H. R. (Ed.), *Handbook of Methods in Cultural Anthropology*, AltaMira (1998).
18. Murdock, George Peter, *Ethnographic Atlas: A Summary*, University of Pittsburgh Press (1967).
19. Gantley, M., Whitehouse, H., & Bogaard, A., 'Material Correlates Analysis (MCA): An Innovative Way of Examining Questions in Archaeology Using Ethnographic Data', *Advances in Archaeological*

36. https://en.wikipedia.org/wiki/John_R._Fox#cite_note-:12-6

第四章

1. Boyd, R., Schonmann, R. H., & Vicente, R., 'Hunter-Gatherer Population Structure and the Evolution of Contingent Cooperation', *Evolution and Human Behavior*, Vol. 35, No. 3, pp. 219–27 (2014).
2. Dietrich, O., Notroff, J., & Schmidt, K., 'Feasting, Social Complexity, and the Emergence of the Early Neolithic of Upper Mesopotamia: A View from Göbekli Tepe', in Chacon, R. & Mendoza, R. (Eds.), *Feast, Famine or Fighting? Studies in Human Ecology and Adaptation*, Vol. 8, Springer (2017).
3. Borrell, F. & Molist, M., 'Projectile Points, Sickle Blades and Glossed Points: Tools and Hafting Systems at Tell Halula (Syria) During the 8th Millennium cal. BC', in *Paléorient*, Vol. 33, No. 2, pp. 59–77 (2007).
4. Akkermans, Peter M. M. G. & Schwartz, Glenn M., *The Archaeology of Syria: From Complex Hunter-Gatherers to Early Urban Societies (c. 16,000– 300 BC)*, Cambridge University Press (2004).
5. Mithen, S., 'From Ohalo to Çatalhöyük: The Development of Religiosity During the Early Prehistory of Western Asia, 20,000–7000 BC', in Whitehouse, H. & Martin, L. H. (Eds.), *Theorizing Religions Past: Historical and Archaeological Perspectives*, AltaMira Press (2004).
6. Whitehouse, Harvey, *Inside the Cult: Religious Innovation and Transmission in Papua New Guinea*, Oxford University Press (1995).
7. Whitehouse, Harvey, *Arguments and Icons: Divergent Modes of Religiosity*, Oxford University Press (2000).
8. Whitehouse, Harvey, 'Memorable Religions: Transmission, Codification, and Change in Divergent Melanesian Contexts', *Man* (New Series), Vol. 27, No. 4, pp. 777–97 (1992).
9. Barth, Fredrik, *Cosmologies in the Making: A Generative Approach to Cultural Variation in Inner New Guinea*, Cambridge University Press (1987).

Group Cohesion, and the Lion That Went Viral', *Frontiers*, Vol. 6 (2018). DOI: 10.3389/fevo.2018.00054

28. Tasuji, T., Reese, E., van Mulukom, V., & Whitehouse, H., 'Band of Mothers: Childbirth as a Female Bonding Experience', *PLoS ONE*, Vol. 15, No. 10, e0240175 (2020). DOI: 10.1371/journal.pone.0240175
29. Swann, W. B., Jr., et al., 'Identity Fusion: The Interplay of Personal and Social Identities in Extreme Group Behavior'.
30. Swann, W. B., Jr., Gómez, Á., Huici, C., Morales, J. F., & Hixon, J. G., 'Identity Fusion and Self-Sacrifice: Arousal as a Catalyst of Pro-group Fighting, Dying, and Helping Behavior', *Journal of Personality and Social Psychology*, Vol. 99, No. 5, pp. 824–41 (2010).
31. Swann, W. B., Jr., et al., 'Dying and Killing for One's Group'.
32. Whitehouse, H., McQuinn, B., Buhrmester, M. D., & Swann, W. B., Jr., 'Brothers in Arms: Warriors Bond Like Family', *Proceedings of the National Academy of Sciences USA (PNAS)*, Vol. 111, No. 50, pp. 17783–5 (2014).
33. Whitehouse, H., et al., 'The Evolution of Extreme Cooperation via Shared Dysphoric Experiences'; Buhrmester, M. D., Newson, M., Vázquez, A., Wallisen, T. H., & Whitehouse, H., 'Winning at Any Cost: Identity Fusion, Group Essence, and Maximizing Ingroup Advantage, *Self and Identity*, Vol. 17, No. 5, pp. 500–516 (2018).
34. Vázquez, A., Ordoñana, J. R., Whitehouse, H., & Gómez, Á., 'Why Die for My Sibling? The Positive Association Between Identity Fusion and Imagined Loss with Endorsement of Self-sacrifice / ¿Por qué morir por un hermano? La asociación positiva entre la fusión de identidad y la pérdida imaginada con la disposición al autosacrificio', *Revista de Psicología Social*, Vol. 34, No. 3, pp. 413–38 (2019).
35. Gómez, Á., Bélanger, J. J., Chinchilla, J., et al., 'Admiration for Islamist Groups Encourages Self-sacrifice Through Identity Fusion', *Humanities and Social Sciences Communications*, Vol. 8, No. 54 (2021). DOI: 10.1057/s41599-021-00734-9

Fusion: The Interplay of Personal and Social Identities in Extreme Group Behaviour', *Journal of Personality and Social Psychology*, Vol. 96, No. 5, pp. 995–1011 (2009).
17. Whitehouse, Harvey, *Modes of Religiosity: A Cognitive Theory of Religious Transmission*, AltaMira Press (2004).
18. Whitehouse, H. & Lanman, J. A., 'The Ties That Bind Us', *Current Anthropology*, Vol. 55, No. 6, pp. 674 –95 (2014).
19. Whitehouse, Harvey, *Inside the Cult: Religious Innovation and Transmission in Papua New Guinea*, Oxford University Press (1995).
20. Richert, R. A., Whitehouse, H., & Stewart, E., 'Memory and Analogical Thinking in High-Arousal Rituals', in Whitehouse, H. & McCauley, R. N. (Eds.), *Mind and Religion: Psychological and Cognitive Foundations of Religiosity*, AltaMira Press (2005).
21. Pfeiffer, J. E., *The Creative Explosion: An Inquiry into the Origins of Art and Religion*, Cornell University Press (1985).
22. Sonic Arts Research Centre website, Queen's University Belfast. 可見於：www.qub.ac.uk/sarc/
23. Jong, J., Whitehouse, H., Kavanagh, C., & Lane, J., 'Shared Negative Experiences Lead to Identity Fusion via Personal Reflection', *PLoS ONE*, Vol. 10, No. 12, e0145611 (2015). DOI: 10.1371/journal.pone.0145611
24. Whitehouse, H., et al., 'The Evolution of Extreme Cooperation via Shared Dysphoric Experiences'.
25. Newson, M., Buhrmester, M., & Whitehouse, H., 'United in Defeat: Shared Suffering and Group Bonding Among Football Fans', *Managing Sport and Leisure*, Vol. 28, No. 2, pp. 164–81 (2021).
26. Kavanagh, C. M., Kapitány, R., Putra, I. E., & Whitehouse, H., 'Exploring the Pathways Between Transformative Group Experiences and Identity Fusion', *Frontiers in Psychology*, Vol. 11, No. 1172 (2020). DOI: 10.3389/fpsyg.2020.01172
27. Buhrmester, M., Burnham, D., Johnson, D., Curry, O.S., Macdonald, D., & Whitehouse, H., 'How Moments Become Movements: Shared Outrage,

mBhL7/why-would-you-do-this

7. Lewis, Gilbert, *Day of Shining Red: An Essay on Understanding Ritual*, Cambridge University Press (1980, this ed. 2008).
8. Whitehouse, H., 'Rites of Terror: Emotion, Metaphor and Memory in Melanesian Initiation Cults', *Journal of the Royal Anthropological Institute*, Vol. 2, No. 4, pp. 703–15 (1996); Xygalatas, Dimitris, *Ritual: How Seemingly Senseless Acts Make Life Worth Living*, Profile Books (2022).
9. Sosis, R., Kress, H. C., & Boster, J. S., 'Scars for War: Evaluating Alternative Signaling Explanations for Cross-cultural Variance in Ritual Costs', *Evolution and Human Behavior*, Vol. 28, No. 4, pp. 234–47 (2007).
10. Buhrmester, M., Zeitlyn, D., & Whitehouse, H., 'Ritual, Fusion, and Conflict: The Roots of Agro-pastoral Violence in Rural Cameroon', *Group Processes & Intergroup Relations*, Vol. 25, No. 1 (2020). DOI: 10.1177/1368430220959705
11. 更多詳情參見Whitehouse, H. & McQuinn, B., 'Divergent Modes of Religiosity and Armed Struggle', in Juergensmeyer, M., Kitts, M., & Jerryson, M. (Eds.), *The Oxford Handbook of Religion and Violence*, Oxford University Press (2012)。
12. Maclure, R., ' "I Didn't Want to Die So I Joined Them": Structuration and the Process of Becoming Boy Soldiers in Sierra Leone', *Terrorism and Political Violence*, Vol. 18, No. 1, pp. 119–35 (2006).
13. 'Road to Heaven, Taiwan', *Extraordinary Rituals*, Series 1, 'Changing World', BBC2 (2018). 可見於：www.bbc.co.uk/programmes/p06j1h71
14. Swann, W. B., Jr. & Buhrmester, M., 'Identity Fusion', *Current Directions in Psychological Science*, Vol. 24, No. 1, pp. 52–7 (2015).
15. Swann, W. B., Jr., Gómez, Á., Dovidio, J., Hart, S., & Jetten, J., 'Dying and Killing for One's Group: Identity Fusion Moderates Responses to Intergroup Versions of the Trolley Problem', *Psychological Science*, Vol. 21, No. 8, pp. 1176–83 (2010).
16. Swann, W. B., Jr., Gómez, Á., Seyle, C., Morales, F., & Huici, C., 'Identity

41. Curry, O. S., Mullins, D. A., & Whitehouse, H., 'Is It Good to Cooper-ate? Testing the Theory of Morality-as-Cooperation in 60 Societies', *Current Anthropology*, Vol. 60, No.1 (2019). DOI: 10.1086/701478
42. Lagacé, R. O., 'The HRAF Probability Sample: Retrospect and Prospect', *Cross-cultural Research*, Vol. 14, No. 3, pp. 211–29 (1979).
43. Evans-Pritchard, E. E., *Witchcraft and Oracles Among the Azande*, Oxford University Press (1937, this ed. 2002).
44. Boyer, P., 'Informal Religious Activity Outside Hegemonic Religions: Wild Traditions and Their Relevance to Evolutionary Models', *Religion, Brain & Behavior*, Vol. 10, No. 4, pp. 459–72 (2019).

第三章

1. McQuinn, B., 'History's Warriors: The Emergence of Revolutionary Brigades in Misrata', in Cole, Peter & McQuinn, Brian (Eds.), *The Libyan Revolution and Its Aftermath*, Oxford University Press (2015).
2. Maynard Smith, J., 'Group Selection and Kin Selection', *Nature*, Vol. 201, No. 4924, pp. 1145–7 (1964).
3. Rowley, I., ' "Rodent-Run" Distraction Display by a Passerine, the Superb Blue Wren *Malurus Cyaneus* (L.)', *Behaviour*, Vol. 19, No. 1–2, pp. 170–6 (1962).
4. Whitehouse, H., Jong, J., Buhrmester, M. D., Gómez, Á., Bastian, B., Kavanagh, C. M., Newson, M., Matthews, M., Lanman, J. A., McKay, R., & Gavrilets, S., 'The Evolution of Extreme Cooperation via Shared Dysphoric Experiences', *Scientific Reports*, Vol. 7, No. 44292 (2017). DOI: 10.1038/srep44292
5. Whitehouse, H., Kahn, K., Hochberg, M. E., & Bryson, J. J., 'The Role for Simulations in Theory Construction for the Social Sciences: Case Studies Concerning Divergent Modes of Religiosity', *Religion, Brain & Behavior*, Vol. 2, No. 3, pp. 182–201 (2012).
6. *Extraordinary Rituals*, Series 1, 'Changing World', BBC2 (2018). 可見於：www.bbc.co.uk/programmes/articles/1JmvdLwyr5vYH7nzjm

Behavior, Vol. 6, No. 3, pp. 207–48 (2015).
33. Kapitany, R., 'Why Children Really Believe in Santa: The Surprising Psychology Behind Tradition', *The Conversation* (2019). https://theconversation.com/why-children-really-believe-in-santa-the-surprising-psychology-behind-tradition-126783
34. Meng, X., Nakawake, Y., Hashiya, K., Burdett, E., Jong, J., & Whitehouse, H., 'Preverbal Infants Expect Agents Exhibiting Counterintuitive Capacities to Gain Access to Contested Resources', *Scientific Reports*, Vol. 11, No. 10884 (2021). DOI: 10.1038/s41598-021-89821-0
35. Pew Research Center, 'Pew Research Global Attitudes Project' (2007). Availableat:www.pewglobal.org/2007/10/04/chapter-3-views-of-religion-and-morality/
36. McKay, R. & Whitehouse, H., 'Religion and Morality', *Psychological Bulletin*, Vol. 141, No. 2, pp. 447–73 (2015).
37. *Plato: Euthyphro, Apology, Crito, Phaedo*, Greek with translation by Chris Emlyn-Jones and William Preddy, Loeb Classical Library 36, Harvard University Press (2017).
38. Curry, O. S., 'Morality as Cooperation: A Problem-Centred Approach', in Shackelford, T. K. & Hansen, R. D. (Eds.), *The Evolution of Morality*, Springer International Publishing (2016); Curry, O. S., Jones Chesters, M., & Van Lissa, C. J., 'Mapping Morality with a Compass: Testing the Theory of "Morality-as-Cooperation" with a New Questionnaire', *Journal of Research in Personality*, Vol. 78, pp. 106–24 (2019).
39. De Waal, Frans, *Good Natured: The Origins of Right and Wrong in Humans and Other Animals*, Harvard University Press (1996); Dugatkin, Lee Alan, *Cooperation Among Animals: An Evolutionary Perspective*, Oxford University Press (1997).
40. Curry, O. S. (2016). 'Morality as Cooperation: A Problem-Centred Approach'. In Shackelford, T. K. & Hansen, R. D. (Eds.), *The Evolution of Morality*, Springer International Publishing (2016), pp. 27–51. DOI: 10.1007.

Through Adulthood and From West to East', in Hornbeck, R., Barrett, J., & Kang, M. (Eds.), *Religious Cognition in China: New Approaches to the Scientific Study of Religion*, Vol. 2, Springer (2017).

23. Kelemen, D., 'Why Are Rocks Pointy? Children's Preference for Teleological Explanations of the Natural World', *Developmental Psychology*, Vol. 35, No. 6, pp. 1440–52 (1999).
24. Barrett, Justin L., *Why Would Anyone Believe in God?*, AltaMira Press (2004).
25. White, Claire, *An Introduction to the Cognitive Science of Religion: Connecting Evolution, Brain, Cognition and Culture*, Routledge (2021).
26. Boyer, Pascal, *Religion Explained: The Evolutionary Origins of Religious Thought*, Basic Books (2001).
27. Hespos, Susan, 'Physics for Infants: Characterizing the Origins of Knowledge About Objects, Substances, and Number', *Wiley Interdisciplinary Reviews: Cognitive Science*, Vol. 3, No. 1, pp. 19–27 (2012).
28. Stahl, A. E. & Feigenson, L., 'Observing the Unexpected Enhances Infants' Learning and Exploration', *Science*, Vol. 348, No. 6230, pp. 91–4 (2015); Köster, M., Langeloh, M., & Hoehl, S., 'Visually Entrained Theta Oscillations Increase for Unexpected Events in the Infant Brain', *Psychological Science*, Vol. 30, No. 11, pp. 1656–63 (2019).
29. Barrett, J. & Nyhof, M., 'Spreading Non-natural Concepts', *Journal of Cognition and Culture*, Vol. 1, No. 1, pp. 69–100 (2001); Boyer, P. & Ramble, C., 'Cognitive Templates for Religious Concepts: Cross-cultural Evidence for Recall of Counter-intuitive Representations', *Cognitive Science*, Vol. 25, No. 4, pp. 535–64 (2001).
30. Boyer, Pascal, *Religion Explained.*
31. Boyer, P. & Ramble, C., 'Cognitive Templates for Religious Concepts'.
32. Barrett, J. L., 'The (Modest) Utility of MCI Theory', *Religion, Brain & Behavior*, Vol. 6, No. 3, pp. 249–51 (2016); 關於Purzycki, B. G. & Willard, A. K., 'MCI Theory: A Critical Discussion', *Religion, Brain &*

A. M., & Frith, U., 'Does the Autistic Child Have a "Theory of Mind"?', *Cognition*, Vol. 21, No. 1, pp. 37–46 (1985)。

14. Bering, J. M., 'The Folk Psychology of Souls', *Behavioral and Brain Sciences*, Vol. 29, No. 5, pp. 453–98 (2006). http://cognitionandculture.net/wp-content/uploads/10.1.1.386.3734.pdf
15. Bering, J. M. & Bjorklund, D. F., 'The Natural Emergence of Reasoning About the Afterlife as a Developmental Regularity', *Developmental Psychology*, Vol. 40, No. 2, pp. 217–33 (2004).
16. Boyer, P. & Liénard, P., 'Why Ritualized Behavior? Precaution Systems and Action Parsing in Developmental, Pathological and Cultural Rituals', *Behavioral and Brain Sciences*, Vol. 29, No. 6, pp. 595–613 (2006).
17. Fiske A. P. & Haslam, N., 'Is Obsessive-Compulsive Disorder a Pathology of the Human Disposition to Perform Socially Meaningful Rituals? Evidence of Similar Content', *Journal of Nervous and Mental Disease*, Vol. 185, No. 4, pp. 211–22 (1997).
18. Nemeroff, C. & Rozin, P., 'The Contagion Concept in Adult Thinking in the United States: Transmission of Germs and of Interpersonal Influence', *Ethos*, Vol. 2, No. 2, pp. 158–86 (1994).
19. Frazer, Sir James George, *The Golden Bough: A Study in Magic and Religion*, Oxford University Press (1890, this ed. 2009); Douglas, Mary, *Purity and Danger: An Analysis of Concepts of Pollution and Taboo*, Routledge (2002); Hood, Bruce, *Supersense: From Superstition to Religion – The Brain Science of Belief*, Constable (2009); Bastian, B., Bain, P., Buhrmester, M. D., et al., 'Moral Vitalism: Seeing Good and Evil as Real, Agentic Forces', *Personality and Social Psychology Bulletin*, Vol. 41, No. 8, pp. 1069–81 (2015).
20. Hood, Bruce, *Supersense: From Superstition to Religion.*
21. Bastian, B., Vauclair, C-M., Loughnan, S., et al., 'Explaining Illness with Evil: Pathogen Prevalence Fosters Moral Vitalism', *Proceedings of the Royal Society B*, Vol. 286, No. 1914 (2019). DOI: 10.1098/rspb.2019.1576
22. Kundert, C. & Edman, L. R. O., 'Promiscuous Teleology: From Childhood

動包含波米奧地區諸多語群，基翁總部也設立於波米奧，與拜寧人居住地距離頗為遙遠。

4. Whitehouse, Harvey, *Arguments and Icons: Divergent Modes of Religiosity*, Oxford University Press (2000).
5. Whitehouse, H., 'Apparitions, Orations, and Rings: Experience of Spirits in Dadul', in Mageo, J. M. & Howard, A. (Eds.), *Spirits in Culture, History, and Mind*, Routledge (1996).
6. Cohen, Emma, *The Mind Possessed: The Cognition of Spirit Possession in an Afro-Brazilian Religious Tradition*, Oxford University Press (2007).
7. Boyer, P., 'Informal Religious Activity Outside Hegemonic Religions: Wild Traditions and Their Relevance to Evolutionary Models', *Religion, Brain & Behavior*, Vol. 10, No. 4, pp. 459–72 (2019).
8. Whitehouse, Harvey, *Modes of Religiosity: A Cognitive Theory of Religious Transmission*, AltaMira Press (2004).
9. Heyes, Cecilia, *Cognitive Gadgets: The Cultural Evolution of Thinking*, Harvard University Press (2018).
10. 除了我和帕斯卡・博耶之外，還有厄尼斯特・湯瑪斯・勞森（E. Thomas Lawson）、羅伯特・麥考萊（Robert N. McCauley）、賈斯汀・巴瑞特（Justin Barrett）、布萊恩・馬里（Brian Malley）參見Whitehouse, H., 'Twenty-Five Years of CSR: A Personal Retrospective', in Martin, Luther H. & Wiebe, Donald (Eds.), *Religion Explained? The Cognitive Science of Religion After Twenty-Five Years*, Bloomsbury Academic (2017)。
11. White, C., Barrett, J. L., Boyer, P., Lawson, E. T., McCauley, R. N., & Whitehouse, H., 'The Cognitive Science of Religion: Past, Present, and Possible Futures', *Religion, Brain & Behavior* (in press).
12. Baron-Cohen, S., 'How to Build a Baby That Can Read Minds: Cognitive Mechanisms in Mindreading', *Cahiers de Psychologie Cognitive/ Current Psychology of Cognition*, Vol. 13, No. 5, pp. 513–52 (1994).
13. 最早的心智理論驗證方法之一揭示，自閉症兒童在解讀心智任務方面有障礙，但多數兒童做起來很輕鬆。參見Baron-Cohen, S., Leslie,

Cultural Transmission', *Evolution and Human Behavior*, Vol. 22, No. 3,pp. 165–96 (2001).

16. Lyons, D. E., et al., 'The Hidden Structure of Overimitation'.
17. Gergely, G., Bekkering, H., & Király, I., 'Rational Imitation in Preverbal Infants', *Nature*, Vol. 415, No. 755 (2002). DOI: 10.1038/415755a
18. Hoffer, Eric, *The Passionate State of Mind and Other Aphorisms*, Harper & Bros. (1955).
19. Herrmann, P. A., Legare, C. H., Harris, P. L., & Whitehouse, H., 'Stick to the Script: The Effect of Witnessing Multiple Actors on Children's Imitation', *Cognition,* Vol. 129, No. 3, pp. 536–43 (2013).
20. Watson-Jones, R. E., Legare, C. H., Whitehouse, H., & Clegg, J., 'Task-Specific Effects of Ostracism on Imitation of Social Convention in Early Childhood', *Evolution and Human Behaviour*, Vol. 35, No. 3, pp. 204–10 (2014).
21. Watson-Jones, R. E., Whitehouse, H., & Legare, C. H., 'In-group Ostracism Increases High Fidelity Imitation in Early Childhood', *Psychological Science*, Vol. 27, No. 1 (2015). DOI: 10.1177/0956797615607205
22. Williams, K. D. & Jarvis, B., 'Cyberball: A Program for Use in Research on Interpersonal Ostracism and Acceptance', *Behavior Research Methods*, Vol. 38, No. 1, pp. 174–80 (2006).
23. Milgram, Stanley, 'Behavioral Study of Obedience', *Journal of Abnormal and Social Psychology*, Vol. 67, No. 4, pp. 371–8 (1963).

第二章

1. Whitehouse, Harvey, *Inside the Cult: Religious Innovation and Transmission in Papua New Guinea*, Oxford University Press (1995).
2. 拜寧人包含了好幾個語群，馬里族也包括在內，但是在我所待的村莊裡頭，人們通常對外來者以更廣泛的「拜寧人」自居，所以我在全書中始終使用最具包容性的「拜寧人」一詞。
3. 這場運動的全稱是「波米奧基翁」(Pomio Kivung)，以此表明該運

自己有長期聯繫的社群，慢慢變成普遍的做法。儘管這種做法有許多優點（例如精熟社群的語言、與研究的社群有深厚連結等），但這也可能使研究者更難以用新來之人的清新視角去看待當地人的言行。

8. Wilson, D. S. & Whitehouse, H., 'Developing the Field Site Concept for the Study of Cultural Evolution (with Comment)', *Cliodynamics*, Vol. 7, No. 2, pp. 228–87 (2016).
9. Meltzoff, A. N., Waismeyer, A., & Gopnik, A., 'Learning About Causes from People: Observational Causal Learning in 24-Month-Old Infants', *Developmental Psychology*, Vol. 48, No. 5, pp. 1215–28 (2012).
10. Von Bayern, A. M. P., Heathcote, R. J. P., Rutz, C., & Kacelnik, A., 'The Role of Experience in Problem Solving and Innovative Tool Use in Crows', *Current Biology*, Vol. 19, No. 22, pp. 1965–8 (2009).
11. 但這並不表示黑猩猩絕對不會有過度模仿的行為，參見Whiten, A., McGuigan, N., Marshall-Pescini, S., & Hopper, L. M., 'Emulation, Imitation, Overimitation and the Scope of Culture for Child and Chimpanzee', *Philosophical Transactions of the Royal Society B*, Vol. 364, No. 1528, pp. 2417–28 (2009)。
12. Nagell, K., Olguin, R. S., & Tomasello, M., 'Processes of Social Learning in the Tool Use of Chimpanzees (*Pan troglodytes*) and Human Children (*Homo sapiens*)', *Journal of Comparative Psychology*, Vol. 107, No. 2, pp. 174–86 (1993).
13. Lyons, D. E., Damrosch, D. H., Lin, J. K., Macris, D. M., & Keil, F. C., 'The Scope and Limits of Overimitation in the Transmission of Artifact Culture', *Philosophical Transactions of the Royal Society B, Biological Sciences*, Vol. 366, No. 1567, pp. 1158–67 (2011).
14. Lyons, D. E., Young, A. G., & Keil, F. C., 'The Hidden Structure of Overimitation', *Proceedings of the National Academy of Sciences USA (PNAS)*, Vol. 104, No. 50, pp. 19751–6 (2007).
15. Henrich, J. & Gil-White, F. J., 'The Evolution of Prestige: Freely Conferred Deference as a Mechanism for Enhancing the Benefits of

9. Atkinson, Q. D. & Whitehouse, H., 'The Cultural Morphospace of Ritual Form: Examining Modes of Religiosity Cross-culturally', *Evolution and Human Behavior*, Vol. 32, No. 1, pp. 50–62 (2011).
10. 可參見Kapitány, R., Kavanagh, C., & Whitehouse, H., 'Ritual Morphospace Revisited: The Form, Function and Factor Structure of Ritual Practice', *Philosophical Transactions of the Royal Society B*, Vol. 375, No. 1805 (2020). DOI: 10.1098/rstb.2019.0436
11. Whitehouse, Harvey, *The Ritual Animal*.

第一章

1. Legare, C. H., Wen, N. J., Herrmann, P. A., & Whitehouse, H., 'Imitative Flexibility and the Development of Cultural Learning', *Cognition*, Vol. 142, pp. 351–61 (2015).
2. Whitehouse, Harvey, *The Ritual Animal: Imitation and Cohesion in the Evolution of Social Complexity*, Oxford University Press (2021).
3. BBC網站有提供系列節目的片段連結，以下描述便是基於相關影片：www.bbc.co.uk/programmes/ p06d1n2f/clips
4. 'Bhumi's Ultimate Test of Faith', *Extraordinary Rituals*, Series 1, Episode 3, 'Changing World', BBC2 (2018): www.bbc.co.uk/programmes/p06j1h6q
5. Whitehouse, H., 'The Coexistence Problem in Psychology, Anthropology, and Evolutionary Theory', *Human Development*, Vol. 54, pp. 191–9 (2011); Jagiello, R., Heyes, C., & Whitehouse, H., 'Tradition and Invention: The Bifocal Stance Theory of Cultural Evolution', *Behavioral and Brain Sciences*, Vol. 45 (2022). DOI: 10.1017/S0140525X22000383
6. Gergely, G. & Csibra, G., 'Sylvia's Recipe: The Role of Imitation and Pedagogy in the Transmission of Cultural Knowledge', in Enfield, N. J. & Levenson, S. C. (Eds.), *Roots of Human Sociality: Culture, Cognition, and Human Interaction*, Berg Publishers (2006).
7. 至少在我接受訓練成為人類學家的1980年代，這是相當普遍的做法。此後數十年間，人類學家研究自己成長所處的社群，或至少與

注釋

導言

1. McCauley, Robert N., *Why Religion Is Natural and Science Is Not*, Oxford University Press (2013).
2. Pinker, Steven, *The Blank Slate: The Modern Denial of Human Nature*, Penguin (2003).
3. Tooby, J. & Cosmides, L., 'The Psychological Foundations of Culture', in Barkow, J., Cosmides, L., & Tooby, J. (Eds.), *The Adapted Mind: Evolutionary Psychology and the Generation of Culture*, Oxford University Press (1992).
4. Singer, Peter, *A Darwinian Left: Politics, Evolution, and Cooperation*, Yale University Press (2000).
5. 它們也在許多層次上彼此交織，包括基因之表現、信念之成熟、社會體系全體的演化（參見我的著作 *The Ritual Animal: Imitation and Cohesion in the Evolution of Social Complexity*, Oxford University Press, 2021，第五章）。
6. Povinelli, Daniel, *Folk Physics for Apes: The Chimpanzee's Theory of How the World Works,* Oxford University Press (2003).
7. Meng, X., Nakawake, Y., Hashiya, K., Burdett, E., Jong, J., & Whitehouse, H., 'Preverbal Infants Expect Agents Exhibiting Counterintuitive Capacities to Gain Access to Contested Resources', *Scientific Reports*, Vol. 11, No. 10884 (May 2021). DOI: 10.1038/s41598-021-89821-0
8. McKay, R., Herold, J., & Whitehouse, H., 'Catholic Guilt? Recall of Confession Promotes Prosocial Behavior', *Religion, Brain & Behavior*, Vol. 3, No. 3, pp. 201–9 (2013).

NEXT 330

危險的繼承：從眾、宗教與部落主義，形塑現代世界的人性起源

Inheritance: The Evolutionary Origins of the Modern World

作者　哈維・懷特豪斯（Harvey Whitehouse）
譯者　韓翔中
資深編輯　張擎
責任企劃　林欣梅
封面設計　許晉維
內頁排版　張靜怡
人文線主編　王育涵
總編輯　胡金倫
董事長　趙政岷
出版者　時報文化出版企業股份有限公司
108019 臺北市和平西路三段 240 號 7 樓
發行專線｜ 02-2306-6842
讀者服務專線｜ 0800-231-705 ｜ 02-2304-7103
讀者服務傳真｜ 02-2302-7844
郵撥｜ 1934-4724 時報文化出版公司
信箱｜ 10899 臺北華江橋郵政第 99 信箱
時報悅讀網　www.readingtimes.com.tw
人文科學線臉書　http://www.facebook.com/humanities.science
法律顧問　理律法律事務所｜陳長文律師、李念祖律師
印刷　家佑印刷有限公司
初版一刷　2025 年 7 月 18 日
定價　新臺幣 620 元

時報文化出版公司成立於一九七五年，並於一九九九年股票上櫃公開發行，於二〇〇八年脫離中時集團非屬旺中，以「尊重智慧與創意的文化事業」為信念。

ISBN 978-626-419-546-1 ｜ Printed in Taiwan

危險的繼承：從眾、宗教與部落主義，形塑現代世界的人性起源／哈維・懷特豪斯（Harvey Whitehouse）著；韓翔中譯．｜ -- 初版．-- 臺北市：時報文化出版企業股份有限公司，2025.07 ｜ 432 面；14.8×21 公分．
譯自：Inheritance: the evolutionary origins of the modern world. ｜ ISBN 978-626-419-546-1（平裝）
1. CST：文化人類學 2. CST：人類行為 3. CST：進化遺傳｜ 541.3 ｜ 114006458